Über dieses Buch Heinrich Mann hat sich zeitlebens, von seinen ganz frühen Anfängen abgesehen, als politischer Autor verstanden. Er hat sich stets zu Tagesfragen in Artikeln, Pamphleten und Essays geäußert. In den Essays, die tief in sein übriges Werk verwoben sind, geht er meist über den Tagesanlaß hinaus und formuliert für sich und sein Publikum grundsätzliche Positionen. Für den an den französischen Moralisten geschulten Heinrich Mann steht außer Frage, daß ein künstlerischer Mensch zugleich Mahner zu sein habe und Warner, daß er mitverantwortlich sei vor dem Geist für die gesellschaftliche, soziale und politische Gestaltung seiner Zeit. Die in diesem Band *Macht und Mensch* versammelten Arbeiten geben Auskunft über die Einflüsse auf und die intellektuelle Verarbeitung durch Heinrich Mann. Allen voran stehen französische Schriftsteller. Denn, so Heinrich Mann: »[...] sie haben die Demokratie erzogen. Das ist die Wirkung Zolas und das ist, seinen Tendenzen zum Trotz, die von Balzac. (Denn der Roman, diese Enthüllung der weiten Welt, dies große Spiel aller menschlichen Zusammenhänge ist gleichmacherisch von Natur; er wird groß mit der Demokratie, in der das Drama in seiner aristokratischen Enge abstirbt. Balzac ist der Dichter der kämpferischen Demokratie, Zola der triumphierenden.) Victor Hugo, der aus seiner Verbannung seine republikanischen Fanfaren schickt, Sainte Beuve, der im Senat die Freiheit der Presse verteidigt, Flaubert mit seinem Ideal einer Regierung der Wissenschaft, des Geistes selbst.« (Aus: *Voltaire – Goethe*, 1910) Die Essays erschienen häufig zuerst in Zeitschriften wie Pfemferts ›Aktion‹ oder im ›Pan‹; nachträglich stellte Heinrich Mann sie zu Sammelbänden zusammen. Die vorliegende Ausgabe folgt der Erstausgabe bei Kurt Wolff, Leipzig 1919. Alfred Döblin schrieb damals dazu in der ›Neuen Rundschau‹: »Es muß Heinrich Mann unter den Dichtern besonders gelobt werden und gefeiert sein, daß er sich nicht dichterisch verschanzt, sondern ohne Furcht, dichterische Einbuße zu erleiden, unmittelbar wird.«

Der Autor Heinrich Mann, geboren 1871 in Lübeck, begann nach dem Abgang vom Gymnasium eine Buchhandelslehre, 1890 bis 1892 volontierte er im S. Fischer Verlag, Berlin, gleichzeitig Gasthörer an der Universität; freier Schriftsteller; 1893 Paris-Aufenthalt, bis 1914 längere Italien-Aufenthalte, später München, ab 1928 Berlin; 1931 wurde er zum Präsidenten der Sektion Dichtkunst der Preußischen Akademie der Künste zu Berlin gewählt. Die Verfilmung seines Romans *Professor Unrat* (unter dem Titel ›Der blaue Engel‹ mit Marlene Dietrich) machte ihn weltberühmt. Februar 1933 erzwungener Ausschluß aus der Akademie; Emigration nach Frankreich (Paris, Nizza), dann über Spanien und Portugal 1940 nach Kalifornien. 1949 nahm er die Berufung zum Präsidenten der neu zu gründenden Deutschen Akademie der Künste zu Berlin/DDR an. Heinrich Mann starb 1950 in Santa Monica/Kalifornien. Seine Urne ist auf dem Dorotheenstädtischen Friedhof in Berlin/DDR beigesetzt.

Die wissenschaftlichen Mitarbeiter an diesem Band
Renate Werner, Jahrgang 1941, Dr. phil., Akademische Oberrätin an der Universität Münster; bis 1977 Wiss. Assistentin an der Ruhr-Universität Bochum. Forschungsschwerpunkte und Veröffentlichungen u. a.: Sozialgeschichte der deutschen Literatur im Wilhelminischen Zeitalter; Heinrich Mann; Roman und Romanpoetik im 20. Jahrhundert; Exil.
Peter-Paul Schneider, Jahrgang 1949, Dr. phil., Wiss. Mitarbeiter am Deutschen Literaturarchiv/Schiller-Nationalmuseum, Marbach am Neckar; zuvor Wiss. Assistent für Neuere deutsche Literaturwissenschaft an der Universität Bamberg (1977–1983). Veröffentlichungen zum 18. Jahrhundert (Mitherausgeber der *Friedrich Heinrich Jacobi-Brief-Gesamtausgabe*) und zu Heinrich Mann (Herausgeber der ›Mitteilungsblätter des Arbeitskreises Heinrich Mann‹, jetzt des ›Heinrich-Mann-Jahrbuchs‹ (zusammen mit Helmut Koopmann).

Heinrich Mann
Studienausgabe in Einzelbänden

Herausgegeben von Peter-Paul Schneider

Textgrundlage:
Heinrich Mann: *Macht und Mensch*
München und Leipzig: Kurt Wolff Verlag 1919

Heinrich Mann

Macht und Mensch

Essays

Mit einem Nachwort von
Renate Werner
und einem Materialienanhang,
zusammengestellt von
Peter-Paul Schneider

Fischer Taschenbuch Verlag

2. Auflage: August 2005

Ungekürzte Ausgabe
Veröffentlicht im Fischer Taschenbuch Verlag,
einem Unternehmen der S. Fischer Verlag GmbH,
Frankfurt am Main, April 1989

Lizenzausgabe mit freundlicher Genehmigung
des Claassen Verlags GmbH, Düsseldorf
Die Erstausgabe erschien 1919 im Kurt Wolff Verlag,
München und Leipzig

Gesamtherstellung:.Clausen & Bosse, Leck
Printed in Germany
ISBN 3-596-25933-9

Der deutschen Republik

Inhalt

Geist und Tat
(1910)

I

Von allen, die je schrieben, hat den größten, greifbarsten Erfolg Rousseau gehabt. Wer ist er? Ein trauriger Figaro, der nichts liebt als seine Leidenschaft und tiefernst genommen werden will. Ein Landstreicher, der ein Volk sucht und einen Staat erträumt. Ein Kranker, der sich nach guter, gesunder Natur sehnt. Ein Menschenfeind, der mit einer fernen, geläuterten, geistigen und gütigen Menschheit rechnet. Ein Feind der Privilegierten, der Gräfinnen begehren muß; der die eigene Niedrigkeit, die eigenen Laster haßt und sich, unfähig, je dem Schlamm zu entrinnen, immer von neuem mit den Tränen und Gesichten der Seele reinigt, seine ausgesetzten Kinder in einem Roman erzieht, seine schöne Liebe in einem Roman liebt; der so gerecht und wahr in seinem Roman vom Staat ist, daß ein ganzes Volk von diesem Augenblick ab sich gerecht und wahr will, und über sein armes Leben hinaus ein so verklärter Kämpfer ist, daß nun ein ganzes Volk, das geistigste und tätigste, das je da war, seinen Kampf weiterkämpft.

Seine idealistischen Romane fanden ein Volk von Lesern, das sie darstellte. Dies Volk machte die Revolution nicht, solange es nur hungerte: es machte sie, als es erfuhr, daß es eine Gerechtigkeit und eine Wahrheit gäbe, die in ihm beleidigt seien. Auch seine Nachbarn erfuhren es; aber obwohl sie nicht weniger hungerten, handelten sie doch nicht. »Revolutionen sind selten«, sagt Napoleon, »weil das menschliche Leben zu kurz ist. Jeder denkt bei sich selbst, es lohnt sich nicht, die bestehende Ordnung umzustürzen.« Die Franzosen von 1790 dachten, daß es sich lohne. Ihre feurige Naivität, ihr Glaube an den Geist machte sie fähig, den Traum eines Dichters auf die Erde herabzureißen. Und war's nur der Augenblick, als die Grenzen der Provinzen fielen, der Adel abdankte, auf weiten Feldern die Zehntausende der Föderationen sich Liebe schwuren; als Bauern einander sagten, daß die Revolution nicht Frankreich gehöre, sondern der Menschheit, und Abgesandte aller Völker herbeizogen, um der französischen Nation Ehre und Bruderschaft zu entbieten: dieser einzige Augenblick, den so viel Blut bezahlt hat, warf dennoch über die Jahrhunderte voraus den märchenhaften Schein, der sie nun weniger trostlos macht. Nur noch eins gilt seitdem für die Menschheit: diesem vorweggenommenen und entflogenen Augenblick nachdrängen, ihn wieder einholen. Die Geschichte hat keinen anderen Sinn mehr, als jener großen Stunde Dauer zu geben und dem Geist, der das Geschlecht jenes Jahres beseelte, die Welt zum Körper. Was entgegensteht, alle verzögernden Mächte, jeder Triumph ungerechter Gewalt wird zum Zwischenfall vor der Ewigkeit des Geistes, der damals aufleuchtete. Aber ein Volk war nötig, das sich hingab, ihn darzustellen. Und das ihm Treue hielt. Das seit hundert Jahren Irrtümer und Zusammenbrüche nicht scheut, Despotismus und Niederlagen, Bürgerkrieg und grausame Rückschläge übersteht, um nach jeder Wirrsal und Erschlaffung eine Etappe weiter zu gelangen auf dem Wege, den der Geist befiehlt. Ein Volk mußte geschaffen sein, für den Geist zu streiten, mußte die *Ratio militans* selbst sein. Die Notwendigkeit der Dinge? Die »Entwicklung«? Sie wird in aller Welt nie etwas anderes zeitigen als ein Mindestmaß von Lebensmöglichkeit. Nicht Freiheit: nur Lebenkönnen. Nicht Gerechtigkeit: nur Lebenkönnen. Nicht Menschenwürde: nur Lebenkönnen. Auf die Entwicklung bauen, heißt, sich der Natur anheimstellen;

und noch niemand sah sie verschwenden. Der Geist, die Revolte des Menschen gegen die Natur, ihre Langsamkeit und Härte: der Geist, der in einer Stunde den Himmel verschenkt, verschwendet Generationen für einen Funken vom Brand des Ideals. Ein Volk war nötig, das sich ihm darbrachte und von dessen stolzem Opferwillen die anderen leben konnten.

Sie haben es leicht gehabt, die Literaten Frankreichs, die, von Rousseau bis Zola, der bestehenden Macht entgegentraten: sie hatten ein Volk. Ein Volk mit literarischen Instinkten, das die Macht bezweifelt, und von so warmem Blut, daß sie ihm unerträglich wird, sobald sie durch die Vernunft widerlegt ist. Was alles mußte zusammenkommen, damit dem Geist Krieger erstanden! Nordische Menschen, vom Blut und noch mehr von der Kultur des Südens durchdrungen. Die Synthese Europas. Das Geschlecht mächtig wie im Süden, aber die ganze Künstlerschaft, die es verleiht, auf den Geist geworfen. Der Geist ist hier nicht das luftige Gespenst, das wir kennen, – und drunten trottet plump das Leben weiter. Der Geist ist das Leben selbst, er bildet es, auf die Gefahr, es abzukürzen. Möglich immerhin, daß Gerechtigkeit das Leben beeinträchtigt, und daß Wahrheit zu Abgründen führt. Ließe sich denn nicht auskommen unter einer überlieferten Herrschaft, angesichts der Vorrechte einiger, bei der formalen Unterworfenheit unter einen längst abgestoßenen Glauben? Man könnte genießen, erraffen, was die Mächtigen übrig lassen, könnte, seines heimlichen Wissens und gepflegten Innenlebens froh, abwarten, daß die Zeit von selbst reif wird. Hier aber ist ein Volk, das die erhaltenden Lügen verachtet. Das es verschmäht, ein Leben hinzufristen, über das sich nicht ungestraft nachdenken ließe. Die Pflege der Persönlichkeit scheint ihm eitel, wenn sie nicht um sich greift, erobert und beglückt. Kriegerisches Wohlwollen ist hier und generöser Leichtsinn. Sie haben nicht gefragt, diese Franzosen, wohin der Vernunfttraum eines Dichters, eines fragwürdigen Kranken, sie führen werde. Sie haben nach ihm gehandelt, weil er ihnen auf einmal die Welt erhellte; haben alles durch ihn erfahren, Schuld, Sieg, Buße – und sind, arme menschliche Tiere wie alle andern, weil sie den Mut hatten, sich zu begeistern, dennoch der Vergeistigung heute näher als andere: haben im ganzen der Nation einen Ausgleich und Gewinn errungen an Menschenwürde und sittlicher Kraft. Mögen sie, kaum, daß ein Freiheitskampf beendet, sich in neuen Ketten sehen; mögen Freiheit und Gerechtigkeit zurückweichen vor dem, der ihnen entgegengeht und erst mit dem letzten Atemzug der Menschheit erfüllt sein: wenigstens verbaut hier nicht mehr die eiserne Wand der Autorität die Zukunft. Kein Machthaber hält sich fortan gegen den Geist, dessen Strom ihn herauftrug und hinwegraffen wird... »Die französischen Soldaten können ihre Vernunft gebrauchen,« sagte Napoleon. »Drum sind sie weiches Wachs in der Hand dessen, der sie bei ihrer Vernunft faßt; und doch sind sie die unerschrockensten der ganzen Welt.« – Die Geistesführer Frankreichs, von Rousseau bis Zola, hatten es leicht, sie hatten Soldaten.

II

In Deutschland hätten sie es schwerer. Sie hätten es mit einem Volk zu tun, das leben will, nichts weiter wie. Niemand hat gesehn, daß hier, wo so viel gedacht ward, die Kraft der Nation je gesammelt worden wäre, um Erkenntnisse zur Tat zu machen. Die Abschaffung ungerechter Gewalt hat keine Hand bewegt. Man denkt weiter als irgendwer, man denkt bis ans Ende der reinen Vernunft, man denkt bis zum Nichts: und im Lande herrscht Gottes Gnade und die Faust. Wozu etwas ändern. Was anderswo geschaffen, hat man in Theorien schon überholt. Man lebt langsam und schwer, man ist nicht bildnerisch genug begabt, um durchaus das Leben formen zu müssen nach dem Geist. Mögen neben und über den Dingen die Ideen ihre Spiele aufführen. Wenn sie hinunterlangten und eingriffen, sie würden Unordnung und etwas nicht Absehbares stiften. Man klammert sich an Lügen und Ungerechtigkeit, als ahnte man hinter der Wahrheit einen Abgrund. Das Mißtrauen gegen den Geist ist Mißtrauen gegen den Menschen selbst, ist Mangel an Selbstvertrauen. Da jeder einzelne sich lieber beschirmt und dienend sieht, wie sollte er an die Demokratie glauben, an ein Volk von Herren. Die angestammten und bewährten Herren mögen manchmal, unbeleckt wie sie sind, der hochgebildeten Nation auf die Nerven fallen: mit ihnen aber ist sie gewiß, zu leben, sicherer zu leben als die, die nur der Geist führt. Auch beherrschen sich diese Herren und werden schwerlich der Überspannung der Gewalt verfallen, die Explosionen schafft. Das extrem Tyrannische ist hier so unwahrscheinlich wie die Gleichheit. Keine Grausamkeit, aber auch keine Liebe. Nirgends liegen zwischen den Klassen solche Eisberge von Fremdheit. Man liebt einander nicht und liebt nicht die Menschen. Die Monarchie, der Herrenstaat ist eine Organisation der Menschenfeindschaft und ihre Schule. Die Masse der Kleinen, die hier wie überall die größere Wärme des Geschlechts enthält, wird zu entlegenen Hoffnungen verdammt und verdorben für die tätige Verbrüderung, die ein Volk groß macht. Kein großes Volk: nur große Männer. Was es hat an Liebe und allen Ehrgeiz, alles Selbstbewußtsein setzt dies Volk in seine großen Männer.

Seine großen Männer! Hat man je ermessen, was sie dies Volk schon gekostet haben? Wieviel Talent, Entschließungskraft und adliger Sinn unterdrückt worden ist, was an Demut, Neid, Selbstverachtung gezüchtet ward, und was versäumt ward in hundert Jahren an der Nivellierung, der moralischen Höherlegung der Nation, damit in unermeßlichen Abständen je ein Manneswunder und Ausbund aller Herrlichkeit erscheinen konnte, übermästet von der Entsagung ganzer Geschlechter und dem lebenden Dünger der Nation entsprossen wie eine tierisch fette Zauberblume. Nun liegt und betet an! Ihr, die schaffende Macht nicht kennt, braucht nicht zu wissen, wie es um die Mächtigen steht, und daß auch der Größte, gerade der Größte nur in den Stunden groß ist, da er schafft: daß die Verehrung seiner Person eine leere Puppe trifft. Wieviel tote Zeit im Leben des großen Mannes, da er sich ausgeleert und klein weiß. Wieviel Schwindel und gewaltsame Überhebung, um tagein tagaus zu vertreten, was er zuweilen war. Welch wahnwitzige Selbstsucht, von der Masse derer aufgehäuft, die abdanken in seine Hand. Welche Entfernung vom Menschlichen, welche Vereisung. Was für Leiden auch, Überreiztheit und Angst des Zusammenbruchs. Was für schaurige Einblicke eines, der absolut zu sein hat, ins Nichts. Er saugt nicht nur Tatkraft und Stolz seines Volkes in sich auf, der große Mann: er kauft ihm auch die Abgründe ab, vor denen das wohltemperierte Dasein der Gewöhnlichen zurückschreckt... Aber das dürfte nicht sein, und er dürfte nicht sein. Ein Volk von heute hat kein Recht auf so große Männer. Es hat kein Recht, sich von ihnen der Selbstbestimmung entheben, korrumpieren, gar anstecken zu lassen und sich, Wollwarenfabrikant oder Schmock, ein Übermenschentum einzureden, während noch sein Menschentum rückständig ist.

Der Letzte aber, dem all diese Verirrung und Feigheit erlaubt wäre, der Mensch des Geistes, der Literat: gerade er hat sie geweiht und verbreitet. Seine Natur: die Definition der Welt, die helle Vollkommenheit des Wortes verpflichtet ihn zur Verachtung der dumpfen, unsauberen Macht. Vom Geist ist ihm die Würde des Menschen auferlegt. Sein ganzes Leben opfert der Wahrheit den Nutzen. Die Erscheinungen löst er auf, vermag das Große klein zu sehen und im Kleinen das durch Menschlichkeit Große: dergestalt, daß ihm Gleichheit zur letzten Forderung der Vernunft wird... Gerade er aber wirkt in Deutschland seit Jahrzehnten für die Beschönigung des Ungeistigen, für die sophistische Rechtfertigung des Ungerechten, für seinen Todfeind, die Macht. Welche seltsame Verderbnis brachte ihn dahin? Was erklärt diesen Nietzsche, der dem Typus sein Genie geliehen hat, und alle die, die ihm nachgetreten sind? Ist es der überwältigende Erfolg der Macht, den diese Zeit und dies Land sahen? Die Hoffnungslosigkeit, die eigene Natur durchzusetzen, heute und hier? Der Drang zu wirken, sei es gegen sich selbst: durch Steigerung und Verklärung des Feindes, als bewunderter Anwalt des Bösen? Ist es die perverse Abdankung des allzu Wissenden, der sich im schlechten, unbewußten Leben wälzt wie ein entflohener Sträfling? Vom tragischen Ehrgeiz bis zu elender Eitelkeit, von der albernen Sucht, besonders zu sein, bis zum panischen Schrecken der Vereinsamung und dem Ekel am Nihilismus: die abtrünnigen Literaten haben viele Entschuldigungen. Sie haben vor allem eine in der ungeheuerlich angewachsenen Entfernung, die, nach so langer Unwirksamkeit, die deutschen Geister vom Volk trennt. Aber was taten sie, um sie zu verringern? Sie haben das Leben des Volkes nur als Symbol genommen für die eigenen hohen Erlebnisse. Sie haben der Welt eine Statistenrolle zugeteilt, ihre schöne Leidenschaft nie in die Kämpfe dort unten eingemischt, haben die Demokratie nicht gekannt und haben sie verachtet. Sie verachten das parlamentarische Regime, bevor es erreicht ist, die öffentliche Meinung, bevor sie anerkannt ist. Sie tun, als hätten sie hinter sich, wofür nur die andern geblutet haben, und maßen sich die Miene der Übersättigung an, obwohl sie niemals weder kämpften noch genossen. Sie sollten herrschen, der Geist sollte herrschen, dadurch, daß das Volk herrscht. Sie sollten diesem Volk das Glück vermitteln, sich wahr zu sehen, damit es sich höher achte und wärmer fühle. Die Zeit verlangt und ihre Ehre will, daß sie endlich, endlich auch in diesem Lande dem Geist die Erfüllung seiner Forderungen sichern, daß sie Agitatoren werden, sich dem Volk verbünden gegen die Macht, daß sie die ganze Kraft des Wortes seinem Kampf schenken, der auch der Kampf des Geistes ist. Ihre Vornehmheit sollte nicht Selbstkultus sein; die deutsche Überschätzung des Einzelfalls, der Auszeichnung geht täglich mehr gegen Vernunft und Wahrheit; sie sollte in der Kraft sein, Maß und Vorbild zu geben. Denn der Typus des geistigen Menschen muß der herrschende werden in einem Volk, das jetzt noch empor will. Das Genie muß sich für den Bruder des letzten Reporters halten, damit Presse und öffentliche Meinung, als populärste Erscheinungen des Geistes, über Nutzen und Stoff zu stehen kommen, Idee und Höhe erlangen. Der Faust- und Autoritätsmensch muß der Feind sein. Ein Intellektueller, der sich an die Herrenkaste heranmacht, begeht Verrat am Geist. Denn der Geist ist nichts Erhaltendes und gibt kein Vorrecht. Er zersetzt, er ist gleichmacherisch; und über die Trümmer von hundert Zwingburgen drängt er den letzten Erfüllungen der Wahrheit und der Gerechtigkeit entgegen, ihrer Vollendung, und sei es die des Todes.

Voltaire – Goethe
(1910)

Ist es zu denken, daß irgendwo in der Welt der Geist herrschen sollte? Solange es menschliche Gesellschaften gibt, haben sie ihren gefährlichsten Feind im Geist gesehen. Sie haben ihn eingeschränkt, gebunden zu Religionen. Sie sind, sobald er sich freimachte, in Scharen, in Legionen, in Katarakten von Körpern über ihn hergefallen, wie die Heere des Xerxes über Griechenland. Wenn je einmal der Geist siegte, war es eine kurze Katastrophe, ein entsetztes Drunter und Drüber, dessen Angst sich endlich in schwarze Rauchwolken auflöste, in den Rauch vom Scheiterhaufen eines Savonarola. Der massige Materialismus der modernen Monarchien hat jeder Ausschweifung des Geistes vorgebeugt durch das Vorstrecken von Millionen Bajonetten... Ist es zu denken, daß er hindurchdringt? Daß er selbst an der Spitze der Bajonette schwebt? Daß die Macht eins ist mit dem Geist? Ein ganzes Volk, das sich samt seinen Führern dem Geist vertraut, seiner Strenge, seinem Krieg, seinem Rausch! Das um der qualvollen Ruhelosigkeit des Geistes willen verzichtet auf die animalische Langlebigkeit der andern Völker! Das die lebenerhaltenden Lügen verschmäht! Das ehrlich bleibt, und führe es zur Auflösung! Ein Volk, ein ganzes Volk, das sein zeitliches Leben abkürzt, aus Liebe zum ewigen!

Alle großen Franzosen sind, wie ihre Rasse, im Gleichgewicht zwischen ihrer sinnlichen Intensität und dem Eifer und der Klarheit ihres Geistes. Sie werden nicht fleischlos, und sie versteigen sich nicht. Sie sind keine Gnomen, keine Ungeheuer, noch Schatten, die das Leben

Voltaire – Goethe (1910)

~~Der französische~~ Geist

~~Von Heinrich Mann~~

Ist es zu denken, dass irgendwo in der Welt der Geist herrschen sollte? Solange es menschliche Gesellschaften gibt, haben sie ihren gefährlichsten Feind im Geist gesehen. Sie haben ihn eingeschränkt, gebunden zu Religionen. Sie sind, sobald er sich freimachte, in Scharen, in Legionen, in Katarakten von Körpern über ihn hergefallen, wie die Heere des Xerxes über Griechenland. Wenn je einmal der Geist siegte, war es eine kurze Katastrophe, ein entsetztes Drunter und Drüber, dessen Angst sich endlich in schwarze Rauchwolken auflöste, in den Rauch vom Scheiterhaufen eines Savonarola. Der massige Materialismus der modernen Monarchien hat jeder Ausschweifung des Geistes vorgebeugt durch das Vorstrecken von Millionen Bajonetten . . . Ist es zu denken, dass er hindurchdringt? Dass er selbst an der Spitze der Bajonette schwebt? Dass die Macht eins ist mit dem Geist? Ein ganzes Volk, das sich samt seinen Führern dem Geist vertraut, seiner Strenge, seinem Krieg, seinem Rausch! Das um der qualvollen Ruhelosigkeit des Geistes willen verzichtet auf die animalische Langlebigkeit der andern Völker! Das die lebenerhaltenden Lügen verschmäht! Das ehrlich bleibt, und führe es zur Auflösung! Ein Volk, ein ganzes Volk, das sein zeitliches Leben abkürzt, aus Liebe zum ewigen!

Alle grossen Franzosen sind, wie ihre Rasse, im Gleichgewicht zwischen ihrer sinnlichen Intensität und dem Eifer und der Klarheit ihres Geistes. Sie werden nicht fleischlos, und sie versteigen sich nicht. Sie sind keine Gnomen, keine Ungeheuer, noch Schatten, die das Leben wirft. Auch sie leben, auch sie sind Menschen. Noch Flaubert, an der Grenze der Ueberfeinerung, weigerte sich, zu schildern, was nicht typisch sei. Sie wollen, so stark sie sein mögen, nicht vor allem sich, sondern die Welt. Sie haben das Herz und den Geist, sich zurückzuziehen in die Menschheit, in ein Volk. Freilich ist es ein Volk, das ihnen keine Opfer auferlegt; das sie nicht abstösst und ermattet durch Langsamkeit und Ungeschmack; dessen nationale Kunst die Literatur, dessen grosse Sorge der Geist ist, und das ihnen folgt, wohin sie es führen. Sie führen es aber hinan, zur Herrschaft über sich selbst. „Ein wenig Geist erwirbt man durch die Pflege der Phantasie, und viel Adel durch den Anblick schöner Dinge"; — und Flaubert hätte weitersprechen können: „Dazu Güte durch Einsicht in das Herz der andern, und Menschenwürde durch das Bewusstwerden des eigenen, und Abscheu vor Lüge und Unterdrückung durch ihr Bild." Das ist die Wirkung dieser Romane, dieser Gedichte: sie haben die Demokratie erzogen. Das ist die Wirkung Zolas und das ist, seinen Tendenzen zum Trotz, die von Balzac. (Denn der Roman, diese Enthüllung der weiten Welt, dies grosse Spiel aller menschlichen Zusammenhänge ist gleichmacherisch von Natur; er wird gross mit der Demokratie, unter der das Drama in seiner aristokratischen Enge abstirbt. Balzac ist der Dichter der kämpfenden Demokratie, Zola der triumphierenden.) Victor Hugo, der aus der Verbannung seine republikanischen Fanfaren schickt, Sainte-Beuve, der im Senat die Freiheit der Presse verteidigt, Flaubert mit seinem Ideal einer Regierung der Wissenschaft, des Geistes selbst; und Lamartine, in der Stunde, als sein Wort den übergetretenen Strom einer Menge bändigt, und Rochefort, während seines langen Duells mit einem Kaiser, und Zola, der die Kanonen der Gewalt zum Schweigen bringt vor der Wahrheit: sie alle haben das Glück gekannt, sich nicht stumm und ohne Arme zu fühlen, von einem Volk, dem der Geist nicht nur ein überirdisches und belangloses Spiel ist, auf eine Tribüne gehoben zu werden, ihr Wort die Dinge bewegen, den Geist in Welt und Tat verwandelt zu sehen . . .

In jedem von ihnen aber ist es Voltaire, der zurückkehrt. In Deutschland wiederholt, wer es weit bringt, das tatlose, dem Volk unbekannte Leben Goethes.

Beide sind böse, wie die Grossen böse sind. Voltaire, der Priester des Geistes, hasst seine andersdenkenden Priester, findet sich weit eher mit der weltlichen Macht ab als mit der geistlichen. Er ist der Bürger, dessen Wehrbarkeit der Geist ist, der den Geist zu Geld und Macht münzt, der den Adel und das Volk, beide hasst und fürchtet. Sein Hass auf Rousseau gilt dem Mann des Volkes. Aber der Geist in ihm ward, wie im Laufe von Generationen, immer stärker, immer abgelöster, überwand die Bürgerlichkeit, die Furcht sogar, vollbrachte Heldentaten, erzeugte — o Wunder — selbst Güte! Die Leidenschaft des Geistes hat Voltaire gerettet.

Goethe hasst, was unharmonisch ist, was durch Einseitigkeit des Geistes, der Leidenschaft, durch unversöhnlichen Sturm und Düsterkeit das Gleichgewicht der Natur stört. Er hasst das Nur-Menschliche, hasst die Revolte des Menschen

Voltaire – Goethe
Erste Seite des Erstdrucks
mit dem handschriftlich
von Heinrich Mann korrigierten Titel
[vgl. S. 19 und 21]

wirft. Auch sie leben, auch sie sind Menschen. Noch Flaubert, an der Grenze der Überfeinerung, weigerte sich, zu schildern, was nicht typisch sei. Sie wollen, so stark sie sein mögen, nicht vor allem sich, sondern die Welt. Sie haben das Herz und den Geist, sich zurückzuziehen in die Menschheit, in ein Volk. Freilich ist es ein Volk, das ihnen keine Opfer auferlegt; das sie nicht abstößt und ermattet durch Langsamkeit und Ungeschmack; dessen nationale Kunst die Literatur, dessen große Sorge der Geist ist, und das ihnen folgt, wohin sie es führen. Sie führen es aber hinan, zur Herrschaft über sich selbst. »Ein wenig Geist erwirbt man durch die Pflege der Phantasie, und viel Adel durch den Anblick schöner Dinge«; – und Flaubert hätte weitersprechen können: »Dazu Güte durch Einsicht in das Herz der andern, und Menschenwürde durch das Bewußtwerden des eigenen, und Abscheu vor Lüge und Unterdrückung durch ihr Bild.« Das ist die Wirkung dieser Romane, dieser Gedichte: sie haben die Demokratie erzogen. Das ist die Wirkung Zolas und das ist, seinen Tendenzen zum Trotz, die von Balzac. (Denn der Roman, diese Enthüllung der weiten Welt, dies große Spiel aller menschlichen Zusammenhänge ist gleichmacherisch von Natur; er wird groß mit der Demokratie, unter der das Drama in seiner aristokratischen Enge abstirbt. Balzac ist der Dichter der kämpfenden Demokratie, Zola der triumphierenden.) Victor Hugo, der aus der Verbannung seine republikanischen Fanfaren schickt, Sainte-Beuve, der im Senat die Freiheit der Presse verteidigt, Flaubert mit seinem Ideal einer Regierung der Wissenschaft, des Geistes selbst; und Lamartine, in der Stunde, als sein Wort den übergetretenen Strom einer Menge bändigt, und Rochefort, während seines langen Duells mit einem Kaiser, und Zola, der die Kanonen der Gewalt zum Schweigen bringt vor der Wahrheit: sie alle haben das Glück gekannt, sich nicht stumm und ohne Arme zu fühlen, von einem Volk, dem der Geist nicht nur ein überirdisches und belangloses Spiel ist, auf eine Tribüne gehoben zu werden, ihr Wort die Dinge bewegen, den Geist in Welt und Tat verwandelt zu sehen...

In jedem von ihnen aber ist es Voltaire, der zurückkehrt. In Deutschland wiederholt, wer es weit bringt, das tatlose, dem Volk unbekannte Leben Goethes.

Beide sind böse, wie die Großen böse sind. Voltaire, der Priester des Geistes, haßt seine andersdenkenden Priester, findet sich weit eher mit der weltlichen Macht ab als mit der geistlichen. Er ist der Bürger, dessen Wehrbarkeit der Geist ist, der den Geist zu Geld und Macht münzt, der den Adel und das Volk, beide haßt und fürchtet. Sein Haß auf Rousseau gilt dem Mann des Volkes. Aber der Geist in ihm ward, wie im Laufe von Generationen, immer stärker, immer abgelöster, überwand die Bürgerlichkeit, die Furcht sogar, vollbrachte Heldentaten, erzeugte – o Wunder – selbst Güte! Die Leidenschaft des Geistes hat Voltaire gerettet.

Goethe haßt, was unharmonisch ist, was durch Einseitigkeit des Geistes, der Leidenschaft, durch unversöhnlichen Sturm und Düsterkeit das Gleichgewicht der Natur stört. Er haßt das Nur-Menschliche, haßt die Revolte des Menschen gegen die Natur, das Dämonische und das Radikale. Er, die Natur selbst, ihre Allseitigkeit und Gelassenheit selbst, läßt jene Kranken von sich abprallen; sie sind gerichtet von ihm, von der Natur; sie gehen unter. Befriedigt in seiner Liebe zu den Gesetzen der Natur sieht er die französische Revolution und Heinrich von Kleist untergehen.

Voltaire bleibt so weit hinter Goethe zurück, wie der menschliche Geist hinter der Natur selbst. In Goethes Werk ist die reiche Seele des Alls, in den Phantasiewerken Voltaires ein akademischer Schatten. Goethe hat zur

Menschheit die hohe, ferne Liebe eines Gottes zu seiner Schöpfung; Voltaire kämpft für sie im Staub. Er ist einseitig und will nicht anders sein. Er ist die Revolte des Menschen gegen die Natur, gegen ihre Stumpfheit und Langsamkeit, Ungerechtigkeit und Härte. Ihrem dummen Ernst sticht er Wunden mit seinem Witz, der menschlichsten Erfindung. Er haßt alles Herkömmliche, unbewußt Gewordene, das sich dem Gedanken, der Kritik entziehen möchte. Er fragt nicht nach dem Willen der Natur und ihrer Tochter, der Überlieferung; er nimmt nicht ihre Befehle hin; er fordert selbst, kraft der Gesetze, die in ihm sind: kraft der Gerechtigkeit und der Wahrheit. Seine Stimme bricht in Hohn und Haß, sein Gesicht grimassiert. Wie hoch und weise Goethe vom feierlichen Turm seiner Erkenntnisse über ihn hinsieht! Ihm sind die Ungerechtigkeiten erklärt, die jenem den Blick trüben; die Lügen, gegen die der andere sich bäumt, gehen ihm in die große Wahrheit der Natur ein. Gegen ihr langes und heiliges Walten wäre Kampf lächerlich. Mögen Fanatiker die Arme heben und schreien wie bei Valmy.

Aber sie siegen! Auf ihrem Hügel dort hinten singen sie die Marseillaise, und das alte Heer Friedrichs zerbricht an ihnen. Ihr Sieg ist der Sieg des entfesselten Geistes über Natur und Überlieferung, der Sieg Voltaires über Goethe. Goethe wendet sich ab und verachtet.

Seine Verachtung der Revolution, war sie ganz unangreifbar? Hätte nicht auch er wirken, aus der Ewigkeit in den Tag übergreifen wollen? Er hat es versucht (die Befreiung des Weimarer Volkes vom Jagdrecht der Herren), und es ist ihm mißlungen. Was verrät also diese erbitterte Verachtung der Revolution, an der seine Dichtung zerbricht und klein wird wie das Heer der stummen Ordnung an jenem singenden Hügel von Valmy? Wird nicht hier der Schmerz verheimlicht, in ein Volk ohne Tat gestellt zu sein und sich selbst an die ererbte Wirklichkeit gebunden zu fühlen? Seine »innere Freiheit« ist in Wahrheit die Beschönigung eines Lebens, das vielem hat entsagen und vieles hat verbergen müssen; dessen geheime Schande sich entblößt in Goethes Geständnis, er habe sich sein Leben lang, sein hohes, umfassendes, berühmtes Leben lang, vor jedem adeligen Leutnant befangen gefühlt.

Voltaire ist von Adeligen geprügelt worden: errötet ist er nicht, – und er hat ihnen die Guillotine errichtet. Er war es. Er kehrte zurück, als die Priester und die Könige fielen. Bei jedem neuen Sturz der Macht war er an der Spitze der Stürmenden. Wo die Wahrheit gegen den Nutzen aufstand, der Geist gegen die Macht, da schmetterte sein Name. Wäre der Sarg dessen, der um eines ungerecht verfolgten Menschen willen die Wehrkraft seines Landes in Gefahr gebracht hatte: wäre Zolas Sarg auf dem Weg zum Pantheon geöffnet worden, man hätte die verklärte Fratze Voltaires darin gefunden! Er, der in den Mänteln der Generäle der ersten Republik als Sieger über die Erde zog, er wird die dritte Republik sprengen. Auf ihren Trümmern wird sein Lachen schallen, seine Stimme wird gellen: »Freier! Wahrer! Den Abgründen der Freiheit und der Wahrheit zu!« Goethe inzwischen sieht aus der gespensterhaften Höhe, wo die deutschen Genien einander vielleicht verstehen, unbewegt auf sein unbewegtes Land hinab. Sein Werk, der Gedanke an ihn, sein Name haben in Deutschland nichts verändert, keine Unmenschlichkeit ausgemerzt, keinen Zoll Weges Bahn gebrochen in eine bessere Zeit. Hinter seinem Sarge ging die Familie keines Calas. Er hat den Menschen, die schuldig werden müssen, Gerechtigkeit, Gleichheit, Freiheit nur in jenen Gefilden verheißen, mit denen Dichtung uns tröstet. So hat er sich zu Gretchen, Ottilie, der Bajadere geneigt. Der irdische Tag, der staubige Kampf staunen blinzelnd zu ihm auf – und keuchen weiter. Ihre Rechtfertigung haben in ihm nur die Müßigen, die Teilnahmlosen gesehen. Populär ist er erst in dem Augenblick geworden, als es in Deutschland ein schwaches, reiches und ruheliebendes Geschlecht gab. Er muß sich gefallen lassen, daß reaktionäre Minister dem Volk statt seiner Rechte einen Satz von ihm bieten, der diese Rechte entwertet; und daß faule Vergnüglinge ihr leeres Dasein mit seinem Namen decken als dem Zeichen ihrer »Kultur«, als ob es Kultur gäbe ohne Menschlichkeit. Voltaire ist, als die Hoffnung der Menschlichkeit, daheim in den tiefen Schichten seines Volkes, die von seiner Kultur nichts wissen, die auch von seinen Mängeln und Grenzen nichts wissen, und denen er für alle Zeiten die Freiheit selbst ist.

Denn Freiheit: das ist die Gesamtheit aller Ziele des Geistes, aller menschlichen Ideale. Freiheit ist Bewegung, Loslösung von der Scholle und Erhebung über das Tier: Fortschritt und Menschlichkeit. Frei sein heißt, gerecht und wahr sein; heißt, es bis zu dem Grade sein, daß man Ungleichheit nicht mehr erträgt. Ja, Freiheit ist Gleichheit. Ungleichheit macht unfrei auch den, zu dessen Nutzen sie besteht. Wer die Macht übt, ist ihr Knecht nicht weniger als wer sie duldet. Der Tyrann (wer wäre nicht Tyrann!) leidet unter der Menschheit, wie sie unter ihm; er erniedrigt sich in denen, die er erniedrigt. Nur Flucht ins Menschentum kann ihn retten. Rette er sich, auf die Gefahr hin, unterzugehn! Denn Freiheit ist der Wille zu dem als gut Erkannten, auch wenn das Schlechte das Erhaltende wäre. Freiheit ist die Liebe zum Leben, den Tod mit einbegriffen. Freiheit ist der Mänadentanz der Vernunft. Freiheit ist der absolute Mensch.

Reichstag
(1911)

Da bis auf kurze Zwischenfälle den ganzen Tag nur ein Abgeordneter aus der Mitte des Hauses redet, ist das Zentrum vollauf beschäftigt. Es lacht, wo immer es einen Witz argwöhnt. So oft nötig, inszeniert es dumpfes Entrüstungsgepolter. Und pünktlich ist es zur Stelle, wenn von links ein Zwischenruf droht: mit Stimmen, wie fette Hände, die abwehren, weil eine Fliege ins Bier fällt. Es scheint, daß die tausendjährige Seele des katholischen Christentumes grade hier nur wenig vertreten ist; vertreten sind Lebensformen und Interessen ganz materieller Art. Geistliche – diese schwer an ihren Leibern Tragenden? Diese schlauen und plumpen Gesichter, ohne Menschengläubigkeit? Aber hier, unter den Vierhundert, die die Nation selbst sind, füllen sie die breite Mitte; ihr Beauftragter redet tagelang. Er hat gewiß alles im deutschen Parlament erlangbare Können, hat den in dieser Mitte erlaubten Ehrgeiz und so viel Temperament, als hier gedeiht. Ein arbeitsamer Redner ohne Geste, seine Hände sind immer in den Akten.

Dann und wann betritt, die Hände in den Hosentaschen, ein Konservativer den Saal und überzeugt sich, daß die Sache gemacht wird. Sie wird gemacht. Nach dem gestrigen Zusammenstoß mit dem Reichskanzler, wobei Wahlgeheimnisse platzten, ist Marokko gefährlich geworden und man mogelt es besser in eine Sozialistendebatte um. Von Dreckwitz ruft: »Hört, hört!« – aber er selbst kehrt lieber zu den Freunden ins Foyer zurück, auf das rote Sofa, wo sie sich, die Glatzen zwischen den Schul-

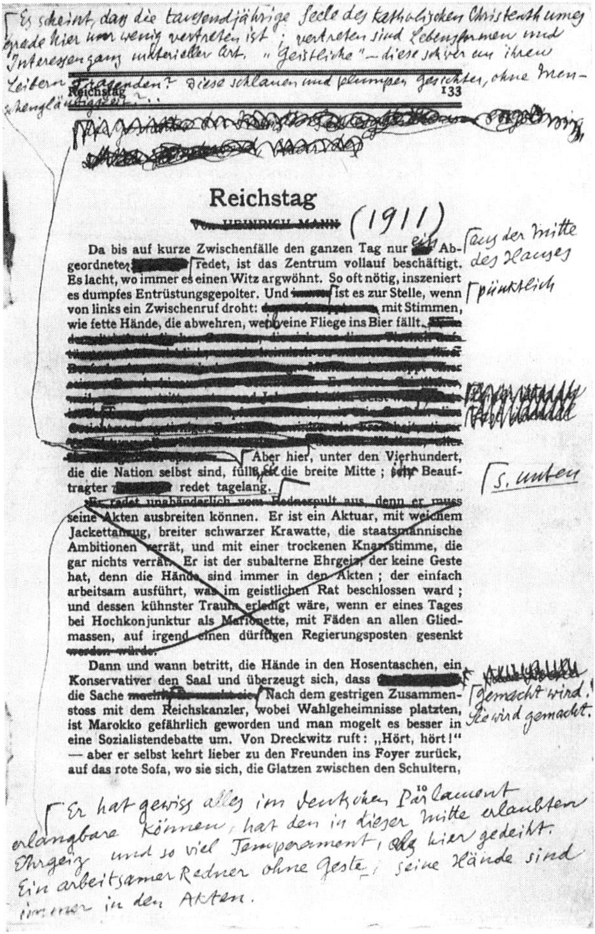
[Es scheint, daß die tausendjährige Seele des katholischen Christentums gerade hier nur wenig vertreten ist; vertreten sind Lebensformen und Interessen ganz materieller Art. „Geistliche" – diese schwer an ihren Leibern Tragenden? Diese schlauen und plumpen Gesichter, ohne Menschengläubigkeit?..

Reichstag 133

[redacted]

Reichstag

~~Von HEINRICH MANN~~ (1911)

Da bis auf kurze Zwischenfälle den ganzen Tag nur ein [redacted] Abgeordneter [redacted] [aus der Mitte des Hauses redet, ist das Zentrum vollauf beschäftigt. Es lacht, wo immer es einen Witz argwöhnt. So oft nötig, inszeniert es dumpfes Entrüstungsgepolter. Und [redacted] [pünktlich ist es zur Stelle, wenn von links ein Zwischenruf droht: [redacted] mit Stimmen, wie fette Hände, die abwehren, wenn eine Fliege ins Bier fällt. [redacted] [Aber hier, unter den Vierhundert, die die Nation selbst sind, füllt sie die breite Mitte; [redacted] Beauftragter [redacted] redet tagelang. [s. unten

~~Er redet unabänderlich vom Rednerpult aus, denn er muss seine Akten ausbreiten können. Er ist ein Aktuar, mit weichem Jackettanzug, breiter schwarzer Krawatte, die staatsmännische Ambitionen verrät, und mit einer trockenen Knarrstimme, die gar nichts verrät. Er ist der subalterne Ehrgeiz, der keine Geste hat, denn die Hände sind immer in den Akten; der einfach arbeitsam ausführt, was im geistlichen Rat beschlossen ward; und dessen kühnster Traum erledigt wäre, wenn er eines Tages bei Hochkonjunktur als Marionette, mit Fäden an allen Gliedmassen, auf irgend einen dürftigen Regierungsposten gesenkt werden würde.~~

Dann und wann betritt, die Hände in den Hosentaschen, ein Konservativer den Saal und überzeugt sich, dass [redacted] [gemacht wird. Sie wird gemacht. die Sache ~~macht~~ [Nach dem gestrigen Zusammenstoss mit dem Reichskanzler, wobei Wahlgeheimnisse platzten, ist Marokko gefährlich geworden und man mogelt es besser in eine Sozialistendebatte um. Von Dreckwitz ruft: „Hört, hört!" — aber er selbst kehrt lieber zu den Freunden ins Foyer zurück, auf das rote Sofa, wo sie sich, die Glatzen zwischen den Schultern,

[Er hat gewiss alles im deutschen Parlament erlangbare können, hat den in dieser Mitte erlaubten Ehrgeiz und so viel Temperament, als hier gedeiht. Ein arbeitsamer Redner ohne Geste; seine Hände sind immer in den Akten.

Reichstag
Erste Seite des Erstdrucks
mit handschriftlichen Korrekturen Heinrich Manns
[vgl. Materialien, Nr. 2 und S. 26]

tern, so tief einsenken, wie nur des Nachts in die Polster des *Palais de danse*. Schmunzeln um die funkelnd schwarzenSchnurrbärte, plaudert man von den kleinen Freuden des Augenblicks, von den Sorgen der Zeit, – und wieviel edler genährt als an den geistlichen Freunden glänzt in diesen Mienen der Speck! Nun geht ein Lächeln darüber, denn jemand hat sich die Saaltür öffnen lassen, man sieht drinnen die Proleten sich abarbeiten. Dies Lächeln! Es sagt: »Komödie! Indes ihr schwatzt, ist das Geschäft längst fertig.« Es sagt: »Komödie! Ihr alle seid Objekte der Gesetzgebung, die Subjekte sitzen hier.« Es sagt: »Ein Leutnant mit zehn Mann.« Es ist ein Lächeln von Holofernes bis Dschingiskhan. Es ist das Wulstlächeln aller Schweine der Weltgeschichte: aller Herrenschweine.

Von Dreckwitz hat »Bravo!« gerufen, weil der Redner die rote Bande nicht übel anhaucht; aber er behält den Mund offen, denn droben steht jetzt ein Freisinniger und beweist den Sozialdemokraten, daß sie beim Ausbruch eines Krieges gestreikt haben würden. Er ist sichtlich überzeugt, daß er heute gar nichts Besseres tun könnte. Die Ironie rechts sieht und hört er nicht; flammend reckt er sich nach links und gegen den Umsturz. Der Mann ist Arzt, er wird täglich mit Sozialdemokraten zu tun haben, muß genau wissen, daß diese Leute sich von ihm selbst höchstens durch ein paar historische Redensarten unterscheiden, daß sie maßvolle kleine Bürger sind, die nichts wollen, als Kindern und Enkeln ein spießiges Wohlleben verschaffen, und daß sie zum Generalstreik so stehen wie die Jungtürken zum heiligen Krieg, nämlich selbst die größte Angst davor haben. Aber die Wollust, positiv und erhaltend zu sein, macht ihm Kongestionen, er weiß nichts mehr. Und der Mann ist Jude. Sein Leben ist sicher nicht vergangen, ohne daß er die Feindseligkeit des christlich geschminkten Feudalstaates erfahren hat. Wenn er den Kopf wenden wollte, auf wie viele Blicke würde er dort rechts treffen, worin nicht freche Geringschätzung läge? Gleichviel, er sieht nicht hin, und für einen Augenblick ist auch er ein Herr, ein Machthaber, der zum Volk vom Pferd herab spricht (bevor es ihn wieder abwirft) und hinter sich Edelleute und Priester hat.

Die Instinktverlassenheit dieses Bürgertums ist vollständig. So vollständig kann sie sich nur an großen Tagen bewähren. Marokko mußte verloren werden, das Reich durch die Adeligen, die es regieren, tiefer gedemütigt werden als je vorher, und die Adeligen selbst mußten, von Panik erfaßt, aneinander geraten mit den sogenannten Staatsmännern, die nur ein Ausschuß ihres eigenen Klüngels sind: solche glänzende Kombination mußte eintreten, damit der liberale Bürger dem Zentrumsredner auf seinen ordinären Trick hineinfallen konnte und mitschimpften, gegen wen? gegen die Sozialdemokratie!

Was er über die Diplomaten vorbringt, klingt flau; man hört die Demut, die sich einen Stoß gibt, um Ungezogenheit zu werden. Überlegenheit wird sie nicht. Die »Herren dort oben« bleiben oben, noch im tiefsten Sumpf. Der Bürger läßt es ohne Widerspruch geschehen, daß auf alle seine Beschwerden der Staatssekretär als Antwort einen Witz setzt. Warum sollte der Staatssekretär es sich schwerer machen? Seine wahre, ach so schlecht weggekommene Gestalt kennt nur Europa. Hier drinnen sieht man ihn nicht bloß in gelber Weste, man sieht ihn gepanzert. Alle seinesgleichen, die sich draußen ducken müssen in ihrem geistigen Elend, ihrem trüben Mangel an Weltläufigkeit und Kenntnis der Geschäfte: so oft sie zurückkehren aus den Niederlagen, die englische Kaufleute und französische Literaten ihnen beigebracht haben, ah! welch ein Prunken vor den verschüchterten Landsleuten, welch Auftreten, welche furchteinflößende Autorität – zwischen den Niederlagen!

Sie sind komisch, sie sind abstoßend: empörend sind sie

nicht, denn sie erhalten sich selbst wie sie können, und sind wohl nicht fähig einzusehen, daß an ihnen das Land zugrunde geht. Empörend ist der Bürger, die Masse dieser gebildeten, wohlhabenden Leute, die durchaus den Haß nicht kennen wollen; die ihren lehrhaften Dünkel für die radikaleren Volksgenossen aufsparen und dem Volksfeind, der rechts steht, mit Rücksichten begegnen, als lebten sie mit ihm auf derselben Plattform, als ließe sich paktieren, als gäbe es verbindende Menschlichkeit. Aber es gibt keine. Habt ihr denn kein Blut? Niedergehalten in eurer öffentlichen Selbstbestimmung, ausgeschlossen vom Staat, von Macht und Ehren, von der Vertretung der Leistungen und Werte, die nur die euren sind, der Welt gegenüber: ist das nicht genug? Ist es nicht genug, ein Leben lang von Fremden, die über ihren Willen und ihre Sprache selbst verfügen, gefragt zu werden: »Was sagt euer Kaiser? Was will eure Regierung?« Und wenn ihr einen anständigen Kopf habt, gefragt zu werden: »Sie gehören wohl zur Aristokratie Ihres Landes?« – da in einem unterdrückten Arbeitsvolk niemand die Gesichter der höchsten europäischen Kulturschicht sucht. Letzter Hohn eines deutschen Schicksals: verwechselt werden mit dem von Dreckwitz, mit dieser Elite des Stalls und der Nachtlokale, mit dieser Edelzucht von Zirkusdirektor und Schieber! Habt ihr kein Blut? Steigt es euch nicht in die Stirn beim Anblick der frechen Feindseligkeit einer Kaste, die es noch wagt, sich zu zeigen, noch wagt, befehlen zu wollen, mitten im Sammelpunkt eurer bürgerlichen Anstrengungen, in der Schöpfung eurer Väter, im Reichstag? Gutmütige Vorträge haltet ihr ihnen? Seid und bleibt fern aller Konventsstimmung, dem »Du oder ich!«, dem »Auf ihn!« der großen Geschichte?

Dann laßt euch immerhin am 12. Januar ein wenig zahlreicher in dies Haus zurückschicken: das ändert nichts. Ihr werdet öfter reden, und sie werden euch höhnischer trotzen. Auf ihr letztes Wort, das Gewalt heißt, bleibt ihr immer ohne Antwort, – da ihr ja niemals die Kasse sperren und abwarten werdet, ob die Kanonen sich gegen die Gebäude der Großbanken richten. Der Versuch wäre lächerlich einfach, und im Handumdrehen würde sich zeigen, daß sogenannte Herren, die es nur durch faule Übereinkunft und durch Suggestion sind, nicht aber kraft des Geistes und nicht einmal auf Grund des Geldes, daß sie noch gar nichts für sich haben, wenn sie nur die Gewalt haben... Aber es wäre unnütz, euch zu raten. Die Geschlechter müssen vorübergehen, der Typus, den ihr darstellt, muß sich abnutzen: dieser widerwärtig interessante Typus des imperialistischen Untertanen, des Chauvinisten ohne Mitverantwortung, des in der Masse verschwindenden Machtanbeters, des Autoritätsgläubigen wider besseres Wissen und politischen Selbstkasteiers. Noch ist er nicht abgenutzt. Nach den Vätern, die sich zerrackerten und Hurra schrien, kommen Söhne mit Armbändern und Monokeln, ein Stand von formvollen Freigelassenen, der sehnsüchtig im Schatten des Adels lebt... Geht heim, Volksvertreter, kehrt zurück in die bürgerliche Wüste dieses Landes; und braucht ihr Stärkung für eure Demut, dann tretet ins allgemeine Restaurationszimmer eures Reichstages ein. Nebenan, abgesondert vom Pöbel, speist der konservative Adel. Ihr werdet ihn nicht hinausprügeln.

Der Bauer in der Touraine
(April 1914)

I

Die letzten Ereignisse haben es deutlicher als alles vorher gezeigt, daß in Frankreich der Nationalismus, wenn nicht über die Tatsachen, so doch über die Geister vorläufig gesiegt hat. Man darf freilich nicht an die Masse der braven Leute im Lande denken, die gleichmäßigen Schrittes gewissen mittleren, gut ausgereiften Ideen nachgeht: sondern nur an jene Elite, die den wechselnden und schnell errafften Sensationen der öffentlichen Seele folgt. Eine Elite ist es, das läßt sich nicht leugnen, und ihren Charakter bestimmen nicht die Fanatiker und die Snobs, nicht »integrale« Katholiken und royalistische Jugend. Das Entscheidende und auch das Interessante ist das Bekenntnis zur Weltanschauung des Patriotismus, das von seiten der temperierten Geister kommt, der gut gelaunten Skeptiker, der literarischen Boulevardiers. Die wirkliche Macht eines Prinzips erweist sich erst dann, wenn die geistige Schicht ihm zufällt, die um jeden Preis vornean und auf der Höhe der Zeit sein muß. Zieht der Eroberer ein, so laufen diese Leute vor ihm her und kommen ihm zuvor im Erobern. »Denn was man Glück nennt, ist die Fähigkeit, sich augenblicklich dem Unvorhergesehenen anzupassen.« Unter diesen wählt das Leben seine Sieger. Die aber, die sich nicht anpassen, »ob sie zu spät oder zu früh geboren sind, ob sie noch die Ideen von gestern oder schon die von morgen haben,« das sind die Besiegten... Wonach zum Beispiel Rousseau ein Besiegter wäre, denn er hat alles in allem ein recht elendes Dasein gehabt, und seinen eigentlichen Erfolg, die französische Revolution, hat er nicht erlebt. Ein Sieger aber ist Herr Alfred Capus, der die zitierten Ansichten in zahlreichen, von der Philosophie des Boulevards erfüllten Theaterstücken bekundet hat, bevor er sich nun anschickt, den Redaktionsposten einzunehmen, auf dem der Held Calmette gefallen ist.

Heldentum, auch ein blutiges, konnte nur die Intellektuellen von 1895 in Verlegenheit setzen. Wir sind ihm wieder gewachsen, Capus hat es bemerkt, als Schükri Pascha sich – fast in die Luft gesprengt hätte. Ja, als die Bulgaren auf Konstantinopel marschierten und fast hingekommen wären, hat ein ungeahntes Zeitalter begonnen. Was wir die Neuzeit nannten, ist überholt worden und damit vieles, das uns teuer war, als wir noch Dreyfusards waren: die Mode der Gerechtigkeit, sowie die Mode der Menschlichkeit und auch die Mode der Solidarität aller Geistigen. Solidarisch sind wir fortan mit dem Bauern in der Touraine, dem wir eine Friedensrede des Senators d'Estournelles de Constant zu lesen gegeben haben, und der den Senator verrückt findet. Wie? Um Frankreichs Grenzen besser zu schützen, sollen wir weniger Soldaten halten? »Es ist doch komisch, wenn einer keinen Verstand hat«, sagt der Bauer in der Touraine, und wir klopfen ihm auf die Schulter. Denn wir begreifen: sein gesunder Menschenverstand ist der Anhalt, ist das, was bleibt. Der Patriotismus, die große Sensation unserer reiferen Jahre, darf nicht Mode genannt werden wie die Gerechtigkeit; die ganze Zukunft wird sich auf dem Felde der Vaterlandsliebe vollziehen, und nicht auf dem des Menschentums! Die Weltanschauung des Patriotismus ist der Mut zur Wirklichkeit, zu der literarisch nicht verschleierten Wirklichkeit, die uns aus den Ereignissen entgegenschreit, daß wir immer blutrünstige Tiere bleiben werden, daß es keinen sittlichen Fortschritt gibt, daß die Völker nie einander kennen können. Und dies erschreckt uns nicht, es raubt uns nichts von unserer guten Laune. Düstere Verbohrtheit eignet Leuten wie Jaurès, die sich ihrer Zeit nicht anzupassen verstehen und die Besiegte sind. Wir aber: nichts kann geschehen, was uns verblüffte oder beschwerte. Wie würde man vor zwanzig Jahren gezetert haben über das unfaßbare Kulturwidrige des Balkankrieges. Wir finden alle seine Greuel ganz natürlich. Die Nachrichten aus Deutschland stellen die Börsenkurse und unseren Patriotismus täglich so oft auf die Probe, daß wir diese wilden Sensationen nun schon lieben und abgehärtet und zu allem bereit sind, das Heldentum einbegriffen. Unfaßbar ist uns höchstens, daß früher Viele, vielleicht sogar wir selbst haben glauben können, die Erfindung des Aeroplans werde dem Frieden dienen. Er konnte doch nur ein neues Mittel für das Vaterland werden, um Schrecken zu verbreiten!...

Dies sind die ständigen Gedanken, mit denen ein begabter, heiterer, literarisch denkender Pariser jetzt umgeht, und tatsächlich stehen sie alle in *»Les mœurs du temps«*, den gesammelten Artikeln aus dem Figaro von Alfred Capus. Dies ist die Welt, in der ein gleichgültiger Bummler seine geistige Hochspannung gefunden hat, hier lernte ein Spieler, ein Zweifler, der die Führung seines wie der von ihm erfundenen Schicksale immer nur dem Zufall zugeschrieben hatte, sogar einen Glauben. Und natürlich steht die Gewalttätigkeit seines Glaubens im richtigen Verhältnis zu der Tiefe seines früheren Unglaubens; und natürlich ist er ein so großer Patriot, weil er lange ein so großer Boulevardier war. Daher wäre es auch zwecklos, ihm ein Gewissen machen zu wollen aus der unnatürlichen Härte und Trostlosigkeit seiner Dogmen, doppelt zwecklos, wenn ein »Feind« es täte. Eben auf die Trostlosigkeit trumpft er, und das Grauen für den Normalzustand der Welt zu halten, scheint ihm, nach allen Lässigkeiten und Verfeinerungen seiner Vergangenheit, sehr süß. Es ist nicht wahrscheinlich, daß er den Sinn für das Abscheuliche verloren hat, wenn er sagt, die zu beiden Seiten der

Grenze wohnen, sollten einer des andern Angelegenheiten nie beurteilen wollen: ganz so, als unternähmen Menschen es, zu Marsgeschöpfen zu sprechen; wenn er behauptet, daß es Sicherheit oder Glück für jeden nur in dem Land gibt, auf dem er gewachsen ist. Aber das ist neu und reizvoll, weil es so uralt und ungeheuerlich ist; weil es die antike Stadt wieder herstellt und den Zustand ihres Bürgers, der sich geächtet, verloren und den Barbaren ausgeliefert weiß, sobald er das Tor verläßt. Dieser Alpdruck ist für den Balkan beinahe die Wirklichkeit. Für uns andere ist sie es wohl nur dann, wenn wir besonders sanguinische Patrioten sind. Die Aussicht scheint am Ende nicht groß, daß die Balkandinge, die an unsere Kriege vor dreihundert Jahren erinnern, hier im Westen noch einmal auftreten. Sogar im Fall eines Weltkrieges würden wir sie schwerlich erleben. Vielleicht gäbe es kein besseres Mittel, um unseren sittlichen Fortschritt zu beweisen, als den berühmten Weltkrieg. Aber wird er kommen? Wird er der Aufforderung seiner zahlreichen Freunde, auf dem Boulevard und anderswo, Folge leisten? Davon hängt es ab, ob die primitiven Gefühle des Patrioten Capus nur trostlos sind, oder auch zwecklos.

Er fühlt sich bedroht durch Deutschland: mit dieser Tatsache soll gerechnet werden. Nur in Notwehr hat er das berauschende Erlebnis des Patriotismus auf sich genommen, – was einen bemerkenswerten Unterschied ausmacht zwischen ihm und seinem mehr auf Angriff bedachten Gesinnungsgenossen in Deutschland. Eine zehnte oder zwanzigste Nuance vertritt dann der Kollege auf dem Balkan, denn er droht nicht und erwidert nicht die Drohung, sondern er wählt gleich den Ernstfall, er metzelt, sengt und schändet. Von Westen nach Osten erleiden sein Gefühl und dessen Betätigung gewisse, nicht zu übersehende Abschattungen, und zuweilen sogar innerhalb derselben Grenzpfähle. Es ist weder absolut, noch macht es einen Sprung, so oft eine andere Sprache beginnt. Ein Franzose würde es früher abgelehnt haben, in irgend einem seelischen Fall sich einem Neger gleichzusetzen. Heute datiert er vom Ausbruch des Balkankrieges den Beginn einer neuen Seelenepoche für sich selbst. Es scheint, daß der Nationalismus schließlich nur noch die Gefühle des Nationalisten bestehen läßt, und nicht mehr die des Franzosen. Es scheint, daß in jedem Land auf einer Seite die Nationalisten stehen und auf der anderen die guten Franzosen oder die guten Deutschen. Die einen kommen nicht los von den hier längst beendeten Kämpfen für die Sache der Nationalität; die anderen wissen, daß in jeder Nation das Beste kaum gut genug ist, ein höheres Menschentum damit zu erkämpfen. Sie halten sich vor Augen, daß die endgültige Sicherung der Nationalitäten bisher auch den Frieden gesichert hat, und daß Nationalität und Krieg einander nicht rufen, sondern ausschließen, weil auf die Dauer nationale Einheit überall dasselbe ist wie Demokratie.

II

Und dies vor allem entgeht dem Patrioten Capus, der einer falschen Wirklichkeit in die Augen starrt: daß auch Deutschland seiner inneren Konstitution zufolge eine Demokratie ist und daß nur noch die äußere darüber täuschen kann. Ja, hier ist die vollkommen gewissenlose Forderung des französischen Nationalisten erfüllt und nicht die Armee dient der Politik, sondern die Politik dient der Armee. Aber wenn bei uns öfter als im Westen mit dem Kriege gedroht wird, liegt das einzig daran, daß wir infolge von Umständen, deren es nirgends so verwickelte gibt wie bei uns, die Macht bisher noch der Kriegerkaste lassen mußten: und die lebt davon, daß sie droht. Wollte sie nicht mehr drohen, sondern zuschlagen, sie könnte nicht besser leben. Im Gegenteil muß sie gewärtig sein, daß nach einem Siege dies Volk sich bessere Bürgschaften seiner Freiheit sichert als das vorige Mal. Eine Niederlage aber würde ganz unzweifelhaft die Vergeltung heraufbeschwören für alle menschenalterlangen Demütigungen, die die Nation von ihren Herren hingenommen hat. Es könnte ein Gericht geben, das höchst ungemein und furchtbar wäre! So viel wagen auch die hochgemutesten Herren nicht – und erst recht nicht, wenn sie sich sagen müssen, daß selbst für sie einmal ein Höhepunkt kommt, der nur noch überschritten werden kann, und daß die Zeit, die Zabern sah, wahrscheinlich dieser Höhepunkt ist... Nicht die längste Reihe glücklicher Kriege hätte dem Militär und den mit ihm verwandten, wenn nicht identischen Machthabern, das Kapital von Macht und diese Sicherheit des Kapitals eintragen können, die sie in vierzig Friedensjahren angesammelt haben. Sie haben nichts gewagt und nichts geleistet; sie haben immer nur gedroht, Furcht vor »Feinden« verbreitet und Haß gegen sie geschürt; haben internationale Krisen bewirkt, man wußte selten, ob in verwerflicher Überlegung oder aus Talentlosigkeit; haben den Klassenkampf, den chronischen Bürgerkrieg unterhalten, soviel an ihnen lag, und aus der Uneinigkeit der Nation wie aus ihren Ängsten haben sie Vorteil für sich gezogen. Was ist ihnen die Nation! Sie kennen keine Nation, sie kennen Herren und die Masse, die der Rohstoff ihrer Herrschaft ist. Wenn sie den Rohstoff nicht ganz zugrunde richten, verbrauchen oder verkaufen: um seinetwillen lassen sie es wahrhaftig nicht. Herren haben noch nie ein Volk geliebt um seinetwillen, ein Volk kann nur selbst sein Bestes wollen, und von Liebe getragen, ist die Demokratie allein.

Aber wir haben Herren, – und so bekommt bei uns die Vaterlandsliebe dieses zerfahren Marktschreierische, dieses Unreife oder Unehrliche: als seien Lakaien am Werk, die nur im Auftrag arbeiten. Daß sie rücksichtsloser lärmen als überall sonst von Patrioten gelärmt wird, begreift sich aus ihrem Mangel an Verantwortungsgefühl, und der wachsende Zulauf, den sie haben, aus der immer längeren Dauer des Regimes. Denn ein Regime, dessen Methode wie Ziel nichts anderes ist als die Gewalt, wird endlich nicht nur über die Körper, sondern auch über die gemeine Mehrzahl der Seelen gesiegt haben, und seine Menschenfeindlichkeit wendet sich in der Nation an alle verderbten Instinkte. Ein Druck, der so furchtbar lange schon gewährt hat, wird unentbehrlich; die Anstrengung, um ihn zu beseitigen, wäre heute vor allem eine Anstrengung der Nation gegen sich selbst... Übrigens, so denken die Meisten, welches Mittel verspräche denn noch Erfolg gegen das Militär und seine Partei, da sie bis heute aus jeder moralischen Niederlage noch stärker hervorgegangen sind und sieben Jahre nach Köpenick ein Zabern wagen durften! Proteste, Beschwörungen, Revolten der Geister? Die lassen keine Spur auf einem Gott, der aus Bronze ist. Aber wenn Parlamente und das ganze Volk, die Härtesten darunter und die am wenigsten um menschliche Würde Besorgten, wenn alle doch einige Tage lang von demselben Sturm gegen die herrschende Kumpanei getrieben werden können, von jenem Sturm, der das Tiefste aufrührt: welchen Namen verdient dann solche Herrschaft? Welchen Namen hat eine Herrschaft noch immer getragen, die die eigensten Instinkte, den wahren Willen, das Blut der gesamten Nation gegen sich hat? Sie heißt Fremdherrschaft! – und keine ausgemachtere war da als die Diktatur der organisierten Brutalität über eine Nation, deren Geschichte, Natur und Leistung von jeher auf innere Entwicklung, Kultur und Geistigkeit gerichtet ist, und die sich aufgegeben hätte und den Zusammenbruch verdienen würde, wenn sie endgültig vor der Gewalt verstummte... Aber sie verstummt nicht; und wären alle, deren Arbeit und Alltag die Materie ist, schon korrumpiert durch den wüsten Materialismus des Regimes und seine nach dem Gewicht des Eisens meßbaren Ideale: die geistigen Schöpfer hören nicht auf, gegen die Verfälschung der nationalen Seele zu zeugen. In ihnen, die von Wesen und Beruf empfindlicher als andere gegen die öffentlichen Lügen sind, bereiten die wahren Eigenschaften des Landes ihre Zukunft vor. Wir sind jetzt ohne Einfluß und können von Denen, die sich einst auf uns berufen werden, jetzt nur geahnt werden; aber unser Ruhm ist, daß noch keiner, der wirklich unseresgleichen war, im Einverständnis mit den Herren war. Literaten sind wohl aufgetreten, deren Schwäche und Eitelkeit sie bewog, wider besseres Wissen das Herrenrecht zu preisen, den Advokaten des Teufels zu machen, und mit einer anarchistischen Seele sich konservativ zu gehaben. Auch ist es möglich, daß heute Zwanzigjährige da sind, die schon vor der Geburt den Mut verloren haben und ihr bißchen Gehirn darauf verwenden, sich den Herren und ihren Sitten anzupassen. Sie sind sportlich gut abgerichtet und bewegen sich in der öffentlichen Unfreiheit und mitten in der Schande der Ereignisse geläufig und breitbrüstig, schon ganz in ihrem Element und höchstens befremdet, wenn einer von uns seinen Hohn und seinen Haß sagt. Aber sie zählen nicht; wer die Leidenschaft nicht achtet, geschweige kennt, wird niemals zählen. Was im neuen Deutschland Großes entstanden ist, hat gegen das Regime gelebt, im Haß und in der Verachtung des Regimes, oder, bei anderem Temperament, in der kalten Neugier, wohin es denn noch führe. Die Schamlosigkeit der Gewalt, unter der im Rußland von gestern und im Frankreich Napoleons des Dritten so starke Literaturen gewachsen sind, hat auch bei uns nicht hindern können, was ihr Ende sein wird. Der Geist gedeiht in feindlicher

Luft, und wollten wir von der Welt nichts anderes als Befeuerung unseres Talents, wir hätten den Herren zu danken.

III

In Frankreich aber zeigt sich jetzt, was aus einer Literatur wird, die aufhört, der Nation voranzuschreiten. Was hilft es, zu warnen: »Wer dem Leben nicht das Gesicht zuwendet, ist ein Besiegter von vornherein«, – wenn nicht einmal der Warner selbst den höheren Sinn des Wortes versteht. Lebenskraft haben heißt nicht sich anpassen können an irgend eine kleine und unfruchtbare Gegenwart: es heißt vorausfühlen, was uns weiterbringen soll, heißt die Menschheit von morgen schon im Blut haben. Das hatte das vorige Geschlecht, das hatte Zola, darum lebt er und wird zu leben erst recht beginnen. Darum macht den Eindruck der Größe und Verehrungswürdigkeit von allen, die jetzt schreiben, ein Einziger, ein Übriggebliebener, Anatole France. Die Andern erobern die Welt nicht; denn hämisches Mißtrauen in die Zeit und ihr teuerstes Drängen, eine schäbige Betschwesterbegeisterung für abgehauste Ideale, das erobert die Welt nicht. Die Nationen waren gewöhnt, aus Frankreich Worte des kommenden Heils zu vernehmen. Gerade die furchtsamsten und verspätetsten unter ihnen haben immer zu ihrem Trost erwartet, daß dort es doch vorwärts gehe; und wenn nicht hier und nicht bei uns, haben wir wenigstens jenseits der Westgrenze an großen Tagen dem Sieg von Wahrheit und Gerechtigkeit zugewinkt. Die heutigen Kämpfe der Franzosen ermangeln dieser Macht, eine Welt moralisch zu beteiligen, weil ihre Literatur jetzt stimmlos und ohne Kraft ist. In Frankreich selbst bewegt sie ernstlich nichts, verstärkt das Leben nicht, weil sie es nicht ausdrückt, und macht keinem warm. Ein Volk von Republikanern, das auf nichts bedacht sein sollte als auf soziale Gerechtigkeit und menschliche Vervollkommnung, was hat es zu schaffen mit Schriftstellern, die kindisch jammern über die Verfolgung der Kirche, mit den historischen Fetischisten des Königtums, mit Geistern, denen das Widergeistigste, patriotisch Berauschten, denen jedes Paradoxon und alle Greuel zeitgemäß scheinen, mit einer Literatur, die sich Begriffe und Ziele aus dem Mittelalter und vom Balkan holt. Die wenigen Wahrheitsliebenden gehen unter in einem Schwall von Komödianterei, Albernheit und Ohnmacht. Das Volk, der Literatur entfremdet, hält sich an den Ersatz, den die Fabrikation ihm liefert; und was Frankreich bei alledem verliert, ist eben das Höchste, das sein Genie der Welt zu bieten hatte, die literarische Deutung des Lebens, jene große Kunst des Romans, die ihr Zeitalter ganz beherrscht hatte, seine Mechanik und seinen Sinn kannte, und die zugleich Plastik und Prophezeiung war. Junge Menschen aller Länder haben die Zeit und ihren Flug, den Zusammenhang der Gesellschaft, die große Welt der Herzen und ihr eigenes sich ihnen erschließen gesehen, als sie zuerst diese Romane lasen. Nicht oft sind geistige Geschenke von den Geistern, die sie empfingen, so wohl erworben worden. Jeder soll nur eine einzige Rasse verstehen können? Soll über alles, was eine andere bewegt, schweigen müssen? Das mögen Nationalisten behaupten, mit denen einige Kilometer weiterhin schon Niemand mehr mitfühlt. Was wissen sie selbst von den Größten ihrer Rasse! Die haben sich höher erhoben als ein Hurra reicht. Was aus Völkern menschliche Werte macht, vollzieht sich oberhalb der Grenzen. Das Genie bleibt nicht immer zu Hause, ein Augenblick kann kommen, wo es fremd wird zu Hause. Flaubert und Zola sind heute vielleicht am nächsten uns »Feinden«. Hier geschieht es jetzt, daß ihr Erbe bereichert wird und daß eine der ihren verwandte Kraft in das europäische Blut fließt.

Und künftige Franzosen würden so das Beste ihrer Rasse von uns »Feinden« neu zu erlernen haben. Kann sein, daß die hochherzigen Ideen, mit denen vormals Frankreich die Welt erneuert hat, einst von uns dorthin zurückgestrahlt werden sollen. Frankreich wird schneller fertig als wir, auch mit seinen Erschlaffungen; und der Bauer in der Touraine, der heute Gedanken der Furcht und des Hasses zuneigt, wird eines Tages hinter seinem Pflug wieder der Worte fähig sein, die Michelet ihm nachsagt: »Die Revolution gehört nicht Frankreich allein, sie gehört der ganzen Welt«. Aber es werden dann vielleicht Worte sein, die ähnlich vor ihm schon der Bauer in Thüringen sprach.

Zola
(1915)

Jugend

Der Schriftsteller, dem es bestimmt war, unter allen das größte Maß von Wirklichkeit zu umfassen, hat lange nur geträumt und geschwärmt. Sache derer, die früh vertrocknen sollen, ist es, schon zu Anfang ihrer zwanzig Jahre bewußt und weltgerecht hinzutreten. Ein Schöpfer wird spät Mann. Zola war der poetisierende Jüngling, der sich hingibt und der glaubt, bevor er zweifeln und sich behaupten lernt. Absichtslos mit Kinderhänden werden Vorräte gesammelt an seelischer Triebkraft, tragendem Gefühl: Besitzergreifung seiner selbst, eine Art innerer Meisterschaft vor der produktiven; und eben sie wird dann den Arbeiter unverbraucht erhalten bis zum Schluß, ihn unnachsichtig tapfer bleiben lassen in Jahren, wo Andere schon nachgeben, wo Andere sich schon ergeben.

In Aix zuerst die Schülerzeit, die junge Schwelgerei an Natur und Erdenweite, die ersten Freunde. Wie unermeßlich blau der windige Himmel der Provence über ihren ausgedörrten Flußbetten, wenn damals die Knaben Baille, Zola und Cézanne, erhitzt und frei, das harte Gras eines fernen Hügels zum Polster jenes Paradieses nahmen, in dem vor sie hin die ersten Dichtungen traten. Sie lasen laut; die erhabenen oder süßen Wortgestalten wehten zum Himmel auf und versprachen noch mehr als er an Höhe, Farbe und Bewegtheit. Hier geschah es, daß sie sich berufen fühlten zum Leben; und wenn sie hätten zweifeln können, daß Welt und Worte soviel halten, sie hatten doch einander und schwuren, sich nie zu lassen.

Dann mußte er fort. Die Seinen waren seit dem Tode des

Vaters immer mehr verarmt, ihre Lage wurde unhaltbar in der kleinen Stadt, die ihre gute Zeit gesehen hatte. 1857 kehrt er in seine Geburtsstadt zurück, denn Paris war es, wo er siebzehn Jahre vorher, auf einer Reise seiner Eltern, geboren war; beendet das Gymnasium, erfolglos, weil hier in der Luft der Hauptstadt sofort die Literatur ihn allem andern fremd macht; und als Zwanzigjähriger und verpflichtet, nun seinerseits der Mutter zu helfen, sieht er sich mittellos und ohne regelmäßige Anwartschaft auf irgendeinen Platz in der Gesellschaft, vor das Leben gestellt. Ein Gönner bringt ihn in den Docks unter, bis vier Uhr trägt Zola Zolldeklarationen ein, dann heim und schreiben. Abends das selbstgeschaffene Leben, am Tage die Notdurft: es verträgt sich nicht lange, der Lebensschüler muß wählen, er verläßt die Docks. Nun ist er ohne Stellung, aber frei, darf träumen nach Belieben, auch wenn er mit geliehenen Pfennigen sein schlechtes Zimmer bezahlt und, um essen zu können, im Bett bleibt, weil sein Rock versetzt ist. Er lernt die bittere Kälte kennen, nicht die des Winters der Armen nur, auch die Kälte der Welt, diese Verlassenheit von allen. Mahnend wird er umschlichen von abgehausten Wesen, die einst vielleicht waren, was er ist, von Laster und Schande. Die Säufer des Assommoir, die verfehlten Künstler in L'Œuvre, und auch die Durchsuchung eines Absteigequartiers durch die Polizei, wie in Nana, alles liegt schon hier, ist hier schon mitgemacht und wäre hier erlebt, – wenn Erleben genannt werden darf, was ein Herabschauen ist aus irgendeiner entrückten Höhe, ein Mitgefühl wie das eines jungen Gottes, klarsichtig und geneigt, aber unberührbar im Innern. Denn das Elend dieser zwei Jahre, düster und vielleicht verhängnisvoll für gemeine Anfänger – Einen, der sich anders und darüber weiß, kann es nur bestätigen auf seinem besonderen Weg. Je morscher der Weg, umso leichter sein Schritt. Es ist nicht Mut, wenn er aushält, er kämpft noch gar nicht. Unschuldig dem Schicksal hingegeben, läßt er sich vollziehen, was in ihm ist. Verse schreiben viele, er weiß es, und alle glauben an sich. Aber er schreibt seine Verse. Er sagt: »Machen wir lyrische Gedichte – bis auf weiteres.« Er schreibt ohne Plan und sagt: «Ich weiß wohl, das ist nicht der Weg zu Meisterwerken.« Rückblikkend wird er einst sagen: »Wenn ich nicht den Glauben an mein Werk hatte, ich hatte doch Vertrauen zu meiner Anstrengung.« Und daher hat er Zeit. »Ich bin unwissend in allem, noch lange denke ich nichts herauszugeben, sondern tüchtig zu lernen.« Das Gedicht, um dessentwillen er zu streben meint, ist ohne Beziehung zu seiner Gegenwart, eins der ahnungsvollen Jünglingswerke, die vorwegnehmen, – die mehr vorwegnehmen als der Stärkste später verwirklicht. Zola hat die soziale Geschichte eines Reiches gestaltet. Der junge Zola nimmt es mit dem Werden und der Entfaltung der ganzen Menschheit auf, bis in ihre unbekannteste Vergangenheit, bis zu ihrer gottgleichen Vollendung. Die Synthese, die er plant, ist ungeheuer, die später ausgeführte wird nur groß sein. Die Geburt der Welt, der erste Teil des Jugendgedichtes, geschieht in seinem wirklichen Werk durch eine einzige Figur, Adélaïde Fouque, die Mutter des ganzen Geschlechts der Rougon-Macquart, Keim und Vorbestimmung ihrer Triebe, Laster, Krankheiten, und auch ihrer Größe. Zwanzig Jahre einer bestimmten Zivilisation werden ihm für seine ganze Manneszeit Stoff genug sein, der Jüngling braucht dreitausend. Und der dritte Gesang, vom Menschen, »der sich immer höher hinanschwingt auf der Leiter der Wesen«: auch ihn soll er einst erleben, aber dazwischen wird Arbeit und wieder Arbeit liegen, viel Düsterkeit und Schmerz der Erde, und auch, mit allem Bittern und Wirren, die Tat. Der Gealterte endlich wird, da er den guten Kampf beendet, die Gewißheit von der Vervollkommnungsfähigkeit der Menschen halten und verkünden. Aber ohne Kampf greift danach schon der Jüngling. Denn Jünglinge lieben Begeisterungen, die sie noch nicht verdient haben. Gehoben und gespannt von dem Vorgefühl künftiger Kraft, wollen sie schon den berauschenden Saft trinken aus Leistungen, die nur erst Träume sind. Ihre Ohnmacht vor dem Leben, das sie mit den Augen zu entkleiden versuchen und doch nicht besitzen dürfen, macht sie recht unglücklich.

Der junge Zola flüchtet sich zu den Freunden in den endlosen Jünglingsbriefen, die alles auf einmal sind: Selbstzergliederung des Lernenden, Selbstbehauptung der noch so unbewehrten Persönlichkeit, und Reibung an den Andern, erster Kampf, erste Erkenntnis. Wie gern in solchen Briefen tut man vor dem Andern stark und faßt ihn hart an, – indes man doch in all der weiten fremden Welt nur eben den einen kleinen Punkt dort hinten weiß, der vertraut ist, den Freund. Der in Paris Verlorene zittert um die Beiden, die zurückblieben. Er erinnert sie an ihren Schwur, durch das ganze Leben, die Arme verschlungen, mit ihm den gleichen Pfad zu gehen! Er fühlt ihre Schwäche und daß man unaufhaltsam auseinander gerät; in Baille stößt er schon auf den künftigen Spießbürger, in dem jungen Cézanne auf jenes Versagen, das einst, in L'Œuvre, zu jener Tragödie führen soll; aber er klammert sich an diese Gemeinschaft von Hoffnung und Freundschaft. Die hochgespannte Zärtlichkeit des Zwanzigjährigen, sein Herz, wenn es, von sich selbst betört, in offene Arme rennen will, alles den Freunden! »Der Tag wird kommen, wartet nur, wir werden einen langen Weg hinter uns haben, werden getrennt gewesen sein, in verschiedenen Welten gelebt haben, ungleich begünstigt vom Glück, und doch werden wir nur eine Seele haben, um den verwehenden Duft unserer Jugend zu atmen!« Und: »Ich sah Paul! Verstehst du die ganze Melodie dieser drei Worte?« Liebevollster Eifer wird aufgewendet, um nur nicht überlegen zu scheinen. Haupt einer Schule wie Victor Hugo – er verwahrt sich schon hier dagegen, wo die Beschuldiger noch fern sind. Später werden sie auftreten, er wird sich immer verwahren. Was nicht hindert, daß er die beiden Jungen gewinnen möchte für vielerlei Einblicke und Überzeugungen. Nicht nachahmen! Die romantische Schule ist tot, trotz seiner eigenen Verse. Er möchte Jeanne d'Arc sprechen lassen, wie ein junges Mädchen wirklich spricht. Andererseits »ahnt man gar nicht«, wie wenig für die Dichtung diese Worte bedeuten: Wissenschaft, Zivilisation. (Später werden sie alles bedeuten.) Aber doch auch hier schon, das Tiefste und Zukunftsreichste in seinem Gewissen: »Der Roman soll nicht nur schildern, er soll bessern«. »Den Menschen anschwärzen, das kann mir nicht gefallen!« und eine Verteidigung des Volkes gegen die blöd feindseligen Begriffe der Bürger... Besonnene Prüfung in allem, schon hier trotz Jugenddrang, und niemals schön gefärbt. Seinen Zimmernachbar, einen untergegangenen Dichter, der seinen berühmten Altersgenossen nicht verzeihen kann, beurteilt der nachrückende Junge, trotz der unermeßlichen Überlegenheit seiner Jugend, ohne Flüchtigkeit, mitleidig höchstens, und gewiß mit Geringschätzung des Mannes, aber doch voll jenes Respektes vor der Erscheinung, der die beste Gewähr seines künftigen Talentes ist. Der Zwanzigjährige glaubt keineswegs an die sittliche Hebung der Dirne, – die er vielleicht gerade versucht, in dem Absteigequartier, wo er wohnt. Aber auch an die Existenz einer moralischen Jungfräulichkeit glaubt er nicht, und dies können nur seine platonischen Träume ihm enthüllt haben. Diese Träume eines keuschen jungen Mannes sind schwermütig und gefaßt. »Ich habe immer nur im Traum geliebt, und geliebt worden bin ich nicht einmal im Traum.« Seine Grundstimmung außerhalb der Arbeitszeit wird unruhiger, Wechsel erfaßt sie von Sehnsucht und Trauer. Später wird er sich erklären, daß die Arbeit, nur sie, ihm zu dem starken

Lebensgefühl hilft, das er sucht. Aber die Arbeit ist noch nicht geregelt, ist unsicher und enttäuschungsträchtig. Schwere Stunden in dem luftigen Belvedere, das er eines Tages bezieht, sieben Stock hoch, und drunten ganz Paris. Einer hat hier auch gehaust, der wohl glücklicher war, Saint-Pierre, Verfasser von Paul et Virginie, eines Meisterwerkes und Ruhmestitels. Wie lange bis dahin! Alles säumt oder bleibt aus: auch die Freunde, die doch nachkommen sollten. Als Paul endlich da ist, gehört er den Malschulen. Manchmal freilich wird bei Zola gemalt, und dazwischen tanzt man, raucht Pfeifen, macht Lärm. Ach! das Tanzen räumt nur wenig schwere Stunden fort; zu bald sitzt der Ernüchterte wieder am leeren Kamin, die Einsamkeit ist wie eine Krankheit, die Untätigkeit drückt, in Kälte und Armut der Gegenwart ist er darauf angewiesen, sich mit der Vergangenheit zu unterhalten – und mit der Zukunft.

Die Zukunft? Sollte man nicht vor ihr flüchten, in eine Grotte, in ein Mönchskleid? Die Zukunft! Taumelnd groß wird sie sein, reich unermeßlich, sieghaft bis zum Wahnsinn! Ach, die Zukunft: wenn sie gut ist, wird sie die Mansarde sein, das Häuschen im Gebirge, stilles Traumvolk darin, auch zwei, drei Freunde; von weitem, mag sein, das schmeichelhafte Gemurmel der Menge, nur kein Kampf, kein Lärm und Kampf. Aber wie die bedrängte Jugend das Zimmer durchmißt, das enge Gehäuse so vieler Stürme, da liegt drunten, atmend wie ein Wesen, Paris. Atmend und wartend - auf den Armen, der in seine Flanke hinabsteigt, irrt und sucht, nach Brot, nach Erfolg, nach Chimären. Er selbst, Zola Emile aus Aix in der Provence, ein Armer, keinem Bekannter, hat schon in hundert Gassen, dort und dort, die Leute angegangen um Stellungen, irgendeine, um das bißchen Leben. Er ballt die Faust: und vor ihm sein Vater! Schon sein Vater war dort unten atemlos nach Geld gelaufen, und als es ihm endlich versprochen war, als sie ihm erlaubt hatten, in Aix den Kanal zu bauen, da starb er, François Zola, Zivilingenieur, zweiundfünfzigjährig, hinterließ die unkundige Frau und den Sohn von sieben Jahren. Was hatte er gehabt, was hält das Leben? Ganz jung hatte er in den Napoleonischen Armeen gedient, ein Venetianer, zur Befreiung seines Vaterlandes. Dann umhergereist und vom Zufall gezehrt, ein Abenteurer eigentlich. Von großer Lebenskraft wohl und mit Phantasie, denn später, als Leutnant in der Fremdenlegion, hat er eine Leidenschaft bestanden, die ihn auch die Ehre hätte kosten können. Endlich sah er seine Familie doch glücklich, aber dafür mit fünfzig Jahren noch immer kämpfen müssen wie am ersten Tag. Das war alles. Der Sohn lehnt sich auf: wenn das alles ist, wozu dann; und er wirft den Blick hinab, in Grauen und Haß, auf dies Paris, dies fressende Tier, Sinnbild des Lebens, das ihn selbst nun erwartet. Eine Regung des Stolzes, er rafft sich zusammen. Wenn die Gefahr so furchtbar wäre, wie schön dann die Leistung, wie ergreifend dann der Mut aller der Kämpfer dort unten! Dies ist ein ewiges Schlachtfeld, dies ist eine lebende Epopöe! Dort unten vollziehen sich allstündlich, laut oder namenlos, Triumphe und Vernichtungen. Von dort unten steigt in einem ungeheuren Zusammenklang Schluchzen herauf und Frohlocken, der Atem der Gier, der Geruch der Angst, das Qualmen vieler Laster, der Schwung jedes Ehrgeizes, und mit allem, in allem ein Flügelschlag von Unschuld. Sie sind unschuldig dort unten, denn sie erfüllen die Bestimmung dieser Erde, sie arbeiten. Das Wort der Riesenstimme, die heraufsteigt aus Paris, ist Arbeit! Jede der Figuren im Gewimmel ist die Summe der unermeßlichen Arbeit aller! Dem Zuschauer hier oben zittert die Brust vom Drang der Brüderlichkeit. »Ich bin der Eure, gleiche noch dem letzten von euch, und mein Schicksal, wäre es selbst herausgehoben, wird, wie eures, die Arbeit sein. Ihr wißt noch nicht, wie dies groß ist, wie dies schön ist: fühlen, daß unsere Anstrengung die Anstrengung aller ist, daß jeder tut, was alle wollen, und daß ich nur ausspreche, was ihr schon seid. Dennoch ist dies etwas Vereinzeltes und Schweres...« Sein Blick vertieft sich. Vorahnungen durchrauschen ihn, von Werken ohnegleichen, deren Held dies Paris sein wird, diese Zeit, diese Menschheit; deren größerer Held die Arbeit sein wird, die Anstrengung vorwärts, aufwärts. Er wird sie sich auferlegen und wird sie ihnen auferlegen, sie sollen ihm folgen... Und aus den heißen Gesichten des Jünglings hernieder senkt sich feierlich in sein Herz das Gewissen einer Verantwortung, die Sendung einer Führerschaft. Er läßt die Muskeln seines starken Körpers spielen, er stemmt die viereckigen Schultern gegen einen Druck von oben, seine breiten Hände greifen zu, wie nach dem Inbegriff des Lebens; forschend und planend umfaßt er mit den Augen nochmals dort unten das weite Gebiet seiner Zukunft. Sein Blick ist sanft und durch Kurzsichtigkeit ungewiß, sein Mund schmollend wie bei einem Knaben, der Ausdruck ernst, unruhig und bekümmert; – aber dies ist der kurze Schädel mit den rund und genau angewachsenen Haaren und der eigensinnigen Stirn, Zeichen einer Rasse; dies auch ihr Gefühl, Marmorglätte und leichte Erregbarkeit. Hier ist der Typus jener Menschenführer, die vom Mittelmeer herkommen, Cäsar, Napoleon, Garibaldi. Diese sind stark, wenig heiter, aber von warmer Seele. Ihre Taten sind machtvoll, und ihre Phantasie eilt immer über ihre Taten hinaus. Sie legen der Welt ihre Macht auf, gewiß um der Macht willen, aber auch zum Ruhm einer Idee. Sie sind Eroberer, und dann Zivilisatoren. Sie führen die Menschen, wie jeder sie führt, durch Wirrnis und Leiden; aber sie glauben, daß sie sie zum Glück führen... Der junge Führer unter seinem Mansardenfenster, im Angesicht von Paris, 1860 in einer Schicksalsstunde, schließt die Augen, spricht vor sich hin: Emile Zola, – lauscht, und möchte erraten, ob so die Welt einst lauschen wird.

Arbeit

Er tritt in den Verlag Hachette ein und wird bei der Reklameabteilung beschäftigt, – was er als Förderung anerkennt; denn er weiß, für ihn heißt es, von unten hinaufdrängen und nicht verschmähen, auch den Betrieb der Literatur zu erlernen, bevor er sich ihrem Geist nähert. Am Abend zu Haus schreibt er zarte kleine Novellen, Übergänge von der Lyrik, aus der er herkommt, zu seiner künftigen Prosa. Als die Contes à Ninon fertig und erschienen sind, wagt er den Schritt vom Buchhandel zum Journalismus. Villemessant, Gründer des Figaro, wird von ihm gewonnen, Zola sieht sich auf dem Weg zum Erfolg; da erfüllt sich zum ersten Mal seine lebenslange Bestimmung: Haß zu erregen. Er hatte Manet und die jungen Impressionisten gerühmt auf Kosten der Romantiker, die die Macht hatten. Genötigt, seinen »Salon« abzubrechen, versucht er es im Figaro noch mit einem Roman, wieder zu zart, um aufzufallen; dann ist die Gunst seines Herrn erschöpft, er muß weiterziehen. Er tritt in andern Blättern auf, aber nichts konnte gelingen, solange er Meinungen oder Werke, die ihr fremd waren, in die Presse einschmuggelte. Den anderen Weg zeigt ihm der Herausgeber eines Marseiller Blattes, der ihm die Akten von lokalen Sensationsprozessen zugänglich machen will, damit der junge Mann ein Gegenstück zu den berühmten »Geheimnissen von Paris« schreibt. Zola, entschlossen, sich den niedersten Arbeiten des Handwerks zu unterziehen, nimmt an; und der Segen der Arbeit, an den er glaubt, geht schön in Erfüllung. Das Handwerk, die marktgängige Arbeit ist es, die seinem Willen zur Gestaltung die erste, fest weltliche Grundlage gibt. Hier in diesen Akten sind Menschen, die wirklich gelebt, die begehrt, genossen, sich schuldig gemacht und furchtbar gelitten haben. Hinter diesen Antworten vor Gericht steht mehr, als so dürre Worte sagen; die innere Vorgeschichte der Tat war schwieriger und stärker; weit grausamere Bußen werden erlebt als die, die ein Richter auflegt. Und neben den Mystères de Marseille, gleichzeitig Tag für Tag mit diesem Feuilletonroman, schreibt Zola das erste Werk seines eigenen Gepräges, Thérèse Raquin, ein pathologischer Dämonenspuk von Liebe und Verbrechen, hinter Gaslaternen im Alltag eines Pariser Durchgangs. Noch mehr, die Marseiller Akten liefern ihm den ersten Stoff der Rougon-Macquart. Sie zeigen, straffer beisammen und in einem entscheidenden Augenblick gesammelt, was auch im Leben sich ihm immer am stärksten aufgedrängt hat, das Überlaufen der Begierden, den Sturm des Zeitalters, der neuen Geschlechter auf die Genüsse. 1852, vor siebzehn Jahren, führte es zu allen Genüssen der Welt, wenn man Bonapartist war. Die Bonapartisten, das waren, menschlich gesprochen, die Lebensgierigsten: darum siegten sie. Zola stand auf bei diesem Gedanken, er staunte; auf einmal war die Formel gefunden für jene Menschen, die, jeder an seinem Platz und Anteil, ein Reich gegründet hatten. Die Spekulation, wichtigste Lebensfunktion dieses Reiches, die zügellose Bereicherung, der gigantische Genuß, alle drei theatralisch verherrlicht in Schaustellungen und Festen, die allmählich an Babylon mahnten; – und neben diesen blendenden Massen der Apotheose, hinter ihnen, von ihrem Strahlen noch unterdrückt, dunkle Massen, die erwachten, die hervordrängten. Das Erwachen der Masse! Auch das konnte eine Aufgabe sein? Ja, eben dies! Auch für die Literatur sollte die Masse erwachen! Der Auftrieb und Zukunftsdrang der Masse, dies war das Unerhörte, nun zu Bewältigende. Wie es begeisternd war, da es so schwierig war! Nicht nur darum. Diese Masse kam herauf mit Idealen, die Erfüllungen von morgen waren. Sie war die Menschheit von morgen! Auf ihr, auf ihr mußte das Licht der Apotheose liegen, das eine abgehauste Genießerbande sich anlog. Keine Ausnahmen darstellen, so sehr sie uns Künstler reizen. »Meine Thérèse und meine Madeleine sind Ausnahmen. Ich war durch den Gedanken an Stendhal zu dem Irrtum verführt, daß durch Ausscheiden aus dem Alltäglichen das Werk Rang bekomme. Und fort mit dem aristokratischen Künstlerstil, er liefert Kunstleckerbissen, die menschlich nicht mitzählen. Starke Werke wären mir lieber.« »Aber starke Werke?«, überlegt der Tastende. »Wo sind sie noch übrig nach den Meistern? Balzac hat alles analysiert, die ganze Gesellschaft, Typ für Typ; in Madame Bovary ist sogar das unendlich Kleine der Gefühle zerlegt... Also keine Analysen mehr, keine Seltenheiten! Nur noch durch die Menge der Bände, die Macht der Schöpfung, kann man zum Publikum sprechen.« Und er erkennt, daß die Masse, Gegenstand und Ziel seines Werkes, auch formal sein Prinzip werden muß. »Solid gebaute Massen müssen die Kapitel sein. Logisch und natürlich gewachsen, folgen sie, wie geschichtete Blöcke, die ineinandergreifen. Atem der Leidenschaft beseelt alles, von einem Ende des Buches zum andern. Aber jedes Kapitel, jede Masse muß sein wie eine Kraft für sich, die der Lösung zutreibt.« Damit dies vollbracht werde, trage der Romancier in sich das rhythmische Wogen der modernen Demokratie, das Balzac nur erst heranrollen sah. Er sei endlich wieder der Sänger Aller, sei Homer! Sein Buch sei geschrieben wie von der Masse selbst! ...Im Grunde gab es nur sie. Die Einzelnen zeigten, innerhalb eines Reiches und Zeitalters, alle so deutlich die gleiche Herkunft, als wären sie aus einer einzigen Familie gewesen. Eine Familie! Dunklen Ursprungs, nicht wahr? – wie die Bonaparte selbst; und vom Volk ausgehend, verzweigen sie sich in der ganzen zeitgenössischen Gesellschaft, steigen auf zu allen Stellungen, sind Minister oder Millionäre; aber in ihren weniger begünstigten Exemplaren bleiben sie mager und stecken im schmutzigen Laster, statt im eleganten. Alle Vettern! Geht, ihr habt euch nichts vorzuwerfen! Alle von derselben unbedachten Gier, Geschöpfe eines Augenblicks, den Keim des Todes schon in euch, wie euer Herr und Meister in den Tuilerien. Was soll nachkommen? Das Reich verbraucht wie sein Kaiser, und die typische Familie des Reiches – die Rougon-Macquart – zum Schluß so verdorrt, so zum Untergang reif wie die Dynastie. Verdorrt und verbraucht durch ihre Überanstrengung – die nicht ohne Verdienst war; denn dies Reich, diese Dynastie und diese Familie haben in Krisen und Krämpfen eine neue Welt geboren, die nun bevorsteht, die Demokratie. Das wird sie rechtfertigen. Das wird die innerste Rechtfertigung und Weihe dieses nachsichtslosen Werkes sein, der Romanreihe, ihrer furchtbaren Geschichte. Wie aber wird der Ausgang des Werkes sein? Das letzte Wort? Wenn es nicht Zusammenbruch heißt, dann hat es kein letztes! »Für mein Werk, um seiner Logik willen, brauche ich den Sturz dieser Leute! So oft ich das Drama zu Ende denke, ihr Sturz ist immer das Ende. Wie in Wirklichkeit die Dinge stehen, ist es nicht wahrscheinlich, daß er bald eintritt. Aber ich brauche ihn.«

Dies sagte sich Zola 1869, indes er an seinem ersten Band schrieb. Und dann stürzte das Reich. Es stürzte auf einmal, über Nacht, und mit der vollen künstlerischen Rundung einer Katastrophe. So und nicht anders hatte ein Erfinder von Romanen sie vorhergewußt. Wer noch? Sie schien fern, schien undenkbar. Die sie wünschten, glaubten kaum an sie. Nicht einmal jenseits der Grenze, dort wo man sie vorbereitete und belauerte: jene fremden Persönlichkeiten, die zu Weltausstellungen und politischen Freundesbesuchen nach Paris kamen, die hochstehende

Sonne der Zivilisation genossen, am Hof des Kaisers charmant plaudern lernten in der Sprache des Beneideten, und unter der Hand Erkundigungen einzogen, ob dies alles nun bald reif sei für die Schlachtbank: auch sie hatten nicht diese Vorstellung vom Ausgang ihrer Wünsche, gewiß nicht diese. Die Katastrophe, allen unbekannt und ohnegleichen, fand sich vorweggenommen in Plänen zu einem Romanwerk. Einer, der äußerlich nichts vor Augen hatte, als was alle vor Augen hatten, Macht, Glanz und Erfolg, hatte diesem Reich und dieser Zeit dennoch stärker und tiefer in die Augen gesehen als alle. Die Geschichte vollzog sich im Sinn eines noch ungeschriebenen Buches. Die Katastrophe trat ein, als sei sie eine ästhetische Notwendigkeit, – als wäre er selbst, der sie vorherbestimmt hatte, der Richter, und sein Werk das Ziel des Geschehens gewesen. Ihm schien wahrhaftig eine mystische Bestätigung geworden. Er sagte später, daß er keinen Willen habe, nur die fixe Idee seines Werkes. Tatsächlich war dies Werk zu einer Sendung geworden und die Arbeit daran, die Arbeit in Krankheit, die Arbeit in Erfolglosigkeit und Armut, war auferlegt, war gut, war das einzige Gute. »Sich einem Werk geben«, sagt er, »ich versichere Ihnen, in dem Nichts aller Dinge ist dies noch die Unnützlichkeit, der wir am meisten Lebensgefühl verdanken.« Und gegen Ende seiner Tage: »Die Arbeit, der Gedanke an mein Werk, an die Pflicht, die ich erfüllen mußte, hat mich immer aufrecht erhalten.« Wobei es sicher ist, daß das Gefühl der auferlegten Pflicht allen Schöpfern gemein ist. Aber es wartet doch immer auf eine Weihe wie diese.

Da das Werk Sendung und Pflicht war, war es Kampf. Während des Krieges mit Deutschland, genötigt, sich mit Politik zu befassen und im Begriff, Unterpräfekt zu werden, sah Zola zuweilen seinen angefangenen zweiten Band an, voll der Frage, ob es denn wirklich hiermit aus sei für immer. Er überlegte noch einmal das schon Hingestellte, überzeugte sich wieder von seiner Notwendigkeit, entdeckte im instinktiv Geschaffenen die allgemeinen Ideen und legte jetzt die theoretische Grundlage für das Werk seines Glaubens. Er sagte sich, wenn er sein Buch las: »Ich habe die Gabe des Lebens.« Mit Stolz setzte er hinzu: »Denn ich habe die tiefste Leidenschaft für das Leben!« Er ging weiter. »Was ist das, die Gabe des Lebens? ...Es ist die Gabe der Wahrheit!« Die Wahrheit lieben: anders wird keiner groß. Alle ihre Mächte lieben, Wissenschaft, Arbeit, Demokratie: diese große, arbeitende Menschheit, die hinauf will, los von den Beschönigungen und Ungerechtigkeiten der Vergangenheit. Sich als einen der Ihren fühlen und als nichts weiter; im Leben stehen wie alle Welt, dann kann man schildern, was alle Welt erlebt. Nur nicht sich abseits und besonders dünken; teilnehmen als einer unter vielen an der großen Untersuchung über das Jahrhundert, über das moderne Leben. Seine Zeit lieben! Wer sie nicht geliebt hat, die Romantiker etwa, geht bald niemanden mehr an. »Wer heute nicht mit der Wissenschaft ist, lähmt sich selbst. Man ahnt gar nicht, was für eine unbezwingliche Kraft es einem Mann gibt, wenn er das Werkzeug der Zeit in Händen hat und mithilft zu der natürlichen Entwicklung der Tatsachen. Dann trägt es ihn. Er kommt so schnell und so weit voran, weil er die Leidenschaften seiner Zeit hat, und weil seine Leistung vervielfacht wird durch die Arbeit der kreißenden Menschheit. In der Wissenschaft, vielmehr in dem wissenschaftlichen Geist des Jahrhunderts, findet sich der Geistesstoff, dem die Schöpfer von morgen ihre Meisterwerke entnehmen werden!« Hier ist die Idee der Vererbung: beim ersten Hinsehen nichts als ein Faktor der materialistischen Methode. Thérèse Raquin? Sie und ihr Liebhaber sind Menschentiere, nichts weiter. Erst auf die Länge, wenn man die erhabene und rührende Anstrengung des Menschengeschlechtes würdigen lernt, das aus seiner Tierheit und trotz allen Klammern, die es darin festhalten, nach Anderem langt: da ändert die Idee der Vererbung ihr Gesicht und ihre Bedeutung. Sie interessiert jetzt nicht mehr bloß medizinisch, sondern soziologisch und moralisch, als eins der Bande zwischen den Menschen, mit deren Hilfe sie gemeinsam ihrer höheren Bestimmung entgegengehen. Von der modernen Moral hat Claude Bernard, erster Meister der modernen Physiologie, gesagt, daß sie die Ursachen suche, sie erkläre und auf sie einwirke. Sie wolle bestimmen über Gut und Böse, wolle das eine pflegen, das andere ausrotten. Und wir? »Wir erweitern die Rolle der Experimentalwissenschaften, wir dehnen sie aus auf das Studium der Leidenschaften und auf die Schilderung der Sitten. So entstehen unsere Romane, experimentelle Romane, naturalistische Romane, die Natur zerlegend und auf sie einwirkend. Über den Lügen der sogenannten Idealisten läßt sich keine Gesetzgebung gründen. Auf Grund aber der wahren Dokumente, die wir Naturalisten herbeibringen, wird man ohne Zweifel eines Tages eine bessere Gesellschaft errichten, die leben wird durch Logik und Methode. Da wir die Wahrheit sind, sind wir die Moral.« Er erhebt sich. »Höre dies, Jugend Frankreichs! Habe den Mut zur Wahrheit! Folge dem Physiologen Claude Bernard, laß hinter dir die mutlose Skepsis derer, die, wie Renan, nur den Ruf von Flötenbläsern haben, da sie doch den unvergänglichen Ruhm großer Denker hätten erstreben können.« Und im höchsten Glaubenseifer, durchdrungen von dem Heil, dessen Träger sein Werk ist: »Wir, die Frankreich wissend wollen, entlastet von den lyrischen Deklamationen, gewachsen im Kult der Wahrheit; die wir die wissenschaftliche Formel anwenden überall, in Politik wie in Literatur, wir sind die wahren Patrioten! Die Herrschaft der Welt wird der Nation gehören, die am klarsten beobachtet und am stärksten zerlegt!«

Ist dies noch eine Propaganda für Romane gewisser

Art? Ist es nicht politische Agitation? Zola hat sie begonnen, als er den ersten Gedanken seines Werkes gegen das Kaiserreich richtete, und auf die kommende Republik. Wie die Republik dann da ist, betätigt er ihr Ideal, das in seinem Sinn das Ideal der Wahrheit ist. Er weiß, sein Werk wird menschlicher dadurch, daß es auch politisch wird. Literatur und Politik, die beide zum Gegenstand den Menschen haben, sind nicht zu trennen, in einer Zeit von psychologischer Denkweise und in einem freien Volk. Wenn um den Naturalismus die Welt leidenschaftlicher streiten wird als um andere literarische Formeln, so deshalb, weil der Naturalismus nicht nur der Kunst, sondern der Welt gehört. Zola, Darsteller und Inbegriff der arbeitenden Menschheit, lebt in derselben heißen, streiterfüllten Luft wie sie. Man soll ihn hören! Sein Werk ist ein Kampf, und um sein Werk her kämpft er in den Zeitungen, hämmert »den Nagel« täglich etwas tiefer in die Köpfe, schont niemand, kein fremdes Ideal, keinen verhaßten Ruhm, und »hat die Sucht, immer von sich selbst zu reden«. Aber die es nicht gern sehen, die Freunde selbst und auch Flaubert, durchschauen wohl kaum, daß er nicht unbescheiden ist, sondern nur hart, und daß er nicht überheblich kämpft, sondern eben nur kämpft wie das Leben selbst. Er feiert den Kampf um das Dasein, und er führt und besteht ihn. Der Überschwang seiner Selbstbehauptung ist neunzehntes Jahrhundert, ist rauher Darwinismus, – und eben daher sein unzartes Trumpfen auf das Recht der naturwissenschaftlichen Bloßstellungen, mit eingeschlossen, was pornographisch hieß. Hätten sie Recht gehabt und wäre es ihm gleichgültig gewesen, daß eben diese Teile seines Werkes den Absatz erhöhten, was weiter. Das Schicksal des Ganzen war wichtiger als das von Teilen; und der Kampf des Lebens blieb geheiligt, ob keusch oder nicht. Er ist nie keusch, die Vehemenz der öffentlichen Leidenschaften, die den Grundton dieser

Bücher gibt, macht ein Bacchanal aus der unsinnlichsten Szene. Allgegenwärtig ist die Zeitseele, die Seele der dargestellten Epoche. Der gesteigerte Ausdruck, die ständige Nähe des Äußersten in diesen Romanen sind mehr als französisch, sind gärende Demokratie, zweites Kaiserreich, sein Lebenstempo, kurz und gewaltsam, umwälzende Genußsucht, Gründungsmut, die blind in die von ihr aufgerissenen Straßen stürzt. Den Gegensätzen des Stils hier, der nun flammt und nun sich wälzt, entsprechen dort die gesellschaftlichen Kontraste, die jähe Unmäßigkeit des Luxus und eine Not ohne Maß und Scham, der Kapitalismus noch im wilden Zustand, keine soziale Gesetzgebung, – und dieselbe Handlung umschlingt den Palast des Goldes und des Wahnsinns, wo ein Vater wohnt, wie die tierische Herberge seines unehelichen Kindes, jene *Cité de Naples*, Vision aus Lehm und Unzucht... Hier sucht Ihr Seele, zergliederte Seele? Eine andere als die der Zeit und des Reiches, Einzelseelen, in einsamer Ergriffenheit? Der Raum ist nicht groß, im Ganzen des Menschlichen, wovon diese Dichtungen leben, für die Vorgänge des Herzens und des Gewissens. Wer lebt überwiegend mit der Seele? Einige Einsame und manche Luxuswesen. Die Anderen handeln, sorgen und ertragen; das nutzlose Gefühl ist beschränkt auf Stunden ihres Daseins, und die Stunden zersplittern in flüchtige Blitze. Nicht anders aber vollzieht es sich bei Zola. In dem massigen Mechanismus des Lebens schluchzt manchmal eine Menschenstimme auf: sagt nicht mehr kollektive Rollen her, spielt nicht Zeitleidenschaften, nackte Triebe oder Klassenbeschränktheiten ab, sondern schluchzt auf, wie Menschen eh und je. Dies ist, als sei man dem verschlingenden Triebwerk einer öffentlichen Straße überliefert, wo alles ineinander arbeitet, strebt und Zweck hat, – und plötzlich, hinter einem Fenster im Halbdunkel, kniet einer, ist allein und betet. Ergreifender so, als würde die ganze Straße beten.

Aus der Arbeit die Idee, aus der Arbeit auch der Kampf. Sein Vorgänger Flaubert wußte es noch nicht. Denn Flaubert hat nicht gekämpft, er hat verachtet; und die Idee erwuchs ihm nicht aus der Arbeit, sondern aus der Form. Er stellte nicht die arbeitende Menschheit dar, nur die Dummheit der Menschen. Er liebte nicht sein Jahrhundert, nicht die Mitlebenden; so umwälzend er wirkte, »nie wollte er zugeben, daß alles vereint marschiert, und daß die Nachrichtenpresse die jüngere, wenn auch vielleicht verwahrloste Schwester von Madame Bovary ist.« Denn er, romantischem Empfindungsprunk zu tief noch verpflichtet, hatte sich wohl durchgerungen bis zur Wirklichkeit, aber unter Opfern, aber mit Murren. Er würde die Wirklichkeit gern verlassen haben, er verließ sie, wo es anging. Dem alten, unfruchtbar gewordenen Spiritualismus entwachsen, verharrte er in Skepsis und gelangte unter allen zum tiefsten Einblick in das Nichts. So wert war ihm niemals die Wirklichkeit, die er doch bemeisterte, daß er ihr die Hervorbringung neuer Ideale zutraute. An solchen aber schuf Zola. Flaubert schrieb um des Schreibens willen. Wozu sonst? Er schrieb unter dem Kaiserreich. Er stellte es nicht, wie der Jüngere, dar, als es überstanden war; es drückte auf ihn und bestimmte ihn. Ästhetizismus ist ein Produkt hoffnungsloser Zeiten, hoffnungtötender Staaten. Flaubert war berühmt, war dabei ohne Feierlichkeit und hilfsbereit, ein guter Mann, und schuf doch um sich her weder Bewegung noch Wärme. Gealtert, war er nicht einmal ehrwürdig. Denn der Ästhet hat kein Alter. Autorität, Ehrwürdigkeit, jede hoch menschliche Wirkung ist bei dem Moralisten... Wird Zola so hoch steigen? Bald zehn Jahre seit seinem ersten Auftreten als Naturalist, und im Grunde kennt immer noch kein Mensch ihn. Er kämpft all die Zeit ohne Waffenstillstand. Sein Journalismus ergänzt ihm, wie es geht, die unzulänglichen Einnahmen aus seinen Büchern, und überdies trainiert er ihn; denn Zola hat sich verpflichtet, zwei Bände jährlich zu liefern. Er hat geheiratet, in dem schwierigsten Augenblick, gerade vor dem Krieg; wohnt seither bürgerlich, in Gartenhäusern mit Gelegenheit, sich im Freien körperlich zu üben; und unter Arbeit, Kampf, Enttäuschung vergehen Jahre, unter drängenden Sorgen, Bankerott des Verlegers, neuem Kampf vergehen Jahre. Welche immer zunehmende Spannung, was für ein erbittertes Warten, wie vor einer noch verschlossenen Tür! Der Erfolg war ihm geschuldet! Nicht er allein, die Zeit, das Leben selbst forderten Erfolg für ihn, ihren Verkünder! Damals fanden Beobachter ihn so ruhelos, angstvoll, verwikkelt und tief, so schwer zu fassen und zu durchschauen, daß sie ihn für das melancholische und erbitterte Opfer einer Herzkrankheit hielten. Die feine Modellierung seiner Züge fiel auf, die Skulptur der Lider, die merkwürdige Nase, vorn gespalten und beweglich wie die eines Jagdhundes – und dabei der bebende Zorn vor der verschlossenen Tür des Erfolges, dieses Pochen auf seine Jugend, das ewige Zurückkommen auf sich. »Die Sache ist die, ich habe so viele Feinde. Und es ist so schwer, von sich reden zu machen.« Wo war das Dachstübchen, darin er reine und unverwendbare Verse schrieb. Die hatten freilich keine Feinde. Jetzt waren die Fallstricke der Welt entdeckt, ihr Mangel an Gutherzigkeit und ihre Neigung, selbst zum Guten, grade zum Guten, sich immer nur zwingen zu lassen. Der Gewitzigte übertreibt noch die Neigung. Da wir kämpfen müssen, stellt er sich auf einen äußerst gewaltsamen Kampf ein, – den die Welt vielleicht manchmal nicht weniger belächeln wird, als sie zu viel Naivität belächelt. Denn die Welt ist selten irgend jemandes vorgefaßter Feind; sie ist nur träge und mittelmäßig.

Und endlich der Erfolg. Er kam, wie er immer kommt, wenn Unerhörtes durchdringt: mißverständlich und mit bitterem Beigeschmack. Am Meeresstrand, vor der großen, einfachen Linie des Horizontes, hatte ein Träger einfacher und großer Menschlichkeit geahnt und gesucht. »Ich müßte etwas finden wie dies.« Dann schrieb er das Leben einer Frau aus dem Volk, ihren Weg in das Elend, mit einem Mann, der zum Trinker wird. Die Zeitung aber, die den Roman brachte, mußte ihn abbrechen, der Lärm ward zu groß; und dieser Lärm behielt auch noch beim Erscheinen des Buches ebensoviel von einem Skandal wie von einem Triumph. Es ist wahr, L'Assommoir war ein Volksroman nicht nur dem Stoff zufolge, sondern dem Sinn nach und in der Arbeit selbst. Sogar die erzählenden Stellen waren in der Sprache der Personen gehalten, von denen erzählt ward; und nicht feiner als ihre Sprache waren ihre Handlungen. Fast alle diese Arbeiter lebten zu nahe am Laster hin, wenn sie ihm nicht schon gehörten, und von der untersten Klasse des Proletariates, seinen verlorenen Söhnen, waren sie nicht entschieden genug getrennt. Auch fügte es sich, daß die Untersten, diese Zuhälter, Drohnen des Proletariates, die, genau wie die oberen Drohnen, für jede Macht zu haben sind, wenn die Macht sie bezahlt, in L'Assommoir Revolutionäre waren. Doppelter Genuß! Der bürgerliche Leser ward geschmeichelt in seinem Haß auf das Volk und in seiner Lust am Gemeinen. Das Buch, in allen Bürgerhänden, ward von der bürgerlichen Kritik mit sämtlichen Dingen verglichen, die man nicht anfaßt. Hilfe und der erste Beifall, der nicht beleidigend war, kamen dem Urbild des naturalistischen Romans von einem Ästheten, Catulle Mendès. Auch dieser genoß; denn die Poesie der Demokratie, hier zeigte es sich das erste Mal, ist üppiger und hinreißender als jede andere. Hier waren Bilder kraftgesättigt, das Erwachen von Paris, der Schritt der Arbeiterbataillone, Coupeau und Gervaise machen Hochzeit, und die schnell berühmte Prügelszene in der Waschküche. Hier war mehr. Nicht die realistische Literatur nur, wie vorher in einem Roman der

Goncourt, ergriff Besitz von den Arbeitern und ihrer Welt: das moderne Menschentum tat es im Namen des sozialen Gewissens, Miterlebens, im Namen seiner tiefen Brüderlichkeit. Das Bittere des Buches und seine Härte waren agitatorisch, bedeuteten Zorn und Aufruf. Einseitig war die Idee vor Leidenschaft, und die Gewaltsamkeit war verklärt, weil ein Mensch, bürgerlicher Literat seines Standes, mit seinem Innersten die Grenzen überschritt der Barbaren, der noch nicht Nachgerückten, des unbekannten Volkes. Barbaren – er verheimlicht es nicht, er gibt noch darauf, zu ihrer Barbarei, er scheint zu verleumden, so sehr will er wahr sein. Aber in solcher Inbrunst der Wahrheit, die sich nie genug tut, ist Protest und Forderung, ist Führerwille. »Hinauf, Menschen! Heraus aus eurem Schmutz, den ich nachmale, eurem Elend und eurer Schande, die ich nackt hinstelle; hinauf mit mir, arbeitend ihr und ich! Wir sind Brüder, nicht viel Worte davon. Es heißt seine Pflicht tun.« Geistige Liebe ist hier die Wahrheit, geistige Liebe, und der Tatwille des Geistes in ihr schon beschlossen. Herangereift während der langen Anstrengungen der Rougon-Macquart, worin das Volk überwiegt, erklärt er sich eines noch fernen Tages ohne Scheu und Rückhalt. Man gebe acht auf einen großen Künstler, der liebt.

Dieser Erfolg, heiß erkämpft, spät heimgetragen, konnte nicht betören. Der Siebenunddreißigjährige sieht dem Erfolg, wenn er ihm endlich begegnet, weniger harmlos in sein fragwürdiges Gesicht, als ein angenehmes junges Blut, dem die Mitwelt, weil sie gut gelaunt ist, den unverdienten Kranz aufsetzt. Was blieb, was immer nachzitterte, war das Gefühl einer überstandenen Gefahr. Auch diesmal hätte es gehen können wie sonst: von dem und jenem entdeckt und wieder fallen gelassen; gelesen oder auch nicht. Ein Band schien kühn und ärgerte oder warb; ein anderer enttäuschte; weil er gewissen Politikern nicht gefiel, galt der dritte für erledigt. Eine so geringe Macht war dieser Autor, noch nach sechs Bänden seines Werkes. Er stand im Begriff, endgültig eingereiht zu werden, nicht unter die Mittelmäßigkeiten, aber wohl unter die Talente, die gruppenweise auftreten und auch gruppenweise wieder verschwinden. Er war ein Realist, im Gegensatz zu dem Nachtrab der Romantik. Nirgends, außerhalb einer kleinen und einflußlosen Freundesschar, hat ihm gegenüber Verständnis aufgeblitzt, Vorgefühl eines einzigen Vorganges: das Heraufkommen eines Führers. 1877, als endlich L'Assommoir entschied und Raum schaffte, stand alles auf der Schneide. Noch einer oder zwei von diesen Auftritten in halber Öffentlichkeit, und dem Namen Zola war für die Dauer des lebenden Geschlechts, wenn nicht für immer, die Schwungkraft genommen. Er selbst war damals durchdrungen von seiner Lage, und blieb immer unfähig zu vergessen, daß das Leben auf der Schneide stehen kann. Der Erfolg wiegt ihn nicht in Sicherheit. »Niemals wieder werde ich einen Roman schreiben, der aufrührt wie L'Assommoir, einen Roman, der geht wie Nana.« Der Erfolg steigert seine Unruhe, bis zu Zweifeln, ob er verdient sei. »Unsere Erfolge hängen immer auch mit dem Lyrismus zusammen, der sich trotz allem einschleicht in unsere Werke... Das Beste sind vielleicht meine kritischen Schriften... Denn die Kritik ist für mich einfach eine Art historischer Roman, Anatomie einer Persönlichkeit, die gelebt und Dokumente hinterlassen hat.« Das Beste ist vielmehr diese Fähigkeit, ganz zu vergessen, was schon erreicht ist, im Geheimsten sich noch immer arm und verkannt zu fühlen, und wenn die Siege zu leicht fallen wollen, neue Kämpfe herauszufordern. Sein Kampf um den Eintritt in die Akademie war vor allem eine Erweiterung der Lebensgebiete, auf denen er kämpfte. Er hatte sie redlich verachtet. Als aber sein Ruhm und seine Macht sie überholt und sie ihm nichts mehr zu bieten hatte außer einer offiziellen Bestätigung seines tatsächlichen Besitzstandes, da gerade würdigte er sie dieses aussichtslosen Kampfes. Er hatte »zu viel Sinn für das Leben«, um Ehren auszuschlagen. Alles erobern im Namen der Wahrheit! ...Auch mit dem Theater kämpfte er im Namen der Wahrheit, und ebenso zwecklos. Er kannte das Theater, er hatte ihm seinen Rang erteilt. »Das ganze Genie der Zeit erscheint gesammelt im Roman, er nur wird die Literatur des neunzehnten Jahrhunderts einst kennzeichnen.« Da er die Breite und die Fülle hatte, das umfassende Leben einer arbeitenden Demokratie, was suchte er in einem abgesonderten Raum, wo nur gesprochen ward, und wo Episoden privater Natur stattfanden? Sein Reich war vom Menschlichen das Allgemeine. Wenn es nicht höher war, ganz sicher war es mächtiger. Die Dramatisierungen seiner Romane blieben Romane. Ihr großer Bühnenerfolg bewies geradeso wenig wie der geräuschvolle Mißerfolg der Kleinigkeiten in drei, vier Akten, die er beiseite und ohne große Überzeugung, noch für das Theater schrieb. Aber nach der triumphalen Premiere von Nana war er tieftraurig, und nach dem Durchfall einer Komödie bleich, betäubt, gramversunken. Und eben dies, die ewige Leidenschaft des Anfängers, der Krampf der Entscheidung, die Verzweiflung nach Niederlagen, waren Bürgschaften einer nie verbrauchten Kraft des Erlebens, und eines Weges, der immer noch hinanging. Er kämpfte, also wuchs er. Jeden Morgen sich an den Tisch setzen mit dem einzigen Glauben an die Arbeit, an den Willen zur Arbeit – und mit der Furcht, man könne keine zwei Zeilen mehr schreiben. In diese drei Arbeitsstunden alles zusammenpressen, was du hast, was dein Leben hergibt. Nichts fühlen als die Arbeit; nachher nicht wissen, daß die ganze Zeit ein Hund geheult hat oder daß Gewitter war. Entnervt nachher bis zu Krisen wie die eines jungen Menschen, der in der Angst des Examens, nun gilt es, seinen Aufsatz beendet hat. Er ist fertig, das Tagwerk ist getan, man geht umher, zerstreut, ohne jemand zu erkennen, aber doch nicht in Gedanken; denn man denkt heute nichts mehr. Man denkt nur, wenn man schreibt. Man liest nicht einmal, außer für seinen unmittelbaren Gebrauch. Alles Verwendete vergißt man sofort, und auf Unverwendbares verzichtet man achselzuckend. Was wir nicht kennen, werden wir nie darstellen: wozu sich Gedanken machen über Gott und Jenseits. Zola hat nur mit Mühe eine abstrakte Idee festgehalten. Wenn eine Wissenschaft ihm nahe kommen sollte, mußte sie sich auf den Menschen beziehen; und er gehörte nicht zu denen, die bei dem Begriff »Wirtschaft« sich Zahlenreihen vorstellen, sondern er sah bewegte, getönte Menschenmengen, er roch sie sogar. Jeden Augenblick, solange er Le Ventre de Paris schrieb, konnte er den Geruch wachrufen, den in den Markthallen die hoch aufgeschichteten Hühner haben. Er sah, was er sich vor Augen rief, in Farben, in verstärkten Farben, – indes die Linien durcheinanderliefen, unter den Schlägen der Bewegung, die immer in ihm war. Bewegung, das ist Ursprung, Haupttugend und Endziel der französischen Romane, die er schrieb... Ach! Niemand verschließt sich ungestraft gegen alles, was ihn hemmen will in seiner Leidenschaft, was ihn zerstreuen und an der Oberfläche erhalten will. Auch hier ist der Mißbrauch einer einzigen Fähigkeit gebüßt worden. Zuerst mit Vereinsamung. Menschen gewähren selten das gehobene Lebensgefühl, zu dem das Werk verhilft. Nicht einmal Nutzen kann man aus ihrer Erscheinung ziehen; man hat sie, wenn man darstellte, schon längst übertroffen und hinter sich gelassen. Und der Alleingebliebene verfällt in Wunderlichkeiten und Nötigungen, die abergläubische Vorliebe für gewisse Zahlen, oder das Berühren von Gegenständen, die Glück bringen sollen: wiederaufgelebte Elemente aus den Köpfen längst entschwundener Südländer, die seine Vorfahren waren, Rache der Unvernunft an seiner allzu hohen Vernünftigkeit. Was aber ist dies? Mitten in Glück und Gelingen beschleicht ihn Trauer. Noch soeben, bei der Arbeit, während einer Diskussion mit den Freunden, hat sein Glaube geflammt; plötzlich, da das Räderwerk des Geistes abgestellt ist, tritt Zweifel ein, Versuchung, sich zurückzuziehen aus der Öffentlichkeit, – vernehmbar werden die Zuflüsterungen des Nichts. Sinnestäuschungen erscheinen, und es kommt Todesangst. Die Furcht, nicht fertig zu werden, legt sich um jedes Werk, legt es wie in ein Leichentuch. Seine Mutter stirbt, der Sarg ist breiter als die Tür, er wird durch das Fenster hinabgelassen, – und fortan zieht dies Fenster ihn grauenvoll an bei Tag und bei Nacht: wer von uns Übriggebliebenen wird zuerst dort hinausfahren? Die Mutter war es, die ihm ihre nervösen Störungen vererbt hatte. Gegen das dreißigste Jahr brechen sie aus, verschlimmert durch die Nachwirkung des vergangenen Elends, des trockenen Brotes, fruchtlosen Ehrgeizes, und nachhaltig gemacht durch eine Überanstrengung, die zur immer strengeren Regel wird. Die Arbeit ist nachgerade wie ein Laster, das nur so lange aufrecht hält, als man es vollzieht. Zwei Tage ohne zu arbeiten, eine verdammte Seele. Acht Tage, er würde krank werden. Er ist krank. Sein Herz täuscht ihm ein schweres Leiden vor, er hat kurze, schlechte Nächte, matt und mit Zagen sitzt er schon eine Stunde nach dem Aufstehen, denn der frischen Stunden sind wenige, vor seinem Werk. Dies war der selbstgewisse Büffler und Geldmacher, den seine Gegner beschrieben. Schwer trug er an seiner Arbeit, dieser Sendung.

Und trug doch leicht. Die Arbeit hatte selbst in sich alle Heilmittel für ihre unvermeidlichen Folgen. Die Manien verloren ihr gegenüber den Ernst, vergessen waren alle Schmerzen, und der Tod war fern. Für die Arbeit kämpfte man, nie entmutigt, gegen jeden Schatten, der herbeiwachsen wollte. Wenn der ungeübte Körper sich verfettete, ward ihm dieselbe geduldige Anstrengung gewidmet wie der Arbeit, für die er tauglich bleiben mußte. »Er hat die Kraft,« hatte Flaubert gesagt. Die Kraft aber war auch hier gemacht aus Entsagung, Willen und Intensität. »Das Genie gibt die Natur wieder, aber intensiv«, so dachte Zola; so dachte er wohl von sich selbst. In guten Stunden hat er mit Zuversicht der »strotzenden Schöpfer« gedacht, »die eine Welt mit sich tragen,« und die schließlich immer weiterkommen als Subtile und Angenehme. Dies war in Wahrheit sein Grundbewußtsein, – da es das Grundbewußtsein der strotzenden Schöpfer ist. Zweifel trafen nur die Gegenwart, die kleine Leistung dieses Morgens. Aber alle die kleinen Leistungen zahlloser Morgenstunden aufeinandergelegt, ergaben ein Werk und eine Zukunft, die ohne Zweifel waren. Freilich sah er doch lieber in kein früheres Buch hinein, aus Furcht vor peinlichen Entdekkungen. Denn wir sind vielfältig, und gläubig und ungläubig in einem. Dieser hier, Neuropath und morbid, streift, wenn es gilt, alles ab und ist gesünder als die Gesunden, von einer Gesundheit höheren Ranges. Seine kurzsichtigen Augen, die sich unermüdlich über alles neigen, was dienen kann, nehmen genauer wahr als die meisten andern Augen. Alle seine Sinne, mit ihrer Unbestechlichkeit, nötigen ihn, wahr zu sein, stellen ihm fortwährend als unausweichliches Gesetz die Wahrheit hin. Hätte er die Neigung, starke Farben zu geben und, einer überwältigenden Bewegung zuliebe, zu vergröbern; möchte er schwül und brutal sein, womit man modern ist und nichts weiter: die Wahrheit ruft ihn vom Abgrund fort. Die Wahrheit, Seele seiner Arbeit, bürgt ihm dafür, daß nicht weniger Glück als Leiden dem wird, der arbeitet. Wie fest stand er da, dieser Mann, seine Wahrheit im Herzen, und im Hirn die Kraft, sie durchzuführen! Wie stand er fest in der Zeit, ihrer so sicher wie seiner zwanzig Bände, in denen sie darin war, unweigerlich: die Natur selbst, gesehen durch ein Temperament. Glücklicher Standpunkt, an jener Stelle, wo Romantik zusammentraf mit Wissenschaft, die Romantik unschädlich, nur noch Diktion, nur noch Mittel zur Wirkung, der wissenschaftliche Geist aber jung, lebenumspannend, stark wie seither nie. Da ließ er denn aus Dokumenten, die ihm alles brachten, Plan, Charaktere, Handlung, eine Wirklichkeit sich bilden und vollenden, die dennoch nur seine war, – aber die Zeit nahm sie entgegen, sie bestätigte seine Wahrheit! Warum? Er konnte das größte Gedicht des materialistischen Jahrhunderts, konnte La Terre schaffen, und es konnte totgeboren sein, weil in seiner Stadt, seinem Land die meisten nicht sehen wollten, was war. Er hätte den Anfang eines Reiches, La Fortune des Rougon, und in dem Anfang schon den Keim des Endes erschauen und doch in einem Volk schreiben können, wo Konsequenzen nicht eintreffen, alle Halbheiten weitergeschleppt werden, und wo die Wirklichkeit ihn nie bestätigt, ihm nie auch La Débâcle nachzuschreiben gegeben hätte. Aber der vollkommene Beruf und die restlose Organisiertheit für eine zu leistende Arbeit bedeuten vielleicht, daß hier die Zeit einen Auftrag erteilt hat, und verbürgen schon das Glück. Und so hatte er Glück, schuf im Glück, litt sogar im Glück. Er hat sich immer als braven Mann empfunden, – denn alles stimmte, und ein braver Mann ist der glückliche Mann. Die großen Ängste, die großen Gefahren blieben, er wußte sie bereit wie je; dennoch hat man sich auf der Lebenshöhe nachgerade bei ihnen eingewöhnt und fühlt sich auch unter Raubtieren zuweilen nicht unbehaglich. »Ich bringe hervor und bin gesund.« Dies war nicht mehr der tief Unruhige, der ausgezehrt wie von einer inneren Krankheit, unter eine Gesellschaft trat, sich in den Stuhl fallen ließ wie erdrückt, und das Glück für nichts erklärte, – indes draußen die Welt von seinem Namen voll war. Das Leben, das er arbeitend so leidenschaftlich feierte, war manchmal auch dann gut, wenn er sich ihm einfach hingab. Sein Haus, das erarbeitete Haus in Médan, fortwährend vergrößert, war ein Bild der Wahllosigkeit eines großen Arbeiters vor den Früchten seiner Arbeit. Marotten und kostspieliges Gerümpel; Wappen aller Städte, wo seine Vorfahren gehaust hatten, im Billardzimmer; sein Arbeitszimmer eine Kirche, ungeheuer hoch und so voll Mittelalter, daß Flaubert, ergriffen, darin das Zimmer Sankt Julians des Gastfreundlichen sah; – in der Dämmerung aber spielte der Verfasser von Germinal auf dem Harmonium. Der Typus des reich gewordenen Bürgermannes ward in diesem Fall ausgebaut durch den Ungeschmack des Genies. Er wollte das Moderne, aber schön, wollte das Schöne, aber klar und bestimmt, und so wollte er als erklärtes Ideal: eine Maschine aus Diamant. Geld freilich schien ihm vor allem den Wert seiner Launen zu haben; er schätzte es nicht nach der Arbeit, durch die es hervorgebracht war. Alle andern Werte des Lebens bestanden neben der Arbeit, in ihrem Schatten nur, so wert sie waren. Die gute Frau, die die seine war, ging so leise wie er es brauchte, die weite Straße mit, die er sich baute. Er dachte sie nicht nur für sich zu bauen, er hat geglaubt, viele würden nachkommen, »Naturalisten« wie er, und ihn ablösen. Freundschaft ist immer für ihn der reine Bund geblieben, der sie einst in seiner frühen Zeit gewesen war; nie wurde sie zur Verknüpfung von Interessen. Schüchtern vor Menschen, weil er von ihrem Wert geradeso überzeugt war wie von seinem, vollzog er jede Annäherung immer nur wie eine ernste Handlung. Freundschaft hatte das Gewicht der wahren Liebe. Flaubert, der noch lebende Goncourt, Daudet und Zola: Vertrautheit und Freimut. Keine starren Individualitäten, jede eine verhandelnde Macht; sondern biedere Mitkämpfer. So wenigstens empfand er seine besten Erinnerungen aus dem literarischen Leben, wenn sie zusammengesessen hatten, die Geister aufeinanderstießen, sich für mehrere Tage Bewegung mitteilten, und man dabei gewiß war, im Grunde sei man einig. Flaubert tot, Daudet mißtrauisch, halb feindlich: als Trost blieben einige Altersgenossen, die ihm anhingen, und dann die Jungen. Sie sollten zu ihm kommen als Gleichberechtigte, nicht zu einem unantastbaren Meister, nur zu dem Kameraden, der als Beispiel dient. Ein großer Mann, wohl; aber ein demokratischer großer Mann! So hatte er, wie in jener frühen Zeit, Gesellen, mit denen er gemeinsame Arbeit zu tun meinte, hatte Gesinnungsgenossen, die er für unwandelbar hielt, strahlte aus, indem er lebte, und liebte, weil er reich war. Dann entfremdete sich ihm dieser und jener, andre versagten, es gab auch welche, die verrieten. Selbst Eckermann stirbt, der gute Alexis, die ergebene Seele, die nie fehlt, wo so viel Kraft ist. Allein zum Schluß, keine nachrückende Truppe, nur ein General; aber sein Name, dieser Name aus zwei hellen Noten, verkündet wie ein nahendes Hornsignal immer lauter, was er tut, und daß er lebt. Kein anderer wird so laut, das Jahrhundert hat keinen aus Arbeit gemachten Ruhm, der diesem gleicht. Sein Werk, alle die aus seinem Zimmer hervorgegangenen Bände, millionenfach in den Händen der Welt, der Welt, so weit sie ist, bestätigen ihr die höchste Macht, der sie anhängt, die Arbeit. Zola in seinem Zimmer, abgeschieden und doch öffentlich, liebt in seiner Macht, die er von allem am meisten liebt, die Macht der Arbeit, den Aufstieg der arbeitenden Menschheit. Da er sich vom selben Wesen weiß wie sie, wird er eines Tages, als ihr Gefahr droht, alles was er ist und vermag, für sie einsetzen. Im Namen der Wahrheit, die sein Werk beseelt hat, wird er die Demokratie retten. Seine Tat wird der Abschluß seiner lebenslangen Arbeit sein. Aus Arbeit ward ihm Kampf, Idee, Erfolg, Leiden und Glück. Aus ihr auch Macht. Und aus ihr, was von ihm bleiben soll, sein Werk, dies große Gedicht.

Homerische Landschaften, und darin griechisches Idyll, viel Leidenschaft auf öffentlichem Markt, hohe Unschuld und große Abgefeimtheit, heroische Ziele, die Verwirklichungen aber erbärmlich zugleich und tragisch: dies ist der Beginn des zwanzigbändigen Gedichts. La Fortune des Rougon setzt ein als Hoheslied des Volkes, eines Volkes im Süden, denn Plassans liegt, wo Aix liegt, – seiner Wärme, Triebkraft, seines liebreichen Menschentums und Willens zur Erhebung gegen Herren und Erniedriger. Diese Gegend ist weit und frei wie diese Seelen, mit Mondlicht jetzt eben auf den Abhängen fernhin, und gegen den fernsten, hinter der letzten Wolke grauen Öllaubes, rollt das Meer. Ein Blick von oben! Durch eine Erdfalte, verloren in der Weite, wimmelt es von Wesen, die herbeistreben, Menschenwesen, Seelen eines gemeinsamen Dranges. Sie mehren sich, aus Seitenwegen kommt Zulauf rottenweise, Waffen blinken auf, bäurische Geräte, die Waffen sein sollen. Der Geruch der Armen zieht mit ihnen; über ihnen, getragen von einem Mädchen in rotem Mantel, schwebt ihre rote Fahne, und auch ihr Gesang steigt auf, die Hymne der Revolution. Dennoch sind dies keine Revolutionäre mehr, sie waren es vor drei Jahren, 1848; heute heißen sie nur noch Insurgenten. Die Zeit geht vorbei an ihnen mit fremdem Gesicht, zielbewußte Begierden siegen über ihre unsichere Begeisterung. Nach einer kurzen Wallung des sittlichen Wollens ist wieder einmal der Sinn für das Wirkliche bei den Menschen obenauf gelangt und die härteste Militärmacht kündet sich an. Sieger noch vor kurzem und einig mit dem Herzen des Landes, sind diese nun überlebter, irrender Aufruhr, der im Mondlicht durch schlafendes Land zieht, das wandelnde Ideal, hochherzig und unwissend, dem Tod schon geweiht, bevor es kämpft. Im Schatten der Stadt aber wachen die, die das gemeine Leben verstehen wie einen Kumpan, mit ihm verbrüdert sind und dasselbe Geschäft haben. Das sind die »Bürger«. Ihnen sagt ihre Natur: eine idealistische Republik kann nicht leben; geboten ist, den Gewalten beizuspringen, die sie umbringen. Der neue Imperialismus wird Macht und Genuß zu verteilen haben, nicht früh genug kann man sich ihm nützlich erweisen: unter der Hand, versteht sich, und mit Vorbehalt, falls es anders käme. Die Familie Rougon, schäbig bisher trotz Bedenkenlosigkeit, und von allen Begierden gehetzt, macht sich zum bonapartistischen Agenten, kanalisiert Haß und Furcht der Spießbürger vor dem Volk, und arbeitet auf hundert Schleichwegen für den einen großen Augenblick, in dem Blut fließen soll. Denn nur Blut trifft die Einbildungskraft und macht unwiderruflich. Nur auf schlüpfriges Blut werden die festen Reiche gegründet. Der Ordnung hilft man am sichersten zum Sieg durch ein Verbrechen. In Paris tun die Bonaparte es, in Plassans die Rougon. Was in Paris Geschichte ist und Staatsstreich heißt, in der kleinen Stadt ist es lumpige Schufterei; die Tuilerien, die erobert werden sollen, sind hier das Haus des Steuereinnehmers. Aber der Aufstieg der Rougon hat den gleichen Ursprung wie der jener andern Familie, auch sie haben verraten, auch bei ihrem Siegesfest liegt vergessen unter dem Bett ein Schuh mit blutigem Absatz. Sie haben fette, schlaffe Körper, verunstaltet durch Beschäftigungen, die weder geistige noch körperliche Arbeit sind. Es scheint, daß sie kein Recht auf Furchtbarkeit haben. Auch werden sie nur furchtbar um eines kleinen, gemeinen Nutzens willen. Man möchte sie nicht fürchten müssen, wie man die großen Menschenschlächter fürchtet. Wenn aber die Stunde kommt, gleichen sie diesen. Hier wie dort treibt die Angst dem Verbrechen zu; »Not kennt kein Gebot«, sagen auch sie, bevor sie es begehen; und im Schlummer, wo das Geschehen zum Gleichnis wird, macht es nichts aus, daß es nur Krämersleute sind, die träumen. Fahl und schwitzend in ihren Laken, sehen sie einen Blutregen fallen, dessen Tropfen sich am Boden in Goldstücke verwandeln. Ein Kaisertraum. Wer sagt, daß sie nicht auch wachend mit großen Gedanken einhergehen können? Einige sind Träumer der Macht, unvergleichbar jenen elenden Begierden, deren sie sich bedienen. So ist Félicité, Rougons Frau: der Weib gewordene Wille eines Geschlechts, hinaufzugelangen. So ihre Söhne, der Minister und der Spekulant. Der dritte Sohn aber, Doktor Pascal Rougon, spricht: »Ich werde beschuldigt, ich sei Republikaner. Gut, das kränkt mich nicht. Ich bin es wohl wirklich, wenn man damit einen Menschen meint, der das Glück Aller herbeiwünscht.« Denn diese Familie und diese Menschheit sind eingeteilt in solche, die an die Macht glauben, und andere, die das Glück wollen. Diese bilden das Volk, jene sind Bürger. Dem Bürger stehen nicht, wie noch bei Flaubert, nur die Geistigen gegenüber. Auch die Geistigen stehen ihm gegenüber, aber mit dem Volk. Die Gegenspieler des Bürgers sind größer geworden, denn er selbst ist gewachsen. Das scham- und hemmungsloseste aller Reiche, die er sich bis damals schuf, öffnete seine Schwelle. Die Fähigkeit, die einzige, mit der er sich erheben kann über sich selbst, die Spekulation, wird grenzenlos. Schon hier, im ersten Band dieser Geschichte eines Bürgerreiches, fühlt man einen Hexensabbath kommen ohnegleichen; und fühlt, auch die Stunde kommt dann, da alles fortgefegt wird und reinere Kräfte wirken dürfen. Geschrieben ward dies, als sie nahe war; die leidende Ungeduld hat mitgeschaffen, wann stürzt das Reich? Das Volk, dessen Tag bevorsteht, ist hier verklärt, wie nur Sehnsucht verklärt. Gegenüber dem Bürger, knifflich-verbrecherisch und mißlungen in seiner halben Denkfähigkeit, erhebt das Volk sich ganz aus einem Stück, wie der Sturm einer einzigen, nur gefühlten Idee. Die

Volkskinder lieben einander rein, mit der Reinheit antiker Liebender; Schmutz und Geruch ihrer Arbeit sind verflüchtigt, als seien sie zurückgekehrt aus Jahrtausenden. Immer ist Poesie für Zola nur in den rauhen Lebenskreisen, unter Menschen, die sie nicht suchen. Ihnen folgt seine Sehnsucht. Und seine Erinnerung. Denn Zola hat es noch in sich und wird es immer in sich behalten, wie frei, gütig und vom Adel der edelsten Natur beseelt jenes Volk war, das Volk am Mittelmeer, dem er angehört hatte, bevor er Großstädter ward. Ein Idealbild des Volkes, der wahren Menschheit, wird ihn heimlich begleiten durch sein ganzes Werk, bis in seine hoffnungslosesten Schilderungen des Wirklichen. Im Alter endlich wird es alles überstrahlen, alles Wissen, alle Bitterkeit, und allein übrigbleiben. So kam es, weil er ein Grieche war. Grieche - das ist ein Auge, das in reine Ferne zu sehen gewöhnt und Erdenräume zu überblicken fähig ist. Er wird in die Abgründe der Gesellschaft tauchen, wird sich zu Leidenschaften versteigen, die die Welt und Gott vergessen haben, – und wird doch immer alles Menschliche umfangen wissen von weitem Himmel, bestimmt sich aufzulösen, Schicksale, Familien, Reiche, und einzugehen in die ewige Erde. Er dichtet aus der Höhe; das rasendste Leben sieht er doch nur in kleinen Erdfalten vor sich gehen. Sein Gedicht gilt der Erde.

Und so sieht er Gleichnisse, schafft in Gleichnissen. Der Roman der Pariser Markthallen wird zum Sinngedicht der Mageren und der Dicken, der triumphierenden Menschheit und der besiegten. Die Geschichte eines Ministers rollt sich ab, wie ewig auf Erden das Wesen der Macht sich abrollt, typisch bis zur Ungreifbarkeit, und wieder sinnlich durch die Kraft der Idee. Dies ist der Machtmensch, der Herr schlechthin, und ganz unnütz, wenn er nicht Herr sein darf. Die zwecklose Wucht der massigen Schultern! – bei einem gestürzten Machthaber, der auf seine Rückkehr wartet und nur wartet, ohne geistige Interessen, ohne eine Tätigkeit außer der Macht, und zu allem bereit, damit er sie wieder ausüben darf, bereit zur Verleugnung seiner ganzen Vergangenheit, ja, käme es darauf an, zum Spiel mit dem Leben seines Fürsten, – denn der war immer nur der Vorwand für den Machttrieb seines treusten Dieners... Was ist Nana? Zuerst ist sie »das Gedicht der männlichen Begierden«. Zum Schluß »fehlt nicht viel«, daß ihr mit Blattern bedeckter Körper das gegen den Tod kämpfende Frankreich des zweiten Kaiserreiches bedeute. Und nichts fehlt, daß sie mehr bedeute, »eine Naturkraft«, unwissend über das Böse, das sie tut. Großstadt; die Tochter des ausgesogenen Volkes rächt es an den Reichen, kraft ihrer vergifteten Schönheit. Die Gosse spritzt ihnen in das Gesicht, und sie krepieren daran. Kreislauf des Lasters, Kreislauf des Todes; Menschengetriebe, großartig wie Natur; Poesie des Äußersten; im dumpfigsten Winkel atmet noch immer Pan; Großstadt, aber Stein ist Erde. Der Jüngling, der davon träumte, die Menschheit aller Zeiten zu schildern, die Jahrhunderte, nicht das Jahrhundert, hat mitgeschaffen hier. Er hat immer mitgeschaffen; »das Erhabene, das mein verdammter Schädel nicht lassen kann zu träumen«; – und einmal, auf der gebieterischesten Höhe des ganz gereiften Mannes, ist der Jüngling von einst seinem Traum näher gekommen, als Menschen hoffen dürfen, von sich und ihren Träumen. Dies Wunder heißt La Terre – und ist das Werk der äußersten Wahrheit, unnachsichtig wie Evangelien sind, und nicht weniger gewaltig als sie. Was wäre noch zu verklären oder zu erkämpfen, hier, wo das Handelnde die Erde selbst ist, sie, die ihre Geschöpfe gebiert und frißt, sie, die ihnen keine Spanne Freiheit zuläßt von ihrem Gesetz, keine Begierde, die nicht Erde, keinen Gedanken, der nicht Erde wäre, Mutter und Anstifterin sie, jeder guten Tat und jedes Verbrechens. Je näher bei ihr, um so unerbittlicher der Mensch. In diesen Bauern lebt nur das Eine: Erde besitzen, – und wären dafür die Eltern totzuschlagen. Noch wenn sie lieben, hält die Erde ihre Kinder in ihrem Schmutz fest, eine Verlobung geschieht in einem Bach von Jauche; und rührend wird der Mensch nur eben durch seine Untrennbarkeit von ihr, seine Hingebung an diese gefräßige und undankbare Erde. Denn was gibt sie zurück, für so viel Arbeit, so viel Leidenschaft? Was stillt sie, von allen Hoffnungen auf ein besseres Leben, auf Glück, Emporstieg, Veredlung? Sie stillt nur gerade den Hunger, und gibt nur gerade das Brot. Sie läßt sich befruchten, und in alle Ewigkeit ist ihre Frucht die gleiche. Fruchtbarkeit, die zwecklose Unzucht ist: so lebt sie, so leben ihre Kinder. Wo ein armes menschliches Arbeitstier im Tod zusammenbricht auf der weiten gefurchten Erde, die es nicht sieht, da, einige Heuhaufen weiterhin, hat ein anderes Weib sein erstes Geschäft mit dem Mann. Schicksale von Tieren! – und eine Kuh und eine Frau entbinden gemeinsam Wand an Wand, in dem durchdringendsten Erdengeruch, den beschriebene Seiten je ausgeatmet haben. Ein Esel aber betrinkt sich, wie die Menschen. Das Erdenleben ist grotesk, idyllisch oder furchtbar, in allem aber gefühllos, dies ist die Wahrheit. Die Erde hat die Gefühllosigkeit eines Riesenrückens, worauf Insekten wimmeln. Im ungeheuren Raum verschwinden Jammer und Gier der Insekten. Was bleibt, ist Weite. Was bleibt, ist Ewigkeit. La Terre zieht hin wie durch Zeitlosigkeit, episch ohne Grenzen; die Kapitel sind Atemzüge der Ewigkeit, die Kapitel der Jahreszeiten, die Kapitel des Unwetters, der Sonne, der Feste, der Verbrechen, das Kapitel vom Winter und vom Tod. La Terre spielt immer und endet nirgends.

Gleichwohl ist auch dies ein Roman der Zeit, das Kaiserreich wird auch hier gerichtet. Man fürchtet und haßt es, wie die beiden bösen Hunde, die »Kaiser« und »Massaker« heißen. Die Agrarkrise, die das Land erschüttert, ist das Werk dieses Reiches der Spekulanten. Das schlimmste aller denkbaren Regimente, der kapitalistische Militarismus, treibt dies Volk einer Katastrophe zu, und ist es nicht der Krieg, dann wird es die Revolution sein. Die Drohung der Revolution geht mit der Handlung mit, steigert sie und wird genährt von ihr. Die Bauern, zuerst nur belustigend und des Mitleids wert in ihrer Erdgier, bekommen die erste Mahnung nur im Rausch und scheinbar sinnlos zu hören, von einem der Ihren, der verlumpt ist und der pfeift auf die Erde, der sie vertrinkt, weil sie ein schlechtes Geschäft ist, eine Falle, ein Aussauger. Dann verdüstern sich die Dinge, die Irrungen der Erdgier scheinen unentwirrbar: da spricht ein Wanderredner von der Enteignung, dieser gewaltsamen Rettung aus aller Not. Endlich steht einer auf, der alles mit angesehen hat, was unter Menschen vor sich geht, und der immer vorsichtig geschwiegen hat, steht auf in ausbrechendem Fanatismus und schreit nach Blut; aber da ist schon der Mord da, der Mord aus Erdgier. Was wollt ihr, verstrickt wie ihr seid in eure Schicksale, und bestimmt, euch immer tiefer zu verstricken bis an das Ende, das nur eures ist? Denn verstrickt wie ihr, und ohne Ausblick zurück oder vorwärts, wie ihr, werden eure Kinder sein! Wieder und wieder wankt über die Erde, die er zu sehr geliebt hat, der alte Bauer, ein Opfer seiner Kinder. Er trat sie ihnen ab, nicht früher, als bis die Kraft ihm versagte, und wird nun gehetzt von ihnen um der geringen Ersparnisse willen, des Ertrags eines ganzen Lebens im Kampf mit der Erde. Sie aber, was bietet sie ihrem abgenützten Liebenden? Verstecke, nichts weiter, Verstecke, wenn er dahinflieht in der Scham des Entblößten, im Zorn des Ohnmächtigen. Das Mitleid der Kleinsten selbst verwandelt sich in Gelächter. Und der nicht sterben kann, wird umgebracht, in einem wüsten Entsetzen, von seinen Kindern. Seht ihn an, die ewige Menschengestalt, und sagt, was euch zu hoffen bleibt. Welche Auflehnung, welche Umwälzung könnte euch erlösen von der Erdgier, eurer irdischen Gier! Die Bauern sitzen beisammen des Abends, alle bei derselben Kerze, und lesen sich aus dem Kalender ihre Geschichte vor, die Geschichte ihrer vergangenen Leiden und ihres langen Ringens. Alle Tatsachen, die sie hören, rechtfertigen die Revolution, die dann kam, aber das tiefe Gefühl ihres unheilbaren Elends entwertet sie ihnen. Notwendig und vergeblich ist unser Kampf. Der Kalender, den die Bauern lesen, ist eine Propagandaschrift für das Kaiserreich. Das Kaiserreich soll das Glück bringen. Aber kein Reich bringt das Glück, und jedes Reich und jeder neue Auftrieb der Geschlechter hat nur gerade den Wert eines Erdkrumens, den du in die Hand nimmst, zerreibst und fallen läßt. Die Erde ist zu groß für euch, ihre Unempfindlichkeit widersteht eurem Eifer, euer Hasten bricht sich an ihrer Langsamkeit. Tausend eurer Geschlechter verschlingt sie, und nichts ist geschehen. Dennoch müßt ihr weinen und bluten für sie, wie Hagel und Reif auf ihre Ernten niedergehen. Dennoch müßt ihr arbeiten und hervorbringen wie sie. Einmal, wer weiß, wird die Unsterbliche, die noch aus unseren Verbrechen und Erbärmlichkeiten Leben schafft, ihr unbekanntes Ziel enthüllen.

So ist es, der Weg ist dieser, für Geister wie diesen. Der werdende Mann faßt Fuß, bewältigt Bruchstücke der Wirklichkeit, nimmt Richtung im Leben, haßt, fordert und kämpft zweckhaft. Dann werden die Gebiete größer, die er sinnvoll beherrscht, Vergeistigung durchhellt seine Welt. Der Stoff scheint, erreicht man einen Punkt, nur Vergleich noch für Dinge, die hinauslangen über Stoff und Zeit, hinaus über unsern Willen; man bildet, als ob man spielte. Der Geist, der Menschenglück plante, lebt nun so sehr ins ungemessen Weite, daß Glück und Elend der Menschen, wechselnd und sich ergänzend, ihm zu Einem werden. Stunden kommen, da ist er bloß noch schauend da, nicht mehr wollend, es sei denn das All, und den Tod nicht weniger als das Leben. Dann hat er vollbracht.

Dann hätte er vollbracht, – wenn es nicht Ereignisse und Gesichter des Lebens gäbe, in die auch ein so erhöhter Geist nicht mehr von oben herab, gelassen hineinsieht; sie greifen ihm bis an das Herz, und seiner Hand, die nachformen möchte, graut es. Eine Katastrophe kann das eigene Land treffen, von dem auch ich lebe, und mit dem ich untergehen würde. La Débâcle war für Zola, bevor er daranging, kaum ein Roman; zu furchtbar quälte ihn der Drang, alles zu sagen, alles zu bewältigen; es sollte nur »ein Gang« – welch ein Gang! – durch den Krieg und den Bürgerkrieg sein. Die Gewohnheit der Meisterschaft hat dennoch gesiegt, die tausend übermenschlichen Abenteuer scheinen endlich nur da, damit Menschentum durch sie erhärtet werde. Schlachten des Lebens, er hatte niemals anderes dargestellt; dies aber ist der Kampf um das Dasein, ohne Maske, mehr, ohne Haut; nur ein Herz, das gefaßt und ernst ist, soll diesen auf sich nehmen. Er hat es auf sich genommen, ihn durchzuleben, tiefer und bewußter als zwanzig Jahre früher jene Menschen, denen er auferlegt ward. Horch! Hier ist der ungeheuerste Zusammenklang, den Schicksale geben können; und mitten hinein! – da hat jedes eine Stimme, wie ein verirrtes Kind.

Das Land ist weit, wie je, wenn Insurgenten oder Bauern in den Erdfalten wimmelten; auch hier trifft das Licht, aus großen heroischen Wolken schräg hinschießend, einen langen Zug von Wesen, ein wanderndes Volk: die Armee, eine der Armeen, die durch das Land ziehen, das sie verteidigen sollen. Die Armee zieht Wälder entlang, durch die Täler von Flüssen, zwischen Äckern, die in der Weite Samtstücken gleichen, zieht dahin, macht Halt und geht den gleichen Weg wieder zurück. Offiziere sprengen durcheinander, die Generale halten auf Hügeln und suchen vergebens, zu begreifen. Aus der Truppe steigen muntere Prahlereien auf, und nicht lange, so sind es Verwünschungen. Die Soldaten fiebern danach, dem Feind zu begegnen, fiebern nur, nichts geschieht, und nicht lange, so verwandeln sich die heroischen Wolken, wie von selbst, in den schweren und angstvollen Himmel der Niederlage, der vorbestimmten Niederlage. Sie fühlen sie kommen, unsichtbar, wie der Feind selbst, – und können sich nicht wehren, können nur hungern, wenn man sie hungern läßt, sich erschöpfen in Hitze und Entmutigung, können nur Flüche mitnehmen aus Dörfern, die sie sinnlos aufgeben, und den verstörten Gebärden der Flüchtlinge nachsehen. Mißtrauen in die Führer, Auflehnung, Angst, Entsetzen sogar, und kein Feind war da. Aber sie ahnen sich umgangen von ihm, eingefangen und ihm ausgeliefert. Warum sehen nur die Führer es nicht, wenn zuletzt alle es sehen? Und sie marschieren, marschieren wie gebannt, ohne Glauben, ohne Hoffnung, sie sagen: zur Abschlachtung. Gerüchte unerkennbaren Ursprungs greifen um sich, von verlorenen Schlachten, einem Hinterhalt, einer Übermacht, gegen die kein Heldenmut aufkommt. Was geht denn vor? Es stand doch fest, daß Preußen überrumpelt, von allen Seiten angefallen und in wenigen Wochen erdrückt sein würde? Statt dessen rühren sich weder Österreich noch Italien; der Kaiser soll leidend sein und unentschlossen. Keine Vorräte in Belfort; von den vierhunderttausend Mann, die wir vorgeblich haben, fehlt fast die Hälfte, und der Feind hat das Fünffache. Ihm hilft ganz Deutschland, uns nicht einmal die eigenen Armeen, die nie zur Stelle sind. Wir können nach jedem neuen Schlag nur sagen: hätten auch wir hundertzwanzigtausend Soldaten gehabt, und genug Geschütze, und Führer, die nicht solche Pinsel wären! Sie meinen es wohl nicht bös, aber war es nicht einfach und logisch, gleich im Tal der Marne die festesten Stellungen einzunehmen? Sie haben keinen

Plan, keine Einfälle, ja, nicht einmal Glück. Wir machen uns etwas vor, aber Frankreich wird umgeschmissen von einem kleinen Volk, das man verachtet hatte... Und während ein Gesetz und ein geheimer Wille sie immer enger zusammentreibt in dem Kessel, worin Sedan liegt, geht ihr Marsch nicht nur durch ein gekrampft harrendes Land, er geht durch das Reich, das Reich der Machthaber, Verdiener, Genießer, das so lange geprunkt und gelärmt hat, und über das jetzt endgültig gerichtet wird. Der Marsch des bewaffneten Volkes führt in es selbst hinein; es geht in sich, sein Innerstes soll nun herausgewendet werden in den Krisen, die es erschüttern werden. Aus allen Winkeln kommen Menschen herbei, bekannt und ähnlich wie eine Familie, Bauern aus La Terre, Großbürger aus l'Argent, Frauen aus La Curée. Sie leben alle noch einmal auf, sie, deren Wesen und Zusammenwirken das »Reich« war, und begleiten seinen Abtanz mit ihren letzten Bewegungen, gesehen durch Pulverdampf und Blutdunst. Der Bauer ist noch einmal hart und geizig, patriotisch auch, wenn er es dadurch werden kann, daß er dem Feind verreckte Tiere verkauft. Der Großbürger, eine Stütze des Kaisertumes, solange es die Geschäfte beförderte, verleugnet es, da es zusammenbricht. Der Hofgeneral, über dessen Karriere es zusammenbricht, sprengt nur wütend davon. Aber ein Oberst ist da, er bittet seine Leute wie ein Vater, das Gute zu tun; steht weithin sichtbar mit seinem großen Pferd im Feuerregen der zum voraus verlorenen Schlacht; und dann stirbt er aus Gram, nicht über das Reich, nur über Ehre und Vaterland. Unter den Frauen findet sich im Licht der Katastrophe nicht nur die, deren leichte Liebe noch schnell den eleganten Offizier beglückt in der Nacht bevor er fällt; hervor tritt jene, die ihre ganze Seele gibt. Sie ist sanft, und sie hat die Klugheit und den Mut der Liebe. Ihr Kapitel, ihr wunderbarer Lauf, durch das unsichtbare Gitter fliegender Geschosse, ihren Mann zu suchen, den sie dann wiedersieht an der Mauer, im Augenblick, da er füsiliert wird: ihr Kapitel steht jenem anderen gegenüber in La Terre, als der alte Bauer über die liebeleere Erde wankt. Auch hier Untergang, aber was weiterlebt, ist nicht nur dunkle Erde, es ist Liebe, und sie wird aufbauen. Das Heer enthält gieriges, idealloses Volk, Geschöpfe des sterbenden Reiches, es enthält den Offizier, der für wenig mehr ins Feuer geht, als für die Vorrechte seines Standes; aber auch die Helden der Arbeit und der Vaterlandsliebe sind schon darin, die hinüberleben sollen in die Republik. Auch zeigt sich, hager und hakennäsig wie Don Quichotte, der Ritter der alten napoleonischen Siegeslegende. Nie wird er sie zerrissen sehen von der neuen, so furchtbaren Wirklichkeit, wie er selbst am Ende die Fahne zerreißt, damit sie gerettet werde. Für ihn ist immer noch und bis in die tiefste Niederlage, »dort drüben der Sieg«, er bleibt kindisch tapfer, erhaben beschränkt, und muß sterben, um zu ahnen, was vorgeht: kein forsches Abenteuer, wie er immer geglaubt hatte, sondern grauenhafter Daseinskampf, nur Herzen angemessen, die gefaßt und ernst sind.

Herzen wie Jean Macquart, der die Heimaterde bearbeitet hat, bis sie ihn entmutigte, und sie nun verteidigt. Herzen wie Maurice, der verlorene Bürgerssohn, der sich darbringend alles sühnen will, seine eigenen Vergehen und die des Reiches; denn er ist das nervenerschöpfte Erzeugnis des Reiches. Ihm steigen nach der ersten Begeisterung des Kriegsausbruches Zweifel auf, wer recht habe; aufrecht bleibt ihm nur das Gesetz, das unausweichliche, das zu gegebener Stunde ein Volk gegen ein anderes wirft. Sie stehen beieinander, ganz vorn, in allem was geschieht und erlitten wird, der Bauer und das Stadtkind, der Einfache und der Subtile, der, der kämpft, weil er stark ist, und der, der im Krieg das Leben der Völker und seine eigene Heilung sieht. Dieser haßt zuerst jenen; das gleiche Gewissen führt sie zueinander; am Ende scheinen sie ein einziges

Wesen aus Qual und Mitleid. Indes sie aber um ihren Kalvarienberg ringen, besteigt dort hinten ein Anderer den seinen. Es ist der Kaiser. Er war schon immer, geheim und hinter Schleiern, der zusammengefaßte Sinn seines Reiches, wie es glänzte, wie es sich zersetzte; und auf Höhepunkten, selten und kurz, erschien er. Hier nun erscheint er oft. Hier geht das Reich unter, da ruft es seinen Meister, es wird ihm erst recht ähnlich und verwandt, nun es untergeht. Er besteigt seinen Leidensberg. In Durchblicken ist er zu sehen, wie er, jedesmal ein Stück höher, ganz allein dahinwankt, um endlich den Gipfel des Leidens zu erreichen. Er wird mitgeführt von der Armee wie ein unnütz kostbares Gepäckstück, er und seine silbernen Küchengeräte. Er ist noch immer der Verschwörer von einst, der Träumer, dem die Kraft ausgeht im Augenblick des Handelns. Er ist krank; ein Kiesel im Fleisch eines Mannes, und Reiche stürzen ein. Er soll als Held sterben, damit das Reich vielleicht nicht stürze. Die Armee wird in das Verderben geschickt, zur Rettung einer Dynastie; und auch ihn treibt man hinein. Er weiß es, er hört hinter sich, von Paris her, eine Stimme: »Vorwärts, ohne dich umzusehen, unter dem Regen, im Schmutz, der Vernichtung entgegen, und spiele die letzte Karte aus für das Reich! Vorwärts, und auf den gehäuften Leichen deines Volkes stirb als Held, denn bewundern muß die Welt und ergriffen sein, soll sie den Deinen verzeihn!« Er hört die Stimme und gehorcht, er hat diese fatalistische Größe. Geschminkt sitzt er zu Pferd, reitet hinaus in das Feuer der Schlacht, und hält. Er hält und wartet, trüb und gleichgültig. Die Kugel kommt nicht, der Kaiser kehrt um, ergeben in sein Schicksal. Wie ein Gespenst sehen die Truppen ihn vorbeireiten. Gegenüber, auf einem Hügel in der Ferne, wohnt der König Wilhelm der Schlacht bei, aller Gefahr entrückt, und wie auf dem Thronsessel einer Galaloge. Für ihn arbeiten Menschen und Dinge; Napoleon handelt einsam, er will sterben. Er ist ein Mensch und steht für sich; wenn er ausgekämpft hat, tritt Schweigen ein. Der Andere rechnet mit Generationen, er glaubt sich wohlaufgehoben im Plan der Jahrhunderte. Den Kaiser kennt nur noch dies Schlachtfeld. Dem Gang des allgemeinen Unheils folgt auch seins; Wegmale sind sein inneres Leiden, die unterdrückten Schmerzen, die Schminke auf seiner Leichenblässe, und seine Tapferkeit trotz allem, unnütz wie die Tapferkeit seines Heeres. Die volle Auflösung ist da, die Verzweiflung und Übergabe. Da hat auch er sich aufgegeben, verhehlt nichts mehr und schreit. Er schreit vor Schmerzen, – aber ihrer der größte ist, daß weiter die Kanonen donnern, daß immer noch zwecklos Menschen sterben. Der König Wilhelm sieht reuelos zu, bis er müde wird; denn dies heißt Sieg. Napoleon fährt hin zum König, er hat ihm seine Person angeboten, in dem einzigen Gedanken, seinen Truppen bessere Bedingungen zu verschaffen; und nach der Unterredung weint er. Er nimmt in das Elend und in die Gefangenschaft sein armes Herz mit, das niemals ganz einem Imperator gehörte, und das heute im Leiden wohl mehr als jemals das Herz des Träumers ist, des Menschenbeglückers und Sohnes der Revolution. Er war nicht fest und fühllos genug für das vollkommen unmenschliche Militärreich, zu dem er verpflichtet war. Vielleicht war auch das Reich nicht sich selbst gewachsen, nicht seinem eigenen Ideal? Zu viele Keime von Menschlichkeit durchbohrten, aufsprießend, seinen Panzer. Es war recht, daß es stürzte; aber in La Débâcle, zwanzig Jahre nach den Ereignissen, herrscht nur Schicksal, und kaum noch Haß. Was ist denn gestorben? Reiche, die Schranken aufrichten vor dem Glück ihrer Völker, Reiche, die unter Panzern die Menschenliebe ersticken, verderbte und gewalttätige Reiche, sie mögen hinsinken, sie geben den besten Dünger für die Saat einer verjüngten Menschheit. Jean und Maurice bleiben, als der Kaiser entschwindet. Sie bleiben umarmt, überwunden ist Fremdheit und Feindschaft; sie tragen, jeder der Retter des andern, den Freund durch den Wirbelsturm der Gefahren bis an die Schwelle eines erneuten Vaterlandes. Wohl ist, als sie es erreichen, der eine gestorben, grausam gestorben, von der Hand des andern in dem Bruderkrieg, der letzten Wendung der Katastrophe. Gleichwohl bleibt, daß sie die Lager der Not und ihr teures Brot geteilt haben miteinander und vermischt sind ineinander Bürgerssohn und Volkskind, bis über den Tod. Über den Tod hinweg gehen diese beiden in das verjüngte Leben hinein, das Demokratie heißt.

Geist

Demokratie aber ist hier ein Geschenk der Niederlage. Das Mehr an allgemeinem Glück, die Zunahme der menschlichen Würde, Ernst und Kraft, die wiederkehren, und eine Geistigkeit, bereit zur Tat: Geschenke der Niederlage. Was besagt das, Niederlage? Wie der König Wilhelm auf seinem Hügel das unausbleibliche Ergebnis der Schlacht erwartet, die Augen auf dem ungeheuren Schachbrett und dem Menschenstaub, den er zu lenken meint, da steigt aus dem Acker vor ihm ein Schwarm Lerchen, steigt in den Himmel, wie Seelen steigen. Sie hat er nicht gelenkt, die Seelen lenkt er nicht; wehe denen, die sich lenken ließen. Was besagt das, Sieg? Dem unbekannten Ziel der ewigen Erde nähern wir uns vielleicht ebensosehr durch unser Leiden, wie durch unseren Kampf. Gleichwohl müssen wir kämpfen. Wir dürfen nicht zugeben, daß in Weite und Ewigkeit zuletzt alles sich aufhebe, dürfen nicht im Schauen verharren, und müssen kämpfen. Die Wahrheit ist da, wir tragen ihren Keim in uns, wir entwikkeln ihn durch Arbeit. Wer die Wahrheit hat, erwirbt den

Sieg. Niederlage ist eine Bestätigung, daß ihr in Lüge lebtet. Was entscheidet in La Débâcle? Daß dem Heer der Glaube fehlt. Niemand im Grunde glaubt an das Kaiserreich, für das man doch siegen soll. Man glaubt zuerst noch an seine Macht, man hält es für fast unüberwindlich. Aber was ist Macht, wenn sie nicht Recht ist, das tiefste Recht, wurzelnd in dem Gewissen erfüllter Pflicht, erkämpfter Ideale, erhöhten Menschentumes. Ein Reich, das einzig auf Gewalt bestanden hat und nicht auf Freiheit, Gerechtigkeit und Wahrheit, ein Reich, in dem nur befohlen und gehorcht, verdient und ausgebeutet, des Menschen aber nie geachtet ward, kann nicht siegen, und zöge es aus mit übermenschlicher Macht. Nicht so verteilt die Geschichte ihre Preise. Die Macht ist unnütz und hinfällig, wenn nur für sie gelebt worden ist und nicht für den Geist, der über ihr ist. Wo nur noch an die Macht geglaubt wird, eben dort hat sie aufgehört, zu sein... Und seht, wohin sie euch bringt! Viele hatten ihr im Frieden widerstanden, hatten gehöhnt, gehaßt und sich zurückgezogen; die Herren des Reiches waren weithin verachtet. Jetzt, da die Feinde dastehen, die eure Herren euch gemacht haben, müssen noch die Letzten sich unterwerfen. Denn jetzt sind die Unterdrücker wirklich, was zu sein sie so lange frech behaupteten: das Vaterland! Nicht nur mit kämpfen müßt ihr für sie, die das Vaterland sind, ihr müßt mit fälschen, mit Unrecht tun, müßt euch mit beschmutzen. Ihr werdet verächtlich wie sie. Was unterscheidet euch noch von ihnen? Ihr seid besiegt, schon vor der Niederlage.

Aber das hätte nicht kommen müssen, und darf nicht wiederkommen! Zola verlangt: »Die Lüge soll abgetan sein, zusammen mit dem falschen Glanz des abgetanen Reiches. Seit unseren Niederlagen sind wir gewachsen und wachsen täglich durch die Pflege der Wahrheit. Besiegt wurden wir damals von dem wissenschaftlichen Geist. Jetzt, zwanzig Jahre später, besitzen wir ihn, wir, es ist ein großer Sieg über uns selbst, niemand taste ihn an! Wir haben die Republik, – und sie ist nicht nur eine Form, sie ist das Wesen der politischen Wahrheit selbst, die voraussetzungslose Anerkennung alles dessen, was werden will, des wirklichen Lebens. Sie ist offener Kampfplatz für das Bedürfnis nach Gleichheit, das herandrängt mit der siegreichen Demokratie. Sie erlaubt endlich, den Prozeß einzuleiten, der über die Zukunft jener Schicksalsmenschen und Genies entscheiden soll, der großen Männer. Sind sie denn notwendig zum Glück Aller? Sogar in der Kunst war der Schöpfer zuweilen ein Volk. Jähe Auftriebe von oben her bewirken um so tiefere Rückfälle; die Aufwärtsbewegung sollte von unten kommen, der geistige Fortschritt sollte in breiterer Front geschehen, die mittlere Fläche höher liegen. Das Glück sei ein Ergebnis des Gleichgewichts! Keine zu geistige Auslese, kein zu unwissendes Volk! Keine großen Männer! Sie sind eine soziale Gefahr, sind ein Ungeheuer, das Entsetzen der Kleinen, deren Anteil es frißt. Die Natur muß alles tun, es auszurotten, es auf das gemeine Maß zurückzubringen, Bruder unter Brüdern. Und eben an dieser Einheit arbeiten vielleicht, ohne es zu wissen, die Demokratien. Sie arbeiten, anstatt für große Männer, an menschlicher Größe. Sie sind ergreifend, durchwühlt wie sie sind von den Problemen der Arbeit und ihrer Gesetze, und so überströmend von menschlichem Leiden und Mut, von Mitgefühl und Liebe, daß ein großer Künstler, der sie schildern würde, nie leer werden könnte in Hirn und Herz... Und sie arbeiten an der Versittlichung. Die Republik beweist es noch durch ihre Skandale. Die schroffe Öffentlichkeit eines Panamaskandals straft das schöne Ideal der Massen vom Staat weit weniger Lügen, als die Monarchie es tut mit ihrer Fassade aus Anständigkeit, Ordnung und würdigem Gedeihen. Eine Monarchie wird freilich kein Panama haben, sie unterdrückt den Skandal, schafft die Leichen beiseite, und die Fassade strahlt weiter in der Sonne. Laßt sie aber einstürzen, und dahinter klafft Fäulnis. Die Lügen der Monarchien werden beendet durch Revolutionen, wie keine Republik sie gekannt hat... Der Volksstaat ist das Leben und die Gesundheit. Wollet doch nicht hören auf die leidigen Propheten des Niederganges, die meinen, daß ohne Lüge und Unterdrückung nichts Menschliches Bestand habe. Es sind Menschen, die an das Leben nicht glauben. Sie wissen nicht, daß es weiterblüht und Recht behält gegen alle Gewalt. Die Anschläge der Gewalt gegen das Recht des Lebens sollen immer unzulänglicher werden, das verdient die Menschheit, die so viel gelitten hat. Manches ist erreicht, zum Sieg der Wahrheit. Es darf nicht wieder verloren gehn!«

Manches ist erreicht, denn wir haben gearbeitet, haben zwanzig Bände geschrieben und wenigstens Teilsiege erkämpft für die Wahrheit. Der Anfänger Zola sagte einst zweifelnd: »Ich leugne nicht die Größe der Anstrengung, die heute gemacht wird, ich leugne nicht, daß wir der Freiheit, der Gerechtigkeit mehr oder weniger nahekommen können. Nur ist mein Glaube, daß die Menschen immer Menschen bleiben werden, Erdengeschöpfe, bald gut, bald böse, je nach den Umständen. Wenn meine Personen zum Guten nicht durchdringen, liegt es daran, daß wir erst am Anfang unserer Vervollkommnungsfähigkeit stehen.« Denn er selbst stand damals am Anfang, und die Anstrengung, die er vorhatte, konnte lange währen. Freiheit, Gerechtigkeit? »Ich glaube eher an einen stetigen Marsch, der Wahrheit entgegen. Aus der Kenntnis der Wahrheit allein können bessere soziale Zustände entstehen.« Denn dies war sein eigener Weg. Im Beginn schien er düster; die Eindringlichkeit des ersten Naturalismus war eben erzeugt durch das Fieber seiner Verzweiflung, er wirkte mit seiner Sucht, leiden zu machen beim Anblick des Lebens. Und er machte leiden in agitatorischer Absicht – geheim zuerst, dann offen: in dem Maße, wie er geistiger ward. Vergeistigt aber wurden Zola und sein Werk durch Arbeit, Arbeit am Wirklichen, den Willen zum wirklich Wahren. Sein Werk wiederholt, indem es wird, das Werden der Welt selbst: zuerst die Materie, und aus ihr, durch Arbeit, durch Bewegung, erwächst der Geist und die Herrlichkeit des Menschen. Wir kämpfen, nichts ist also unmöglich. Rührend und groß: im Augenblick, da er selbst beginnt, beginnt die Vervollkommnungsfähigkeit. Und die Menschheit kann nicht zurückgeblieben sein, als er selbst auf seinem Gipfel steht. L'Assommoir ist noch nichts als eine Predigt der Tatsachen. In Germinal klingt überall das Evangelium der künftigen Menschheit an, es wird hörbar im Erdboden selbst, aus dieser doch so langsamen und gleichgültigen Erde ertönt es von den Hammerschlägen der Bergarbeiter, und am Ende will es ausbrechen und Wirklichkeit werden. »Menschenkeime trieben dort unten, ein schwarzes Heer von Rächern keimte langsam in den Furchen, wuchs herauf für die Ernte des kommenden Jahrhunderts; sein Keimtrieb war daran, die Erde zu sprengen.« – Auch in L'Argent will es sie sprengen. Hier arbeitet nicht mehr nur der dumpfe Drang der Proletarier und nicht mehr nur die Rache eines Nihilisten; jemand ist da, der das bevorstehende Menschenglück in ein System bringt. Es könnte bevorstehen; das System scheint lückenlos, ein Traumbild steigt daraus auf, die glückselige Stadt, der entgegen die Menschen wandern seit so vielen Jahrhunderten. Dabei ist dies der Roman des Geldes, die kurze Herrlichkeit eines Börsenpiraten, heftig aufflammend in der schrankenlosen Apotheose des Kaiserreichs als seine treffendste Erfüllung. Aber »jedesmal, wenn ich mich jetzt in einen Stoff vertiefe, stoße ich auf den Sozialismus«. Auf die Möglichkeit des Glücks trotz allem, es Glückes jenseits der Katastrophen. Die Menschheit ist für Katastrophen gemacht, so sehr liebt sie das Leben. Mut! Das Geld bewirkt Zusammenbrüche wie diesen, Schande und Elend wie diese hier, – und schafft doch Leben. Seht die Liebe: viel unnützer Schmutz, aber ohne sie wäre es mit der Welt aus. Das Leben will geliebt werden, obwohl es böse und gewalttätig ist. Der Weg der Menschheit führt zu etwas sehr Schönem, durchaus Heiterem – aber durch Katastrophen. Hier angelangt, ruft Zola aus: »Optimist, oh! mit all meinem Wesen, gegen den dumpfen Pessimismus, die schimpfliche Ohnmacht zu wollen und zu lieben.« – Selbst La Bête humaine ist keine Unterbrechung der anschwellenden Kraft des Hoffens. Dort waltet das Urböse; aber sein Dasein scheint Wahnsinn. Fühlbar wird, daß alle jene Verzerrung, jener Sklavenaufstand des Untermenschlichen etwas Vorläufiges ist, ein düsterer Zwischenfall auf dem glänzenden Weg zur Höhe, den der Mensch geht. Wohl sind wir umdroht von Wahnsinn, Verderbnis und den tödlichen Gefahren unseres Zusammenlebens. »Wenn ich mich auf die enge Regel des Positivismus versteife, so darum, weil sie die Brustwehr ist gegen das irre Schweifen der Geister.« Der wissenschaftliche Geist ist der große Erneuerer, der Zukunftbringer und Vorbote eines gesunden Menschentumes. Seid wahr, ihr werdet leben! verheißt noch La Débâcle. Und den Kreis des großen Werkes beschließt Le Docteur Pascal, Arzt und Glaubensheld der Wissenschaft. Der ewige Wiederbeginn des Lebens, dem er dient, die Hoffnung auf die Zukunft, auf das stetige Bemühen der arbeitenden Menschheit, dies steht am Ende. Es ist kein Ende. »Mir schien es tapfer, wenn ich aus der entsetzlichen Familie Rougon-Macquart am Schluß ihrer Geschichte ein letztes Kind geboren werden ließ, das unbekannte Kind, vielleicht den Messias von morgen. Eine Mutter, die ihr Kind stillt, ist sie nicht das Bild der Welt, die gerettet weitergeht?«

Die Welt geht weiter, das Werk aber ist beendet. Was

nun? Das Werk von dreiundzwanzig Jahren, empfangen in der Jugend, hinausgewachsen wohl über den ersten Plan, aber doch immer noch dies Werk, in dem man wurzelte, jetzt hat es sich losgelöst, der Zweiundfünfzigjährige muß allein weiterziehen. Wohin? Er ist gefeiert worden. Die Tatsache des Vollendeten, das so ungeheuer ist, hat ihren Eindruck gemacht. Bei dem Bankett, nach dem Erscheinen des letzten Bandes, hat ein Freund gesprochen: »Freuen Sie sich, lieber, illustrer Freund, denn voll der Geniekraft, Neues zu verwirklichen, haben Sie schon ein riesenhaftes Denkmal errichtet. Die Männer meines Alters hat es zuerst zum Staunen genötigt, dann mußten wir uns neigen in Bewunderung. Und wieder Staunen, aber mehr noch Geistesfreude, wird es für Menschen aller Zeiten bedeuten.« Aber Vollendung und Feier entsprechen so wenig als jemals seinem inneren Gefühl. Vor dem Abschluß des Werkes dachte er manchmal, daß es dann weiser sein werde, nichts mehr zu schreiben, auszuscheiden aus der Literatur, zu einem anderen Leben überzugehen und das bisherige als beendet anzusehen. Die Ermüdungen der Arbeit waren schwer, zuletzt wurden sie zu schwer. Beim Herannahen der Fünfzig kamen dem alten Arbeiter Zweifel, ob er sein Leben gut angewendet habe. War es nicht ein Martyrium gewesen, das viele nicht wert, das um seinetwillen versäumt war? »Ja«, gestand er damals, »ich kann kein junges Mädchen vorbeigehen sehen wie das dort, ohne mir zu sagen: ist dies nicht besser als ein Buch?« Tiefe Unruhe; und in der Umwälzung, Gefahr seines Lebensalters, kehren, jetzt zu Ende des Werkes, die Schrecken der Nerven wieder, die den Anfang bezeichneten. Neues erleben! Früher hätte er frei sein wollen, um für das Theater zu schreiben. Jetzt ist er frei, und so oft er ein Theater betritt, kommt ihm Überdruß an der Körperlichkeit des Dargestellten, an den fortwährenden Vergewaltigungen des Geistes. Er möchte über Ideen schreiben;

schon an seinem Doktor Pascal reizt ihn fast nur, daß er die Leidenschaft des Geistes befriedigen darf. In dem Nebelstern aber, woraus ein neuer Plan werden soll, bilden sich die ersten festen Punkte, als er nach Lourdes kommt. Die Umstände waren schlecht, er wollte abreisen, aber »der Anblick dieser Kranken, dieser Bresthaften, dieser sterbenden Kinder, die man vor das steinerne Bild trug, dieser flach zu Boden geworfenen Beter! Der Anblick dieser Stadt des Glaubens, erstanden aus der Halluzination dieses vierzehnjährigen kleinen Mädchens! Der Anblick dieser mystischen Stadt im Jahrhundert des Unglaubens!« – »Ja«, sagte Frau Zola, »es hatte Farbe.« Und er, mit Schroffheit: »Auf Farbe kommt es nicht an. Was hier zu schildern ist, sind aufgewühlte Seelen.« Dies war das Erste. Vormals begann er mit dem Anpacken eines Stoffes; heute ergreift ihn das Ungreifbare. »Romane! Immer dasselbe!« Auch die Massenregie der kranken, irren und verlorenen Menschheit hat er in seinem Roman von Lourdes geübt, und mit der alten Meisterschaft. Dennoch ist dies nur der Beginn einer Untersuchung über den Geist. Les Trois Villes sind die Untersuchung über den Geist, wie Les Rougon-Macquart die Untersuchung über das Leben waren.

Der wissenschaftliche Geist – wie wirkt er auf die Welt? Wo findet er die günstigsten Bedingungen? Welche Mächte stehen ihm entgegen? Wie verhält es sich mit dem Wiederaufleben des Glaubens, das jetzt, 1892, den Mystizismus herbeiführt, in der Literatur und anderswo? ...Hier ist Lourdes, dumpfer Zauber des alten Glaubens, modernisiert und herabgesunken bis zur Spekulation auf Krankheit, Schmutz, Elend, die alle in Geld umgesetzt werden von dieser Bank der Unwissenheit und der Hoffnung. Welche Hoffnung bliebe hier dem, der die Wahrheit will? Tiefes Mitleid scheint die einzige Brücke. Lassen wir alles sich abwickeln wie in einer Oper, die Verstiegenheiten des malerischen Massenleidens, diese Prozessionen, die um Wunder beten, dies Bad der gequälten Seelen in schlechtem Schmutzwasser. Hoher Lyrismus des Mitleidens ist Lourdes. – Rom ist weniger. Auch dort entrichtet das Elend den Tribut; der Vatikan braucht allzusehr ein Lourdes. Er aber steht entfernt und unbeteiligt, er hat ein kaltes Amt. Hemmnisse der Wahrheit sind hier nicht Leiden und Verzückung: es ist die Macht. Dem wahrheitssuchenden Priester antwortet der Papst: »Die Wissenschaft muß die Magd der Religion sein.« Die Wahrheit und die Macht sind Feinde. Die Wahrheit hat auf Erden nur eine befreundete Stätte, die neue Demokratie. Öffne dich, Paris! Zeig schnell, denn wir haben nicht nochmals Zeit für zwanzig Bände, das Brodeln hier in deinem Kessel, diese bewegte Menschheit, unweise, leidenschaftlich, grauenhaft, aber bewegt und darum Gebärerin des Geistes. Zerstörung schafft! Die Hand, die Bomben formen wollte, schafft ein wissenschaftliches Instrument. So vielen wütenden Kämpfen der Selbstsucht entsteigt dennoch die Liebe, das Ideal der künftigen Menschenwelt, das gelobte Land, das nicht wir, aber unsere Kinder erreichen werden. »Mein Kind«, dachte Zola, denn er hatte mit fünfzig Jahren nochmals geliebt und war endlich fruchtbar geworden. Er sollte also hinausleben über sich selbst: nicht nur in den Geschöpfen seiner Kunst; mag sein, sie sind stärker, flammender, folgerichtiger, und sie dauern länger; – aber fortleben in einem Wesen, das um ihn weiß, und das lieben kann! Das Bewußtsein des Fortlebens hat ihn damals erfüllt bis zu reiner Gläubigkeit. In seinem Roman von Paris ist er sozialistischer Apostel und Verkünder des demokratischen Glaubens. Er selbst, der Kenner und Eroberer des machtvollsten Lebens, und nicht mehr, wie in L'Argent, irgendein unwirksamer Träumer, setzt sich ein. Er singt sein Hoheslied zum erstenmal aus ganz befreiter Brust. Seine Lyrik ist nicht länger beschwert und verdunkelt durch Mitleid und durch Wissen. Er ergibt sich einem innern Wissen, das über die Erfahrung hinausgeht. Er hat vor Augen die Gewißheit, vom Himmel, wo sie so lange versteckt gehalten waren, die Wahrheit und die Gerechtigkeit herabzureißen auf die Erde. Der wissenschaftliche Geist, der jenen Himmel zerstört hat, wird ihn wieder aufbauen auf Erden. Hierfür haben wir zu leben, hierfür zu kämpfen.

Da steht nun Zola! Er hatte doch nur geformt und gemacht, und ist nun dahin gelangt, daß er aufruft und prophezeit. Der »Sinn für das Leben« war sein fester Boden gewesen, von ihm aus gewann er sein Reich; jetzt aber erstreckt sich sein Sinn für das Leben auf Dinge, die noch ungeboren hinter dem Leben sind, in der Zukunft, im Geist. Er ist so geworden im Schaffen. Er ist so geworden durch Schaffen. Die Erfahrungen der Weltbeherrschung vermittelst Kunst haben ihn die Weltüberwindung gelehrt, die Geist heißt. Die größte Kraft war doch nur der Weg des Geistes. Geistige Liebe war, unerklärt, schon in der ersten Menschendarstellung dieses Künstlers. Sie erklärt sich, und es ist Wille zur Vergeistigung. Wer auf so großen Vorgängen fußt, wer den Geist erlebt und erfahren und in langer Arbeit den Willen erworben hat, aufzustehen für ihn, ist von dem Geschlecht, das Zola nachfolgte und ihn ansah, ein Intellektueller genannt worden. Nur er. Intellektuelle sind weder Liebhaber noch Handwerker des Geistes. Man wird es nicht, indem man gewisse Berufe inne hat. Man wird es noch weniger durch das lüsterne Betasten geistiger Erscheinungsformen, – und am wenigsten sind jene Tiefschwätzer gemeint, die gedankliche Stützen liefern für den Ungeist; die sich einbilden, sie hätten Erkenntnisse, und jenseits aller Erkenntnisse könnten sie die Ruhmredner der ruchlosen Gewalt sein. Keineswegs die selbstgenügsame Erkenntnis macht den geistigen Menschen aus, sondern die Leidenschaft: die Leidenschaft des Geistes, die das Leben rein und den Menschen ganz menschlich will. Der Intellektuelle erkennt Vergeistigung nur an, wo Versittlichung erreicht ward. Er wäre nicht, der er ist, wenn er Geist sagte, ohne Kampf für ihn zu meinen. Er ist gewillt, Vernunft und Menschlichkeit auf den Thron der Welt zu setzen, und ist so beschaffen, daß sie ihm schon jetzt als die wahren Mächte erscheinen, als jene, die, Zwischenfällen zum Trotz, zuletzt doch jedesmal allein aufrecht bleiben. Die Geschichte gehört in immer steigendem Maße ihnen; schon haben sie für sich den stärkeren Teil der Wirklichkeit; wer ihnen entgegentritt, erleidet Niederlagen, die immer schimpflicher werden. Selbst die äußersten Entscheidungen können nur in ihrem Namen getroffen werden. Ein Krieg kann notwendig und sittlich sein; aber er sei die Krönung eines langen Ringens nach Wahrheit. Besiegt wird der Ungeistige... Dies war der gemeinsame Glaube des höchsten Europas in dem Augenblick, bevor es imperialistisch ward. Kurzer Höhepunkt; aber Ibsen und Nietzsche stehen auf ihm, mit Zola. »Freiheit und Wahrheit sind die Stützen der Gesellschaft«, sagt der eine, und der andere ruft Voltaire an, um über das Menschliche, Allzumenschliche zu philosophieren. Jene haben dann wohl zweifeln gelernt, und haben sich abgewendet. Der Geist, für den sie einstanden, war zuletzt nur ihrer, sie hatten nur sich, dem Menschen mißtrauten sie. Zola war er selbst, wenn er ihm eine Zukunft zutraute, die erhaben zugleich und rein wäre. Er war in Übereinstimmung mit der Geistesart seines Volkes, wenn er sowohl gütig für den Menschen wie Dämon der Vernunft war. Er war gütig; jemand, der ihn gehaßt hatte, hat es ihm in das Grab nachgesagt; war tief sittlich, Erzieher zur Arbeit, Erzieher zum Glück; und hat uns Menschen eine der beiden idealen Städte erbaut, die an den äußersten Enden des europäischen Gedankens stehen. »Alle beide sind hochherzig und voll Frieden. Aber die Stadt Tolstois ist die

Stadt der Entsagung. Die von Zola erbaute ist die Stadt der Arbeit.« Und er war Dämon der Vernunft, reizbar überaus gegen die Lüge, und am reizbarsten, wollte sie ihn selbst und die Seinen beschleichen. Groß geworden von innen heraus, durch das Bemühen um die Wahrheit, verstand er auch die Größe und Vollendung seines Volkes nur so, daß sie vom Innern her geschähe. Es sollte in der Wahrheit leben und nur für die Wahrheit kämpfen. Kampf nach außen hat selten gereinigt, er ist die Gelegenheit der Oberflächlichen und der Vorwand niedriger Leidenschaften und Gelüste. Gereinigt und erhöht werdet ihr durch inneren Kampf! Der Krieg, der euch, gilt es das Äußerste, helfen mag, ist der Bürgerkrieg! ...So hat er empfunden, denn er hat danach gehandelt. Der Intellektuelle empfindet so. Er lebt für keine schwachblütige Mittelmäßigkeit. Der Geist ist kein Wiesenbach, entschlossene Menschenliebe geht nicht friedlich in Gartenwegen. Ereignisse können machen, daß er Klüfte aufreißt und daß sie tötet. Durch die Leidenschaft des Geistes war der Großbürger Voltaire eine Naturkraft; – und Zola, bürgerlicher Arbeiter, Verächter politischer Schaukämpfe, sieht sich eines Tages dämonisch getrieben, einzugreifen in das Gefüge der Wirklichkeit, zu sprengen, Haß zu peitschen, Handlungen zu begehen, deren Folgen er nicht zügeln könnte, und Menschen vor starrende Abgründe zu führen: die nächsten Menschen, sein Volk, seine Freunde, sich selbst...

Tat

Er war soeben reif geworden, vorzutreten aus seinem Werk und zu handeln, da gelangten die um den Hauptmann Dreyfus treibenden Dinge auf den Punkt, wo sie eines handelnden Geistes bedurften. Niemanden hätte es überraschen dürfen, daß Zola handelte, es war bedingt durch alles, was man über ihn hätte wissen müssen; der zusammenfassende Abschluß seines Werkes war diese Tat. Und das Glück dessen, der von der Zeit einen Auftrag hat, wollte es, daß er und die Dinge sich fanden. Er ging ihnen entgegen, schon lange bevor sie sichtbar wurden. 1891, er schrieb an La Débâcle, wunderte ein Beobachter sich, wie er in Schritt und Sprache etwas rücksichtslos Tatkräftiges mitbringe, als sei er vor einer Schlacht. Das Jahr darauf gesteht er, daß er sprechen möchte und sich übe. Ein Schweigen, und dann die Klage, daß ihm die Gabe fehle; er müsse sich vorbereiten, und er scheue sich, plattes Zeug zu reden. Man will ihm den leidenschaftlichen Wunsch anmerken, es wäre anders, er könnte das Glück seiner Laufbahn vervollständigen und auf seinen Dichterruhm noch die Volkstümlichkeit des Politikers pfropfen. Ohnmächtiger Ehrgeiz also! – denn wann hätten Zeitgenossen sich um eine Erklärung bemüht, die nicht die billigste wäre. Eben damals hatte er es abgelehnt, sich in die Kammer wählen zu lassen. Das Mandat sei eine zu schwere Pflicht für ihn, er müsse sein Werk beenden. Um leichten Erfolg war es ihm niemals zu tun gewesen; wie hätten rednerischer Glanz oder Siege, die nur äußerlich waren, ihm genügen sollen. Sprang er in die Politik ein, dann mußte schwerer Sinn und Ideenkampf werden, wo zu lange nur das Getriebe der Mittelmäßigkeiten gewesen war. Der Zweifel aber war für ihn eben, ob der Mittelmäßigkeit hier beizukommen sei. In der Politik war sie vielleicht sogar geboten? Die Erfahrung sprach dafür; Männer von geistigem Rang, berühmt durch Leistungen anderer Art, waren in ihr erfolglos geblieben. Man wollte sie nicht, man hatte ihnen nicht Zeit gelassen, irgendeinem Unternehmen die Spur ihres Geistes aufzudrücken. Wahrscheinlich konnten sie es gar nicht, – weil sie nicht hatten, was der Politiker braucht: die Unbesorgtheit um das Ganze und Endgültige, die Anbequemung an ein mißliches Hinleben von einem Tag zum andern, in der Hoffnung auf ein Ergebnis, das nie erreicht wird. Wir andern waren gewöhnt, abzuschließen und unsern Namen darunter zu setzen. Die Tat, für die wir geschaffen wären, mußte komponierbar sein wie ein Werk, und mußte den symbolischen Wert eines Werkes haben. Wo war diese Tat? Zola fragte sich umsonst, wie der Graben auszufüllen wäre, der verhängnisvolle Graben, der immer breiter ward zwischen der geistigen Auslese der Nation und denen, die sie regierten. In seinen Anfängen hatte er das politische Handwerk verachtet, wie nur je ein Literat. Jetzt sah er wohl, was die Politik in Wirklichkeit war: »das leidenschaftlich bewegte Feld, auf dem das Leben der Völker ringt, und wo Geschichte gesät wird für künftige Ernten von Wahrheit und Gerechtigkeit.« Literatur und Politik hatten denselben Gegenstand, dasselbe Ziel und mußten einander durchdringen, um nicht beide zu entarten. Geist ist Tat, die für den Menschen geschieht; – und so sei der Politiker Geist, und der Geistige handle!

Aber eines Herbsttages im Jahr 1897 erfuhr Zola, es sei so weit gekommen, daß die Politik ihre Handlungen gegen den Menschen richte, und der Geist bleibe fern und unbeteiligt. Der Mensch trug einen Einzelnamen, was der Greifbarkeit des Vorganges nützte; es war der Hauptmann Dreyfus, deportiert seit drei Jahren nach der Teufelsinsel für einen Verrat militärischer Geheimnisse, den mit höchster Wahrscheinlichkeit ein Anderer begangen hatte. Lange hatte man zweifeln können; Zola war zu Beginn der Sache in Rom und gab nicht acht; und auch dann noch blieb ein einfacher Irrtum des verurteilenden Kriegsgerichtes zu vermuten. An jenem Herbsttag 1897 sah er in Schriftstücke, die seine Überzeugung, hier geschehe ein großes Verbrechen, sofort unerschütterlich machten. Dennoch wurde damals, er bemerkte dies später selbst, vor allem der Fachmann des Romans »verführt, ja begeistert« durch eine Fabel von solcher Stärke. »Und Mitleid, Glaube, Wahrheits- und Gerechtigkeitsdrang sind hinterher gekommen.« Er bemerkt dies, und ohne Scham spricht er es aus. Wir sind von einer Art, daß das Leiden des Menschen uns zuerst nur die Erregung beibringt, als sollten wir schaffen. Aber es ist dieselbe fruchtbare Erregung, die hilft... Er sieht einen Greis, und fast nur ihn, für die Wahrheit einstehen: Scheurer-Kestner, Elsässer und Senator, arbeits- und ehrengesättigt, wagt alles, nimmt auf sich, was kommen will, lieber als daß er das Grauen trüge, zu wissen und nicht gesprochen zu haben. »Ihm war nicht unbekannt, welche Stürme er aufregen würde, aber Wahrheit und Gerechtigkeit gehen über alles, denn sie allein sichern die Größe der Nationen. Es kann geschehen, daß politische Interessen sie für Augenblicke verdunkeln, aber jedes Volk, das nicht sein einziges Daseinsrecht gründen würde auf sie, wäre heute ein verurteiltes Volk.« Der Leitsatz ist gesprochen, die Dinge können ihn nur steigern. Zehn Tage später ruft Zola schon aus: »Ich habe in Erbitterung gelebt und im Haß auf Dummheit und Unehrlichkeit, ja in einem solchen Durst nach Wahrheit und Gerechtigkeit, daß ich eine Vorstellung bekommen habe von dem großen Seelenschwung, der einen friedlichen Bürgersmann mitten in das Märtyrertum schleudern kann.« Das Unerträglichste an diesem Zeitpunkt ist, daß man nicht herausfahren darf mit der Wahrheit, solange noch die Untersuchung schwebt gegen den wahren Verräter Esterhazy. Man muß zusehen, wie die Schmutzpresse und der Antisemitismus das Hirn der Öffentlichkeit zerrütten, wie die Vaterlandsliebe ausgebeutet wird, um das am Falschspruch schuldige Kriegsgericht zu decken, und wie in der öffentlichen Schande und dem allgemeinen Überdruß die Regierenden doch nichts zu tun wagen. Und allem würde man vielleicht zusehen, nicht aber der neuen Jugend, die alles dies mitmacht. Zola hatte schon auf ihr Kommen ein Auge gehabt. Es hatte angefangen mit zu viel Lilien und weißen Jungfrauen in den Gedichten und zu wenig Sinn für das moderne Leben, die arbeitende Demokratie. Literarischer Ästhetizismus war auch hier der Vorbote politischer Laster. Vergebens hatte er sie beschworen, hatte mit aller Leidenschaft und der bittersten Ironie geworben bei seinen jungen Verächtern für seine Sache, die Wahrheit: jetzt gingen sie hin und huldigten einem Lehrer, der den Bankerott der Wissenschaft ankündigte, gingen hin und pfiffen auf Scheurer-Kestner. Große Traurigkeit, die hochherzige Jugend, die ihren Überschwang an Herzenskraft zu Betrügern trägt. Große Hoffnung gleichwohl, dieselbe Jugend, denn in ihr, wenn überhaupt, soll doch sein absterbendes Geschlecht über sich hinaus leben, freieren Geistes noch und mit noch mehr Liebe zum Leben, zur Arbeit, zur Fruchtbarkeit der Erde, – die endlich wohl die Ernte reifen lassen wird, unter strahlender Sonne die überquellende Freudenernte.

Inzwischen aber standen die Dinge so, daß schon der Aufruf an die Jugend broschiert erscheinen mußte; die Zeitungen hatten sich ihm verschlossen; der Ruhm seines Verfassers war nicht mehr Entschuldigung genug für den Kampf, den er der Welt aufzwang. Der Ausgang der Untersuchung gegen den wirklichen Verräter war klar vorauszusehen. Das Kriegsgericht sprach ihn denn auch frei. Zola hatte sogleich gesagt: »Der erste Akt ist aus, der Vorhang ist gefallen über dem grauenhaften Schauspiel. Hoffen wir, daß das morgige uns den Mut zurückgibt und uns tröstet.« Er hatte dies nicht nur gehofft. Er war sicher, dem ersten Akt folge ein anderer, worin das Maß der Leiden voll ward und die Wendung kam. Denn hier war nicht nur eine notwendige Tat des Gewissens, hier war die komponierbare Tat, ersehnt von dem Künstler, der sie eines Tages fertig sehen wird wie ein Werk. Und die Wahrheit, die aus diesen begrenzten Tatsachen hervordrängte, war ein Gleichnis der ewigen Wahrheit selbst. »Die Wahrheit ist unterwegs, nichts hält sie auf. Ein erster Schritt ist getan, ein weiterer wird getan werden, und noch einer, und dann der entscheidende – mit mathematischer Sicherheit.« So tat er den nächsten, – und der war revolutionär, das Aussprechen der Wahrheit, die viele kannten und die niemand zu nennen wagte, das Aussprechen mit aller Gefahr für ihn selbst und für das Land. Das Blatt hieß L'Aurore, und es war der 13. Januar 1898, als man die Wahrheit las, dreihunderttausendmal: die selten vernommene Wahrheit des Geistes über den Staat, des Menschen über die, die es nicht sein wollen. Zola schrieb an den Präsidenten der Republik, Felix Faure, den gewesenen Gerber, der für seine Person den Vorreiter eingeführt hatte. Er schrieb ihm, nicht um die Ehre des Heeres handele es sich, denn das Heer ist das ganze Volk. »Wir wollen seine Würde, wenn wir die Gerechtigkeit wollen.« Es handelt sich um Generale und Obersten, die ungesetzlich geurteilt und ihr falsches Urteil gegen einen Unschuldigen aufrecht erhalten haben mit Lügen und Fälschungen; die es verstärkt haben durch den Befehl an ein zweites Kriegsgericht, den Schuldigen freizusprechen. Und Zola nannte alle Namen, klagte jeden an, nach dem Maß seiner Teilnahme an dem Verbrechen. Ihm sei nicht unbekannt, welchen strafrechtlichen Folgen er sich aussetze. Aber er greife ein, um den Ausbruch der Wahrheit und der Gerechtigkeit zu beschleunigen. Eile sei geboten. »Wenn man die Wahrheit eingräbt, ballt sie sich zusammen unter der Erde, und ihre Sprengkraft wird so groß, daß an dem Tag, da sie ausbricht, alles mit ihr auffliegt.« Er sagte noch: »In meinen Nächten würde das Gespenst des Unschuldigen umgehen, der dort drüben in grausamster Marter büßt für ein Verbrechen, das er nicht begangen hat.« Und: »Ich habe nur eine Leidenschaft, die des Lichts, und handle im Namen der Menschheit, die so viel gelitten und ein Recht auf das Glück hat.«

Dies waren seine Gründe, aber wessen noch? Ein Mensch leidet. Wenn er der einzige wäre! Sein Leiden vollzieht sich eindrucksvoll und malerisch auf jener Teufelsinsel, fern in einem violetten Meer, wo eine gewisse Anzahl Wächter Tag und Nacht um ihn herumsteht. Andere leiden mit weniger äußerem Aufwand, aber ebenso empfindlich, – und können vielleicht auch nichts dafür. Unschuldig! Das ist ein sozialer Begriff, er hat der Verteidigung der Gesellschaft zu dienen. Man wird niemanden für unschuldig erklären, dessen Unschuld die Gesellschaft bedrohen würde. Dieser Unschuldige müßte, da zwischen ihm und der obersten Leitung des Heeres zu entscheiden wäre, höchst gefährlich werden: das ist offenbar das einzige, was gesunder Sinn zu sehen hat in der Sache. Gesunder Sinn läßt sich nicht irreführen von dem Übereifer eines literarischen Geistes, Systemmachers und Auf-die-Spitze-Treibers. Dem Ideologen folgt doch niemand? Man hat doch von der Gabe der Selbsterhaltung genug, um ihn allein zu lassen? Unmenschlich muß niemand sein, auch der Staat nicht; wenn die schädliche Agitation für den Gefangenen nachläßt, wird auch die Strenge seiner Behandlung nachlassen. Und der Wiederholung seines Falles wäre vorzubeugen durch die Abschwächung der Mißstände, die möglicherweise zu seiner falschen Verurteilung geführt haben. Es geschehe sachlich und ohne Berufung auf seine ungelegene Unschuld. So wäre es überall, kein lebenskräftiger Staat läßt sich ins Unrecht setzen. Mitgefühl und Wahrheitsdrang in Ehren, aber auch der Wortführer der Unschuld hat nicht das Recht, die Gesellschaft aufzustören und ihre Wehrkraft zu schwächen, er darf den Bürger nicht in Zwietracht stürzen und in seinen Geschäften beunruhigen. Dies wäre unvermeidlich, wenn jeder, dem es einfiele, gewissen Verantwortlichkeiten nachgehen könnte, bis sie zu Höhen führen, die um der Staatsvernunft willen über der Gerechtigkeit und über der Wahrheit bleiben müssen. Moral hat nichts mit Macht zu tun. Möchte es selbst zu erweisen sein, daß Generale gelogen und gefälscht haben, so können bekanntlich Schurken ein Volk zu Siegen führen. Die Vernunft des Staates ist höherer Art als eine Einzelvernunft, die sich wichtig machen will und schreit. Man lasse sie schreien! Zola wurde gewiß allgemein durchschaut als ein unruhiger Streber und Reklamesucher auf Kosten des öffentlichen Wohles? Außer den geschäftlich beteiligten Mitläufern nahm doch wohl niemand ihn ernst? Zweifellos schwieg man ihn tot? Grub um so tiefer die Wahrheit ein, nach der er schrie, und ihn mit?... Nein! Nicht hier, nicht diesmal. Menschen waren da, denen die Macht nicht über ihr Gewissen ging, und ihre eigene Ruhe nicht über Herz und Gesinnung. Menschen waren da, Parteien fanden sich, ein Volk stand auf. Viele prüften sich, wie Zola es verlangte in seinem Brief an Frankreich. »Prüfe dein Gewissen: war es wirklich dein Heer, das du verteidigen wolltest, da doch niemand es angriff? Hattest du nicht vielmehr das jähe Bedürfnis, dem Säbel zuzujubeln? Nimm dich in acht, du gehst auf die Diktatur zu. Und weißt du, wohin noch? Zur Kirche.« Die innere Knechtschaft mit der äußeren, dies verbarg sich unter dem Vorwand der Staatsvernunft und des Patriotismus; viele sahen es, die ihr Volksheer liebten. Sie glaubten nicht, daß man lügen und Knecht sein müsse, um stark zu sein. Sie glaubten vielmehr, das Stärkste sei die Wahrheit. Sie hatten Beweglichkeit, Wohlwollen und heiteres Vertrauen in das Leben genug, um die Wahrheit für heilsam und schöpferisch zu halten, sollte sie auch Krisen bewirken. Manche waren ohnehin so gesinnt, daß weder Heer noch Staat ihnen erlaubt schienen, wenn es denn ihr inneres Gesetz war, daß sie uns erbärmlich machten. Die meisten aber wurden sich durch dieses eindringliche Beispiel der Natur ihres eigenen, besonderen Staates bewußt, und daß wenigstens er also auf der Wahrheit stand, – da der Versuch, zu fälschen, ihn so sehr erschütterte. Königreiche konnten nach ihrer Meinung mit der Lüge auskommen, ihre Republik nicht. Dies wurde ihnen zum Anlaß, sich klar und grundsätzlich von denen zu scheiden, die auch in Königreichen hätten leben können. Zola stellte fest, was vor allem sein Werk war: »Derart sind nach und nach zwei Parteien aneinander geraten: einerseits die ganze Reaktion, alle Widersacher der wahrhaften Republik, die wir haben sollten, alle Geister, die, ihnen selbst vielleicht unbewußt, für die Autorität sind, sei sie religiös, militärisch, politisch; drüben der ganze Zukunftsdrang, alle durch die Wissenschaft befreiten Gehirne, alle, die nach Wahrheit und Gerechtigkeit streben, die glauben an den immerwährenden Fortschritt, und daß seine Eroberungen eines Tages endlich verwirklichen werden, was irgend möglich ist an Glück.« Die meisten von diesen waren durchaus alltäglich, Bürger oder Arbeiter, durch ihre Lage auf die nächstliegenden Sorgen verwiesen und ihretwegen vielfach geschieden. Diesmal waren sie einig. Die Bürger und das Volk dieser Klassenrepublik waren einig in einer Sache der Sittlichkeit. Arme und auch Reiche glaubten nicht, daß es genug sei, wenn sie verdienten und sogar selbst die Steuergesetze machten: höchst merkwürdig, sie bestanden auf Werten, die man nicht sieht. Die wichtigsten Interessen des auch hier regierenden Kapitalismus konnten es doch in dieser Bourgeoisrepublik nicht hindern, daß alles, Geschäft, Politik und die Sicherheit des Landes selbst, überrannt wurde von einem erbitterten Idealismus. Von nun an stürzte jedes Ministerium, das Ruhe herzustellen dachte, wenn es die Wahrheit tiefer eingrub. Das Heer zerrüttete sich durch Widerspruch von innen. Die Familien spürten in sich die öffentliche Erschütterung, den Geschäften drohte sie mit einer Katastrophe. Überall Mißtrauen, Unsicherheit, Wühlerei und Aufbegehren: eben der Zustand der Geister, der hundert Jahre früher Blut gefordert hatte, gedämpft nur durch die Erfahrungen der hundert Jahre und weil die Vernunft fortgeschritten war, sogar bis in das geheime Herz ihrer Feinde. Die Revolution schien auferstanden, vielmehr, man sah, sie war nie tot gewesen, und sie war aus einem Stück; heute wie je waren ihre Menschen zur Stelle und erkannten sich wieder. Erkannte man Zola nicht wieder? Er hatte, sein eigener Rousseau, sein eigener Condorcet, den Vernunftrausch erlebt von Gleichheit und unbegrenzter Vervollkommnung und ging nun jenen bitter ekstatischen Weg, auf dem man begreifen lernt, warum Danton fallen mußte, und wie Robespierre ward. Niemand vertrat auf so festem Lebensgrund wie er den Inhalt dieses Zeitpunktes; die Leidenschaft seines Geistes war genährt wie keine; das Weithingültige des Kampfes war in ihm. Ihn vor allen sahen die Völker an, die den sittlichen Kämpfen Frankreichs so ergriffen zusehen, als seien es ihre eigenen und sie hätten sie nur nicht gewagt. Er hatte wie je die Gabe der großen Wirkung. Seine Tat, wie ein Werk mit seinem Namen darauf, war millionenfach in den Händen der Welt.

Dafür trug er die größte Verantwortung und opferte am meisten. Denselben 13. Januar, als sein Brief an den Präsidenten erschien, beschloß die Kammer seine gerichtliche Verfolgung. Der Kriegsminister, einer der von ihm angeschuldigten Generale, mußte die Klage einreichen, beschränkte sie aber vorsichtig auf fünfzehn ausgesuchte Zeilen. Während fünfzehn Gerichtssitzungen stand Zola vor den Geschworenen, und als er am Schluß der Verhandlung das Wort an sie richtete, wußte er längst, sie würden ihn verurteilen. Der Vorsitzende des Ministerrates selbst hatte in öffentlicher Parlamentsrede es ihnen zur nationalen Pflicht gemacht. Zu diesem Druck auf ihr Gewissen kam ein anderer, die Kundgebungen vor dem Gericht, auf der Straße, wo der Angeklagte und seine Freunde bei seinem Erscheinen umlärmt, beleidigt, bedroht wurden. Von der Reaktion bezahlte Lumpe, in Gemeinschaft mit den Mitgliedern klerikaler Vereinigungen, täuschten eine Volksbewegung vor, und die Polizei griff jedesmal erst dann ernstlich ein, wenn es erwiesen schien, daß nur eine Art Schlacht den Angeklagten schützen konnte vor der gerechten Entrüstung des Volkes. Die Geschworenen sahen dem zu mit Gefühlen, die zweifellos bestimmt wurden durch ihre eigenen Interessen. Zola sagte es ihnen in das Gesicht. Er hielt sich nicht lange auf bei dem Vorwurf, er sei ein Verräter am Heer. Einst hatte er geschrieben: »Der Krieg ist nachgerade eine zu ernste, zu furchtbare Angelegenheit, als daß er noch Lügen vertrüge. Ich bin tief überzeugt, wenn das Gelüge des falschen Patriotismus wieder anginge, würden wir wieder geschlagen werden.« Die Volksrichter nun dort vor ihm dampften von falschem Patriotismus. Idee und Wahrheit wären nie zu ihnen eingedrungen durch all den Dampf, es galt, sie selbst anzupacken. Er sagte ihnen zuerst, daß sie das Herz und die Vernunft von Paris seien und natürlich kein Wort glaubten von den erbärmlichen Fabeln, die über ihn und seine Sache im Umlauf seien. Sie seien gewillt zu der Wahrung ihrer durchaus berechtigten Interessen, die sie begreiflicherweise für die Interessen der ganzen Nation hielten. Die Einnahmen sänken, gab er ihnen zu, Geschäfte würden immer schwieriger, eine Katastrophe drohe; und so lese er in ihren Gesichtern den Entschluß, den sie fertig mitgebracht hätten: der Sache ein Ende zu machen. Denn was bedeute ein Unschuldiger auf der Teufelsinsel gegen die Interessen eines großen Landes. »Wenn Sie mich verurteilen, liegt Ihrem Wahrspruch der Wunsch zugrunde, die Geschäfte möchten sich wieder heben.« Er sprach zu diesen Richtern aus der Demokratie mit leidenschaftlicher Schonungslosigkeit, wie niemals, weder zu einem Volk noch zu seinen Chorführeren, gesprochen ward. Sie sollten nicht glauben, ihm und seiner Sache könnten sie etwas anhaben! Möchten sie ihn treffen, sie würden ihn nur größer machen! »Sehe ich aus wie ein Verkaufter, Lügner oder Verräter?« Und er scheute sich nicht, ihrer mittelmäßigen Denkart seine Leistung vorzuhalten, seine vierzig Bände, werbend mit Millionen Zungen für den Ruhm Frankreichs. Ihr Werk dagegen, was sei ihr Werk? Seine bei ihnen schon beschlossene Verurteilung vertiefe noch die Erschütterung und stelle alles in Frage, was Frankreich bedeute an Rechtlichkeit und menschlicher Gesinnung. Die Wahrheit aber schreite fort unaufhaltsam. Die sogar, die ihn anklagten, wüßten um sie. Er aber beschwöre sie. »Dreyfus ist unschuldig, ich schwöre es. Zum Pfand setze ich mein Leben und meine Ehre.« Er wiederholte den Schwur und gab jedesmal mehr hin. »Bei allem, was ich erobert habe.« Bei seinem Namen, bei seinem Werk. »Alles das soll stürzen und vergehen, wenn Dreyfus nicht unschuldig ist! Er ist unschuldig.« Zu diesem äußersten Bekenntnis sah er auf von dem Papier, woraus er las, und sah wohl in betroffene Gesichter. Seine Stimme, gewohnt zu schweigen, während das von ihm geschaffene Leben sich laut abspielte um ihn her, seine Stimme trug nicht genug, um die ganze Leidenschaft seines Geistes zu tragen; man hörte nur das abgeschwächte Echo. Hinter seinen kurzsichtigen Augen, dieser turmartigen, gefurchten Stirn erschien ihnen von der Macht und Ewigkeit der Idee nur ein fernes, blasses Spiegelbild, und nur einen Augenblick lang. Kaum daß sie, während er alles, alles hingab, von einer Ahnung berührt wurden und erschraken, als zeigte sich ein Geist. So kommt zu den Menschen der Geist. Aber die Lichter brennen, gleich sehen sie wieder die Wirklichkeit, ihre sogenannte Wirklichkeit, und haben sich zurück... Zola war verurteilt.

Er geht zum Kassationshof, der das Urteil aufhebt; wird von neuem angeklagt, diesmal nur noch auf Grund von drei Zeilen seines Briefes, und wieder verurteilt. Am selben Abend fuhr er, damit das Urteil ihm nicht zugestellt und nicht rechtskräftig werden konnte, nach London. Es war die notwendige Taktik, er und die Seinen mußten Herren der Sache bleiben und sie hinziehen, bis sie neue Ereignisse zum Ausbruch brachte. Aber es war das Schwerste, was er auf sich nahm: die Verbannung, und den Verdacht, er fliehe das Gefängnis. Er ging in einer dunkeln Nacht, sah die Lichter seines Vaterlandes verlöschen, und erwog, daß er es nun fliehen mußte, weil er es ehrenhaft und gerecht gewollt hatte. Sich verstecken müssen in fremdem Land, lächerliche Abenteuer bestehen aus Unkenntnis der Sprache, der Neugier ausweichen und nur bestehen durch die Verschwiegenheit: dies war nun der Hintergrund für seine einsamen Gedanken, den tiefen Schmerz des Ausgestoßenen, der die Nachrichten der Heimat nur noch vernimmt wie den Widerhall von Wahnsinn und Entsetzen. Er wartet auf das unbekannte Ereignis, das ihn zurückruft; glaubt es gekommen, als einer der Verbrecher, die unter seinen Gegnern sind, Selbstmord begeht; wartet weiter, aber wartet fruchtbar. Er arbeitet. Da er nicht handeln darf, keine Stimme mehr hat und verschollen sein muß, bekämpft er schaffend das Nichts, das herandrängt und ihn verschlingen möchte, ihn, die Wahrheit, den Menschen, – kämpft mit aller Leidenschaft seines Herzens für die Rechte des Lebens. Gleichnishaft und überwirklich malt er Fécondité hin, das Traumbild schrankenloser Lebensfülle, die Forderung nach all dem Leben, das abfällt, das die Menschen verschwenden und im Keim töten. Sie sind geizig, sind ungläubig und meinen ihren Leiden vorzubeugen, wenn sie es sich versagen, fruchtbar zu sein. Sie sollen wissen, daß Ungläubigkeit schon Ohnmacht ist. Habet die Kraft, die Erdteile zu bevölkern, die noch leer liegen! Kein menschlicher Fortschritt, der nicht durch Übervölkerung erzwungen wäre! Das Gewimmel der Elenden hat die Völker aufgerüttelt bis zur Eroberung von Wahrheit und Gerechtigkeit. Aus Fruchtbarkeit Zivilisation. Aus ihr in Zukunft auch die Gleichheit; denn unter einer demokratischen Verfassung kann ein Volk nur glücklich sein, wenn die Sitten einfach und die Lebenslagen fast gleich sind. Die möglichste Lebensfülle bringt die möglichste Menge Glück. Wir sind nur da, das Leben zu verbreiten; jedes eurer Empfängnisse ist erhaben, heilig, und vielleicht das entscheidende... Einige Jahre früher hatte am andern Ende Europas eine nicht weniger große Leidenschaft die Tötung alles Lebens gepredigt: aus Liebe, und um des Geistes willen, wie diese hier das Evangelium der Fruchtbarkeit. Zola war sehr allein damals, doch lebte sein ferner Bruder Tolstoi.

Aber wenn er dann aufsah von seinem Werk der Menschenverklärung und um sich her ein englisches Dorf sah und nun, wandernd und immer allein, von fern noch einmal die Krise durchlebte, die sein Land niederwarf: wie überwältigend der Abstand zwischen dieser Wirklichkeit und seinem Traum! Wann kam wohl sein Buch zu dem Volk, für das er es schrieb. Welche noch furchtbarere Katastrophe mußte vielleicht eintreten, bevor sie das tiefste aller Übel erkennen konnten in der Unterdrückung der Fruchtbarkeit? Wirkungen ohnegleichen waren sein gewesen, und doch hatte Vergeistigung ihn nun so weit über die Volksgenossen hinausgeführt, daß gewisse nationale Ereignisse ihn abgesondert erscheinen ließen wie einen Feind. In Zeiten, die aufgeregt sind und sich darum groß fühlen, gilt es, um seinem Volk vertrauenswürdig zu scheinen, nichts mehr, daß man ihm Meisterwerke geschenkt hat. Man schreie Hoch! Man lasse ein Stück aufführen, worin Fahnen geschwenkt werden. Zola erinnerte sich wohl, einst kritisch aufgestanden zu sein gegen die

Tyrannei der vaterlandsseligen Nichtskönner, die auch in ruhigen Zeiten auf gewissen Bühnen sich austoben durften. Jetzt, in den aufgeregten, war das gesamte Land eine patriotische Schmiere. Kein Raum mehr für den, der nicht die ganze nationale Größe auf die Anbetung des Säbels beschränkt. Man sucht nach dem Wurm in seinem dastehenden Werk, es muß von je schon brüchig und eine Gefahr gewesen sein. Man untergräbt den Boden ihm selbst: ist er auch nur ein echter Volksgenosse? – und noch in dem längst vergangenen Leben seines Vaters müssen Flecken entblößt werden, die man hineinfälscht. Zola hat alles Leiden durchgemacht dessen, der, zur Achtung vor den Erscheinungen geboren, sie eines Tages verachten lernen muß, verachten von Grund aus, verachten, was gegenwärtig ist, alles was nicht unter den wohltätigen Schleiern der Vergangenheit oder Zukunft liegt und nicht zu träumen erlaubt oder zu hoffen. Oh! sein Volk verachtet niemand, es ist wenig, es hat Zeiten gehabt, für die wir ihm danken, und wird groß sein, wenn das kleine Geschlecht, dem wir durch Zufall beiwohnen, lange vorbei ist. Aber dies kleine Geschlecht unserer zufälligen Zeitgenossen stellt uns nun einmal die nächsten, erkennbarsten Vertreter des menschlichen Geschlechtes. An seine Geistesform sind wir hundertfach gebunden. Seine Geistesform zu entwickeln und zu erhöhen, sind wir hundertfach verbunden. Sie wollten ihn ausschließen! Die Unglücklichen, sie vermaßen sich, ihn zu einem Abtrünnigen zu stempeln, – und waren selbst bestimmt, seinen Stempel zu tragen. Wenn anders seinem Volk eine Zukunft gehörte, bestimmte auch er sie. Mehr, als es ihm mitgegeben hatte, sollte er diesem Volk hinterlassen. Lange nach ihm mochten Züge von ihm national heißen, die es ohne ihn nicht geworden wären. Euer Volkstum wird mehr als heute es selbst sein durch mich, ich lebe euch vor, was ihr werden sollt. Ich, ein Abtrünniger? Ob ich das Vaterland liebe oder nicht: ich bin es selbst. Daß ich mich jetzt ausschließe, verbannt bin und schweige, ist ein großes Zeichen, und mein Land selbst richtet es sich auf. Nicht ohne den Widerstand seiner besten Kräfte überläßt es sich diesem verwickelten Rückfall in untermenschliche Zustände, der ihm heute bereitet wird. Die Wortführer und Anwälte, die er findet, seine Logiker, Propagandisten, Drauf- und Durchgänger mögen sich später verantworten, wenn sie es können; das eine steht fest von vornherein: sie haben es leichter. Ihre Gesinnung verlangt nicht, daß sie Verbannung und Schweigen ertragen. Im Gegenteil ziehen sie Nutzen daraus, daß wir andern schweigen und verbannt sind; man hört nur sie, es ist ihr günstigster Augenblick. Nicht mehr als menschlich, wenn sie ihn wahrnähmen und ihren vorgeblichen Patriotismus noch lauter beteuerten, als sie es vielleicht tun würden, wenn nicht wir andern damit in Vergessenheit zu bringen wären. Man müßte sie sich ansehen, ob es nicht auch sonst schon die waren, die das Profitieren verstanden. Waren sie etwa Kämpfer? Oder lag es vielmehr in ihrer Art, was die Macht – die Macht der Menschen und der Dinge – herbeiführte, zum Besten zu wenden, und auch zu ihrem eigenen Besten? Wie, wenn man ihnen sagte, daß sie das Ungeheure, das jetzt Wirklichkeit ist, daß sie das Äußerste von Lüge und Schändlichkeit eigenhändig mit herbeigeführt haben, – da sie sich ja immer in feiner Weise zweifelnd verhielten gegen so grobe Begriffe wie Wahrheit und Gerechtigkeit. Wir fanden nichts daran, in der ästhetischen Duldsamkeit der friedlichen Zeiten. Ihr Talent wirkte modern, ihr Geschmack war oft der zarteste. Gaben sie sich pessimistisch, leugneten sie geistreich den Fortschritt und gar die Menschheit, indes es ihnen nie beikam, zu leugnen, was bestand und gefährlich war: wir sahen gewollte Paradoxe darin, verwöhnten Überdruß am Einfachen und Echten, keineswegs stichhaltig, weder vor ihrer eigenen Vernunft noch vor den Ereignissen. Im äußersten Fall, nein, dies glaubten wir nicht, daß sie im äußersten Fall Verräter werden könnten am Geist, am Menschen. Jetzt sind sie es. Lieber als umzukehren und, es zurückbannend, hinzutreten vor ihr Volk, laufen sie mit seinen abscheulichsten Verführern neben ihm her und machen ihm Mut zu dem Unrecht, zu dem es verführt wird. Sie, die geistigen Mitläufer, sind schuldiger als selbst die Machthaber, die fälschen und das Recht brechen. Für die Machthaber bleibt das Unrecht, das sie tun, ein Unrecht, sie wenden nichts ein als ihr Interesse, das sie für das des Landes setzen. Ihr falschen Geistigen dreht Unrecht in Recht um, und gar in Sendung, wenn es durch eben das Volk geschieht, dessen Gewissen ihr sein solltet. Euer Volk hat den Auftrag von der Geschichte, aber an welche trostlose Geschichte glaubt ihr denn, da ihr nicht an den menschlichen Fortschritt glaubt? Euer Volk ist Abriß und Bestimmung der Menschheit, – die ihr leugnet. Euer Volk ist heilig, ist die Idee selbst, die erste freilich, die ihr nicht bezweifelt. Es hat die tiefsten Erkenntnisse, und jenseits von ihnen darf es handeln wie ein reiner Tor, dies ist sein Vorrecht und sein Ruhm. Es bedarf keiner Erziehung, noch des Beispiels der anderen Völker, die sämtlich verfallen und verurteilt sind, was nicht hindert, daß ihre Besiegung ein Beweis wäre für seine schicksalhafte Größe. Der ganze nationalistische Katechismus, angefüllt mit Irrsinn und Verbrechen, – und der ihn predigt, ist euer eigener Ehrgeiz, dürftiger noch, eure Eitelkeit. Entschiede sich das Schicksal eures Volkes etwa nicht durch laute patriotische Abenteuer, sondern in innerer Arbeit, innerem Fortschritt, was würde euch übrigbleiben, als dienend mitzuarbeiten, mit fortzuschreiten dienend. Aber ihr seid nicht zu dienen da, sondern zu glänzen und aufzufallen. Nur kein mißliebiges Wort dem mitlebenden Geschlecht, von dem eure Geltung abhängt; es vielmehr verwechseln mit dem Volk, dem ewigen Volk; und aus den Lastern und

Irrtümern dieses zufälligen Geschlechtes womöglich ein Heldengedicht des ewigen Volkes machen. Durch Strebe-rei Nationaldichter werden für ein halbes Menschenalter, wenn der Atem so lange aushält; unbedingt aber mitrennen, immer anfeuernd, vor Hochgefühl von Sinnen, verantwortungslos für die heranwachsende Katastrophe, und übrigens unwissend über sie wie der Letzte! ... Mit Zorn und mit Schmerz nahm Zola damals die Trennung vor von denen, die er trotz allem für seinesgleichen gehalten hatte. Dulden und Hinfristen war nicht länger erlaubt, die äußersten Prüfungen waren angebrochen und verpflichteten die Geister, streng und endgültig gesondert, hinzutreten, die einen zu den Siegern des Tages, die anderen zu den Kämpfern für die ewigen Dinge. Kameraden bislang, gleich auserlesen, wie es schien: plötzlich aber vertiefen alle Züge sich, und auf jenen steht Untergang, auf diesen Leben. Jene waren oft die verlockenderen gewesen, auch für ihn selbst wohl; jetzt macht es nichts aus, daß man in eleganter Herrichtung gegen die Wahrheit und gegen die Gerechtigkeit steht; man steht gegen sie und gehört zu den Gemeinen, Vergänglichen. Man hat gewählt zwischen dem Augenblick und der Geschichte, und hat eingestanden, daß man mit allen Gaben doch nur ein unterhaltsamer Schmarotzer war. Sogar die Gaben kamen jenen jetzt abhanden, Zola sah die gehaltensten Dichter unvermittelt den windigsten Journalismus treiben. Ein Journalist aber, der heute auf seiten der Wahrheit und der Gerechtigkeit stand, konnte Kraft und Höhe davontragen für sein übriges Leben. Und hier, die rechtlichen Geister, die die Zeit nicht belügen wollen, weil sie an die Ewigkeit glauben, sie sind nun bei uns als Trost und Gemeinschaft, auch wenn sie früher nicht unsere Freunde schienen. Anatole France schien unversöhnlich in seiner Gegnerschaft gegen Zola, er verfolgte sein Talent, mißdeutete seine innerste Natur. Die unfehlbare Prüfung kommt, und sieh, die Geister erkennen einander, die reinen Geister, die immer noch lieber in keiner guten Zukunft je wirken wollen als in einer schlechten Gegenwart; die Geister der Wahrheit; die menschlichen Geister.

Zola, verbannt und schweigend, trennte, was weltlich war, von dem Ewigen: trennte es vor allem in sich selbst. Er gestand sich ein, daß das Unglück des Hauptmanns Dreyfus ihm vielleicht allzu gelegen gekommen sei. Als die Sache um sich griff und in Schwung kam, hatte er glauben können, er werde siegen, bald, ohne große Rückschläge und zu schwere Opfer. So hatte Voltaire gesiegt, als er das Gedächtnis Calas' verteidigte. Auch sein eigener Ruhm, so lange doch nur aus Bewunderung gemacht, sollte in Zukunft Begeisterung zeugen. Die tiefen Volksschichten sollten von ihm wissen mit ihren einfachen Herzen; seines, das sich von den Büchern loszulösen begann, verlangte so sehr nach ihnen. Sie konnten ihn emportragen, wer weiß wie hoch. Die letzten Ziele seines politischen Ehrgeizes waren ihm wohl mit Namen genannt worden von seiner mittelländischen Phantasie... Dank dem Jahr der Verbannung und des Schweigens hatte er sich nun zurück und war sich wieder bewußt, daß der Geist dem, der für ihn arbeitet, als Preis eben nur seine Arbeit zuteilt, und daß dies genug ist. Am Ende aller inneren Erfahrungen dieses schweren Jahres sah er unter den Zügen des kommenden Triumphators nicht einmal mehr in geheimen Augenblicken seine eigenen Züge, nur die der Wahrheit. Daß sie siegen müsse mit Glanz, ohne einen Schatten oder Vorbehalt, glaubte er fest wie je. Ihr Vormarsch ging weiter unaufhaltsam, alle Ereignisse bereiteten nur noch ihren Einzug vor; und endlich hörte man ihren Schritt, an dem Tage, als der Kassationshof die Revision des Prozesses Dreyfus beschloß. Zola, den fertigen Roman des schweren Jahres unter dem Arm, fuhr sofort heim. »Nun die Wahrheit gesiegt hat und Gerechtigkeit herrscht, kehre ich heim«, sagte er. Er sagte noch von der Wahrheit, die ihm anvertraut gewesen war: »Sie war wie die kleine heilige Lampe, die man im Sturm dahinträgt und schützen muß gegen die Wut einer mit Lügen sinnlos gemachten Menge.« Er stellte fest, es war wirklich die Wahrheit gewesen, die er in Händen gehalten hatte. Alle Anklagen in seinem Brief an den Präsidenten der Republik, die kühnsten und die am höchsten hinaufgreifenden, waren jetzt nicht nur bestätigt: sie sahen aus wie Erfindungen eines zahmen Romandichters neben der trotzig ragenden Wahrheit. Und anders hatte es gar nicht kommen können, die Wahrheit siegt immer. »Von der ersten Stunde an hatte ich die Gewißheit; ich ging einen unfehlbaren Weg, mein Mut war also nicht so groß.« Er verkleinert schon sein Wagnis, er glaubt schon edelmütig sein zu können, weil alles gewonnen ist. Sind die Dinge nicht von jeher so verlaufen? Kein Buch hat er schreiben, keine Überzeugung vertreten können, ohne getränkt zu werden mit Lügen und Beleidigungen; und oft schon tags darauf mußte man ihm recht geben. Auch seine Tat kann nicht anders ausgehen. Nach den ersten qualvollen, niederschmetternden Akten muß der letzte die Wirrsal in Frieden und Eintracht auflösen zum Ruhm der Unschuld, noch mehr, zum Ruhm des Vaterlandes. Dann wird es gerüstet sein, seine geschichtliche Sendung zu beenden und der Welt die Gerechtigkeit zu bringen, wie es ihr die Freiheit gebracht hat.

Aus solcher Höhe der Fall. Ein zweites Kriegsgericht verurteilt Dreyfus zum zweitenmal. Der letzte Akt war nicht der letzte, die Grenzen der Lüge und der Ungerechtigkeit sind hinausgeschoben, man erkennt nicht mehr, bis wohin. Und Zola, der das Unmögliche wirklich werden sieht, fühlt nur noch Grauen. Der Wille zum Bösen, dem die Welt erlegen scheint, und ihre vollkommene Widerstandslosigkeit gegen seine Anschläge können einem Geist der Güte zuletzt nur noch Grauen machen. Er fühlt einzig, wie sollen wir, nach dem was geschehen ist, bestehen vor unseren Söhnen? Das Andenken an Grausamkeit und Irrsinn, das wir ihnen hinterlassen, wie sollen sie es noch gutmachen? Bedeutet dies den Tod der Nation und unserer Welt? »Welches Bad von Güte, Reinheit, Rechtlichkeit wird uns erretten aus dem Giftschlamm, worin wir verenden?« Unter Schuften wie diese, unter knechtischen Dummköpfen wie diese haben wir gelebt; dieses unser Land, in dessen Lauten wir unsere menschlichsten Gedanken formten, hat sie hervorgebracht! Alle Grade der sozialen Gewalt haben sich verschworen zum Untergang des armen Jammerbildes, dieses angeklagten Opfers, das der Mensch selbst scheint. Sie haben ihn hergeschleppt von seiner Teufelsinsel, jenem Kerker des Menschengeistes, und wollen ihn endgültig stumm machen mit Aufbietung aller ihrer bewaffneten Übermacht. Der öffentliche Ankläger lügt störrisch, schamlos liefert das Gericht sich den falschen Zeugen aus, die die Schuldigen selbst sind. Diese Generale, die gefälscht und das Recht gebrochen haben, halten jetzt unter ihrer Schreckensherrschaft das Gericht, die Öffentlichkeit, das Land. Einer muß untergehen, sie oder der Mensch. Es ist am äußersten, nur seine Ermordung rettet sie selbst vor dem Zuchthaus. Aber sie sagen: sie rettet das Land. Denn es sind Menschen, deren Deckmantel und schmutziges Geschäft das Vaterland ist. Das Volk meint mit dem Namen des Vaterlandes irgendeinen uneigennützigen Traum. Sie aber berechnen den Gewinn aus seiner Begeisterung für ihren Ehrgeiz, ihre Habsucht, ihren Machthunger. Hinter dem Nebel seiner Begeisterung begehen sie ihre Verbrechen. Da stehen sie, sie sind nicht die Soldaten der Demokratie; und da sie nicht ihre Soldaten sind, sind sie ihre Henker. Nie werden Fuhrer ihrer Art in einen Krieg ziehen, den sie nicht zuerst zur Unterdrückung des eigenen Volkes angezettelt hätten. Man sollte sehen, was sie, vor die Wahl gestellt, vorzögen:

auszuscheiden aus einem großen, freien Vaterland, oder weiterzuherrschen über ein besiegtes und verkleinertes. Da stehen sie mit ihren Tressen und Helmbüschen und heischen das Opfer des Menschen für ihre Ehre, diese Ramschware, für ihren Patriotismus, diesen Pofel. Jesus ist nur einmal verurteilt worden, für sie soll der Mensch zweimal sterben. Mag alles einstürzen, Frankreich eine Beute des Bürgerkrieges, das Vaterland in Asche und Trümmern, das Heer selbst entehrt, und an das Kreuz mit dem Gedanken, wenn nur der Säbel König bleibt!

Wäre es uns bestimmt, aus solcher Tiefe noch wieder an das Licht zu gelangen? Vielleicht sind wir nur darum bis auf den Grund des Grauens gesunken, weil das Geschick tragische Größe wollte, eine über alles erhabene Schönheit, Buße wohl auch, und dank ihr die Verklärung? Ungeheures müßte freilich geschehen, die Reinigung der obersten Stellen der Heeresverwaltung, die Ausräucherung der Jesuitenschule, die der Generalstab ist, und dahinter der Kirche zu Leib, denn sie steht dahinter, und allen ihren Kunden, Zöglingen und Söldnern, dem ganzen Heer der Verschworenen, bis in seinen Kern, der Unwissenheit heißt. Nicht mehr und nicht weniger als eine Erneuerung Frankreichs! – und ist dies der Sinn und Ausgang des lebenden, vom Schicksal geschaffenen Werkes, das sich hier abwickelt? Zola konnte damals nichts sehen, als daß zum Anfang der Buße eine neue Schändlichkeit geschah, und daß wieder gelogen ward, aber jetzt im Namen des Mitleids. Der Unschuldige ward begnadigt. Er bekam nicht sein Recht und seine Ehre, man ließ ihn nur laufen. Seine Mörder gingen weiter mit allen ihren hohen Würden in der Sonne umher. Dazu also die übermenschliche Anstrengung, deren es bedurft hatte, um seinen Grabstein zu heben, beschwert wie er war mit allem aufgehäuften Unrecht. Sei es! Der Unschuldige hat Zeit, zu warten, bis ihr ihn wieder einsetzt und hoch ehrt vor aller Welt.

Eure Schuld werdet ihr ihm niemals ganz bezahlen können. Denn eure Schuld besteht nicht nur in seinem Leiden, das ihn heiligt, sie ist angewachsen um den vollen Schatz von Empfindung und Gedanken, den er euch geöffnet hat. »Der zweimal verurteilte Unschuldige hat mehr getan für die Verbrüderung der Völker als hundert Jahre philosophischer Redekämpfe und theoretischer Menschlichkeit. Zum erstenmal, seit die Welt steht, hat die gesamte Menschheit den Schrei nach Befreiung ausgestoßen und ist aufgestanden für Rechtlichkeit und Großmut, nicht anders, als bildete sie nur mehr ein Volk, das eine Volk von Brüdern, das Dichter erträumen.« Dies darf kein Spiel gewesen sein. Wenn es gelänge, durch den Kunstgriff der Begnadigung das Bild des Unschuldigen zu verwischen, auch die großen Begriffe, für die es dasteht, wären getrübt. Zola ist entschlossen, weiter zu arbeiten für den Unschuldigen, rastlos und ohne Furcht, daß er die Welt ermüde oder erbittere. Das Entgleiten des erhofften Sieges steigert seine Inbrunst, in ihm erschließt sich eine mystische Liebe zu dem Auserwählten des Leidens, in dessen Nachfolge auch er selbst Verfolgung erlitten hat um der Gerechtigkeit willen. Er scheint nun in seinem Gefühl so einfach wie irgendeine einfache Gestalt von einst, die ein Wunder gewirkt hat nur mit der Kraft ihres Herzens. Mehr als hundert Jahre zuvor war durch dasselbe Paris eine Frau gegangen, eine Frau aus dem unteren Bürgerstand, war von einem Menschen zum anderen gegangen, großen Herren, Leuten von der Straße, der Königin selbst, und zu jedem, trotz Spott, Müdigkeit und Gefahr, sprach sie nur eins: in der Bastille sitze ein Unschuldiger, der Unschuldige müsse befreit werden, keinen Tag länger könne die Welt sonst leben. Sie erreichte es auch; es schien merkwürdig und ergriff. Aber erst lange danach ward klar, es sei ein seelisches Vorspiel der Revolution gewesen. Zola ist, auch wenn er an seinem Schreibtisch sitzen blieb, unter den Volksgenossen umgegangen als ihr Gewissen, wie vormals Madame Legros. Sie eine Handwerkersfrau, er der weiteste Geist; aber beide sind hervorgetreten aus dem tiefsten Herzen einer Menschenart, die glaubt an den Menschen, die schwärmt für ihn, und die ihre Höhepunkte immer dann erreicht, wenn sie für seine Unschuld kämpft.

Aber schon damals hatte die Königin befohlen, die Akademie solle Madame Legros mit dem Tugendpreis krönen, nur sagen dürfe man nicht, wofür. So verläuft es auch diesmal. Die Wahrheit und die Gerechtigkeit siegen trotz allem, nur darf es nicht verlauten. Der Sieg muß zweifelhaft bleiben. Nicht nur Königinnen, auch das Geschick bestimmt es so. Nach der Begnadigung des Unschuldigen werden die Parteien weiter streiten, ein Jahr noch, und das Ende ist die Amnestie aller, Kehraus, Straflosigkeit und Vergessen für Gerechte wie Ungerechte, Verbrecher wie Rächer. Und dies scheint aller Welt ein annehmbares Ergebnis, der vernünftigste Ausweg. Es tut nichts, daß die Wahrheit entnervt wird durch einen Straferlaß, der keinen Unterschied macht zwischen dem General Mercier und Zola. Niemand weigert sich, es hinzunehmen, daß das Gefühl der Gerechtigkeit verdunkelt wird bei den Kleinen: auch Jaurès nicht, der Hochherzige. Und nie wird es dem Land einfallen, aufzustehen dagegen, daß das Gute verschleiert, das Böse nicht feierlich gezüchtigt wird. Denn dies ist nicht der Weg des Geistes unter den Menschen. Mit nichten tritt er aus einem einzigen Beispiel, einer weithin sichtbaren Begebenheit strahlend hervor, blitzt nieder die Mächte der Finsternis und überzeugt mit seiner jähen Apotheose auf einmal alles Volk. Auch diese Dinge lehren es wieder. Die Taten sind nicht ohne Rest komponierbar, kein fünfter Akt beendet hier die Irrungen und Zweifel. »Der Fall Dreyfus hat Frankreich sehr geschadet«, werden noch immer die Toren sagen, wenn sie schon längst umgeben sind von dem Nutzen, den er gewirkt hat. Als er begann, saßen in Regierung und Generalstab die Mörder des Unschuldigen und handelten unter dem Willen der Kirche. Der Kampf nahm die Herrschaft den schlechten Republikanern und gab sie besseren, die das Unrecht nicht wollten und nur zu schwach waren für das Rechte. Ihnen werden vielleicht andere folgen, die gut und nicht mehr schwach sein werden. Vieles könnte möglich werden: die Angriffskraft der Kirche gebrochen, das Heer der Demokratie geführt zu ihrer Ehre von ihren eigenen Söhnen; und die Gleichheit als Abschluß, die wirtschaftliche nach der politischen, und damit endlich die wahre Republik, die Republik der Gerechtigkeit und der Wahrheit. Aber auch dann kein Ende, der Kampf ist nie aus, der Sieg hat kein Gesicht, und erst die Söhne mögen feststellen, wieviel die Väter gewonnen haben. Die Wirklichkeit ist bitter und dunkel, wir können nichts tun, als unser Blut und unsere Tränen geben. Wir können nichts tun, als kämpfen für die Ziele, die nie erreicht werden, aber von denen abzusehen schimpflich wäre, – kämpfen, und dann dahingehn.

Verklärung

Reicher um diese Erkenntnisse, zog Zola sich in Stille und Arbeit zurück, 1900, nach drei Jahren politischen Kampfes. Nicht mehr zwei Jahre hatte er zu leben. Und zum Abschied von den Eintagsmenschen und bedenkenlosen Genießern des Augenblicks, mit denen er es die Zeit über zu tun gehabt hatte, den todgeweihten Verächtern der ewigen Ideen, verhieß er ihnen die Rache, die von jeher die Dichter genommen haben. »Verbrechernamen gibt es, die, mit Ehrlosigkeit gebrandmarkt von uns, nur noch fortgeschwemmt werden wie Unrat im Strom der Zeit.«

Mehr: er wollte aus seinem erkämpften Wissen heraus bezeugen, was er nahen sah am Horizont, seine hartnäckige Hoffnung, viel Wahrheit, viel Gerechtigkeit werde eintreffen, bald, von den fernen Feldern, wo die Zukunft sprießt. Er war sechzig Jahre alt, aber nicht entmutigt. Die Kraft, in vierzig Bänden ausgegeben und erworben, er hatte sie handelnd noch einmal ausgegeben und noch einmal erworben. Er war, da er dem Leben glaubte und es liebte, gemacht für Katastrophen. Ihm konnten sie nicht an, er wußte: das Leben geht weiter, wenn ich liegen bleibe, geht weiter, wie ich es gekannt habe. Ich habe vorgelebt denen, die nun leben sollen. »Ein Hauch ist vorbeigeweht, und alle wollen schneller zur Gerechtigkeit kommen, wollen in Wahrheit leben und so viel Glück wirklich machen, wie immer möglich.« Handelt! Macht wirklich! Fangen sie nicht schon an? Er sieht mit seinen letzten Blikken den ersten Schimmer heraufsteigen des Tages, den er mit geschaffen hat. Die Bewegung wächst immer, die Kräfte von morgen schicken sich an, den verderblichen Mächten der Vergangenheit die entscheidende Schlacht zu liefern. Die Ausbreitung des Unterrichtes, die Kirche ausgeschlossen von ihm, die Reinigung des Heeres und des Staates, Fürsorge, Steuergesetze, und die Arbeit neu geehrt: die wahrhafte Republik kündet sich an; er sitzt dort draußen in der Abendsonne seines Gartens und läßt nur gedeihn. Sie wissen ihn nahe, das Leben weiß ihn sich immer nahe, und sie holen ihn herbei, damit er ihre Genossenschaften und Gründungen feiere und ihnen noch einmal den Kampf verherrliche und die Arbeit. Es scheint ihnen wohl, er sei der Vater ihrer Republik und habe wahr gemacht, was verheißen war über seinesgleichen. »Der einsame Denker bestimmt, schreibend und handelnd, das Schicksal der Menschen. Er nur zeugt in ihnen, vermittelst des Gefühls, die Ideen, von denen sie leben, und die sie mit aller ihrer Kraft festlegen in sozialen Wirklichkeiten.

Er nur treibt sie zum Handeln an, zum Gutmachen durch Rechtlichkeit und Wahrheit.« Kein Jahrzehnt mehr, und von der Kammertribüne herab wird der Minister der Arbeit in Sätzen, die von Zola scheinen, das Recht des geistig befreiten Menschen verkünden auf irdische Gerechtigkeit statt der himmlischen, das Recht des arbeitenden Menschen, wirtschaftlich so unabhängig zu werden wie politisch. Zola selbst hat das Letzte, das ihm gegönnt war, darangegeben, uns vorausschauen zu lassen, was uns versprochen ist. Les Quatre Evangiles, Entwurf des neuen Erdenbundes, begonnen mit dem Loblied der Fruchtbarkeit, erweiterten sich nun zum dargestellten Wunder der Arbeit, dem Heldengedicht ihrer Kraft und Herrlichkeit. Aber aus Arbeit die Idee, so hatte er es erfahren. Fécondité und Travail zogen nach sich Vérité und Justice. Durch Wahrheit zur Gerechtigkeit, dies war sein Weg, es mußte der der Menschheit sein. Er konnte ihnen nicht mehr das heilige Bild ihrer erfüllten Gerechtigkeit enthüllen, ihm blieb nur noch Zeit für das dritte der Evangelien. Wahrheit war die Seele aller seiner Anstrengungen gewesen; er hatte begonnen in ihrem Namen und schloß nun mit ihr. Der Fall Simon in Vérité ist nochmals der Fall Dreyfus, vereinfacht durch Provinz und kleine Verhältnisse, mit dem Militär und den Patrioten in zweiter Linie, ganz vorn aber, wie es ihm gebührt, der Kampf der Kirche mit der Schule; Umklammerung der Jugend durch die Kirche, der Zukunft des Landes, seiner Verwaltung, Armee, seines Geistes und Gewissens; Verwirrung des Landes, Schändung, Wahnsinn und drohender Zusammenbruch, aber dann seine Befreiung durch den Sieg der Wahrheit. Auch hier eine Ungerechtigkeit, und »eine einzige Ungerechtigkeit genügt, damit ein Volk daran sterbe, in langsam überhandnehmendem Wahnsinn«. Der jüdische Laienschullehrer ist unschuldig an der Ermordung des Kindes, ein Frater hat es getan; warum euer abergläubisches Wüten, das nur euch selbst in die Fesseln liefert? »Die Herren der Welt haben nie jemand vergiftet, es sei denn die Unwissenden.« Ungeheure Geduld des andern, armen, Verfolgung leidenden Lehrers, der an der Stelle des unschuldig Deportierten eure Kinder die euch noch unbekannte Wahrheit lehren will, die eigene Prüfung, die gefestete Vernunft. Nur seine gewappnete Liebe befähigt ihn, durchzuhalten. »Er bemühte sich zärtlich, die Kinder besser zu machen als die Väter, in die verruchte Gegenwart senkte er den Keim der glücklichen Zukunft, und das Verbrechen der anderen löste er ab um den Preis seines eigenen Glückes.« Sein Werk gelingt ihm, o, nach wie vielen Rückschlägen; dennoch ist eines Tages die Nation keine am Boden lastende Bleimasse mehr, und ist herangezogen zum Glück. Der Unschuldige kehrt zurück im Triumph. Es triumphiert die Wahrheit, – aber da hat der Unschuldige schon weiße Haare... Und auch so noch ist dies eine Utopie; den Sieg, wir wissen es, erlebt man nicht. Wir können ihm nur entgegenträumen, wenn wir endlich ruhen vom Kampf. Geduld und Liebe werden ihn, wie jener arme Lehrer, erwerben für die Späteren. In der Abendsonne seines Gartens träumt Zola ihm entgegen, mit beruhigter Miene. Ehemals las man darin, er sei unruhig und verwickelt; und dies ist ein Gesicht, fast einfach, fast ohne Qual und Hintergedanken, geklärt durch Erleben, nicht verwirrt, und den Menschen befreundeter, nachdem er sie erkannt, als wie er anfing, sie zu kennen. Die Haare im Nacken halb lang, biederer Graubart, und das ideale Gesicht eines alten Lehrers, sanft, trotz seiner Weisheit voll Zuversicht, ein Lehrer der Demokratie.

Die Weisheit sagt: »Dein Werk ist getan, aber es ist umstritten und gefährdet.« Die Zuversicht sagt: »Es ist da.« Die Weisheit sagt: »Du glaubst doch nicht, es werde unbehelligt immer fortwirken und der Mensch sich nach deinem Beispiel auf geradem Weg hindurcharbeiten zum

Geist. Das ist nicht seine Art. Seine Art ist es, den Geist zu hassen, wenn schon mit schlechtem Gewissen. Gesetzt auch, du zeitigest wenigstens nahe um dich her eine Annäherung des handelnden Menschen an die redliche Vernunft des denkenden Menschen: Schicksal der Vernunft ist es, zeitweilig zu ermüden, sich aufzugeben und das Feld zu räumen den Orgien einer komplizierten Naivität, den Ausbrüchen tiefer alter Widervernunft. Denke dir einen Taumel der Widervernunft, gegen den die Verurteilung eines Unschuldigen, und was dann folgte, belächelnswert wäre. Zeitwenden stehen vielleicht bevor, da eine Welt, die von dir nichts weiß, sich dahin bringen läßt, zu toben im Rausch von hundert Giften, wüstem Haß, stinkender Lüge, tauber Ungerechtigkeit; im Krampf, den sie Begeisterung nennt; in Geschäftsgier, die sie auch Begeisterung nennt; im tollwütigen Drang, zu vernichten, Drang rückwärts, Drang hinab, zum wiedergekehrten Chaos, so dunkel, daß auch dein Wort es nicht mehr aussprechen und erhellen könnte. Wo bleibt dann jene Demokratie, die du naturalistisch genannt hast, weil sie die angewandte Wissenschaft vom Menschen sei? Der verantwortungsloseste Lyrismus ist wieder da, Lyrismus des Abgrundes, die ewige Scham jedes Menschengläubigen. Damit rechne.« Die Zuversicht sagt: »Ich rechne damit, – und über den Abgrund hinweg grüße ich jene, die dann kommen, die um so fester in ihren Herzen die Liebe einer zu vervollkommnenden Erde tragen werden und eines Menschengeschlechtes, dessen Aufstieg kein Ziel kennt. Nach jedem Rückfall in den Abgrund werden die Herzen fester sein. Die besten Werber für den Geist sind seine Widersacher, Grausamkeit und Elend. Wo sind die Eroberungen des Schwertes? Welches Reich ist durch Blut fruchtbar geworden? Sie sind verdorrt, sie verdorren. Bestand hat einzig, was der Geist erobert. Über allem ist die Literatur, ihr Werk ist der Mensch« ... Die Weisheit sagt wieder: »Wenn es so wäre, wer wird durch so ungeheure Zeiträume dein Werk noch erkennen? Es ist wohl nicht ungeschehen, das kleinste Saatkorn kann fortzeugen. Aber darum dein Stolz? Dein Leiden? Dein Kampf? Sie kennen dich nicht einmal heute, da sie dich noch sehen und vernehmen. Dein ist der weitest reichende Ruhm der Zeit, wie sollte sie dich nicht mißverstehen? Die Zeit sieht Einzelnes und keine Einheit. Die Parteigänger deiner letzten Bücher nennen die ersten unsittlich, die Bewunderer deiner ersten sehen ab von deinen letzten. Wer umfassend sein möchte, sagt, du habest zuerst gute Romane geschrieben, die keine gute Handlungen gewesen seien, und dann gute Handlungen vollführt, aber das seien keine guten Romane. Sie wissen noch nicht einmal wirklich, daß ein Schriftsteller ein Temperament feststehender Art ist, das man nur noch mit Unrecht verwirft, wenn man es je einmal hat gelten gelassen. Du warst in aller Zustimmung und allem Haß doch immer allein mit deinem unbeirrbaren Ich. Deine Art, zu sehen und zu leben, gehörte nur dir und wird mit dir sterben.« Die Zuversicht antwortet: »Nein. Gib nicht acht darauf. Deine Methode war die des Zeitalters selbst. Zukünftige Geschlechter werden dich weniger lesen, aber besser kennen, und die Gestalt eines Vorfahren vor Augen haben bei Nennung deines Namens: eines der guten Männer, die schon damals das Glück für alle suchten in der Wahrheit. Auch dich wird die Liebe retten, der Atem des Alls, der durch deine Brust ging. Sieh, schon heute, aus einer dir mißgesinnten Jugend, tritt ein einzelner junger Mensch zu dir; hat eine der deinen fremde Art, das Schöne zu suchen, und will dir doch sagen, er wisse es wieder, du seiest groß. Zwanzig Jahre nach deinem Hinscheiden, vielleicht fünfzig, kommt die Entdeckung für alle«... Hierauf nochmals die Weisheit, leiser und schmerzlich: »Ist es aber auch wahr, daß dein Werk dies eine Erdengedicht sei? Es ist vielgliedrig, in seinen früheren Teilen ist übergenug Erde, in seinen letzten fast nur noch Geist. Du warst vielleicht nur einmal vollkommen.« Die Zuversicht: »Genug für ein Leben.« Die Weisheit: »Sieh hin, als wärest nicht du es. Hier ist ein Künstlerwille, vom Süden ausgezogen wie ein Eroberer, sein Stärkstes die sinnliche Kraft, aufzurichten und zu bewegen. Aus seiner Fülle selbst und Blutwärme erblüht ihm Geist, wird stark, wird herrisch und erstickt die Leiblichkeit des Werkes. Wo ist fortan noch die Heftigkeit der Szenen, das Reißende im Fluß des Dargestellten, all das lodernde Leben? Der Gealterte, hoch gestiegen in armes Land und ermüdet, sieht sich um: Zweifel rührt ihn an, ob nicht sein wahres Werk nur jenes war, das seinem jungen Blut entsprang. Aber er ist doch gestiegen! Hat er denn die sinnliche Beherrschung des Lebens nicht mitgebracht bis in das Land des Geistes? Nur durch sie wird der Gedanke vollkommen, die unsinnlichen Denker wissen dies nicht. Aber der Künstler, der es erst weiß, kann es nicht mehr beweisen. Sieh hin, da stehst du.« Hier aber die Zuversicht: »Dann sei getrost, dein Schicksal ist ein Zeichen für Größeres. In deinem kleinen Dasein war also Raum für die ganze Tragödie des Menschen. Er muß das Leben wollen, und doch auch etwas, das mehr ist und sich kaum jemals bindet mit ihm: den Geist. Kurzer Zielpunkt, wo beide sich binden, sich ganz durchdringen. Schon löst sich der eine, und das andere entgleitet. Liebe es so, denn so soll es sein.«

Zola, in der Abendsonne seines Gartens, fühlt: »Es geht dahin, und ich liebe es nur mit noch mehr Leidenschaft. Und was ich liebe, ist der Kampf, und selbst die Erkenntnis nur um seinetwillen, die tägliche Arbeit unter Schmerzen, die Arbeit, unser Gesetz. Nicht schauen: – kämpfen, und dann verschwinden!« Wenn nun der Tod kam, heftig und ungesehen, in einem Unglücksfall, der vorgriff und rasch abbrach: was brach er ab, was konnte der Tod Dem hier noch vorenthalten? Kein Greisentum; sein Herz war, als man ihn sezierte, stark wie Jünglingsherzen, nie würde es haben alt sein wollen. Nicht Geweihtheit und Frieden; Greise, denen sie zu gut anstehen, haben wohl vordem manches versäumt. Hier ist die kurze Verklärung des guten Arbeiters, der anhält und atmend auf seiner erhobenen Stirn den letzten Strahl empfängt. Schon stürzt er hin, nicht unter der gehabten Mühsal, sondern weil sie beendet ist. Wir wollen ihn aufheben, das Pantheon steht offen.

Der Europäer
(1916)

Sein Geist trägt alle Keime, bestimmt aber wird er durch Vernunft und Fleiß. Wir lieben das Maß und den Nutzen. Zwischen einem selbstzerstörerischen Ekstatiker und einem Heiligen, der anderen helfen will, empfinden wir als europäisch nicht den Verzückten, sondern den Helfer. Der von Seiner Macht betrunkene Eroberer scheint uns fremd, und heimisch nur der Führer, der wohltätig zusammenfaßt, was durch Idee schon eins war. Die Arbeit der Völker, einst und anderswo untertan der Laune einzelner, wir verstehen sie nur als sinnvoll sogar im Riesenhaften, gelassen trotz ihrem Fieber, – und in dem Gewimmel, von dem sie geleistet wird, liegt auch ihr Plan schon beschlossen. Maschinenhallen und Bankgebäude wachsen zum Himmel, Isthmen werden durchbrochen und Berge, und fernste Gebiete den Regeln unseres Erdteils angepaßt, damit möglichst viele zunehmen an Glück. Der Nutzen der meisten ist die Seele unseres Tuns und Trachtens, selbst wenn er vorerst nur bei wenigen wäre. Denn wir haben Gewissen füreinander. Die Mitverantwortung eines am anderen ist in uns gelegt. Niemand verleugnet sie ganz, und wir begreifen, sie wird uns einst zur gleichen Begünstigung aller führen. Arbeit, europäisch verstanden, ist der Weg der Veredlung und schafft erst den Begriff der Gerechtigkeit. Ohne den Gedanken der Verbesserung des Menschenschicksals würden wir es nicht wagen, vor die fremden Rassen hinzutreten, noch weniger, die Hand auf sie zu legen. Die Römer, blond und nüchtern in aller Triebkraft unseres Südens, der wahre Kern unseres Wesens waren sie, als sie ihre ganze Welt, um sie zu bewirtschaften, unter den »römischen Frieden« versammelten. Noch die Phantastik der Kreuzzüge, dieses gemeineuropäischen Unternehmens, verhehlte nur schlecht seine praktischen Züge. Fabellande dahinten, mit jenem Ort des Zaubers genannt heiliges Grab, standen wohl vor dem Geist; aber der Geist, der brannte, konnte auch rechnen, und die Fabellande der Heiden waren auch politische und wirtschaftliche Gegenstände, – ohne daß man es aussprach. Denn wir sprechen nicht aus, was selbstverständlich ist, daß wir leben und uns bereichern wollen. Wir sprechen lieber aus, was nicht gemeinmenschlich, sondern nur europäisch ist, daß wir dort, wo wir unsere Geschäfte besorgen, immer doch irgendein sittliches Mehr bewirken. Die Ostindische Kompagnie bestand aus Geldleuten, aber es waren, sagt man, humanitäre Geldleute, gesonnen, zu verdienen, indem sie glücklich machten. Und wären sie, samt ihren Nachfolgern bis heute, die härtesten aller Ausbeuter gewesen, ist denn ein Zweifel, daß sie recht behalten haben, und daß ein relatives Menschenglück, wenn auch einzig die größere Sicherheit des nackten Lebens, den dunklen Massen Indiens und Ägyptens nie bekannt geworden wäre ohne England? Es ist aber mehr als das nackte Leben: das Erwachen der Seele selbst kommt jenen Schläfern der Jahrtausende nur von uns. Bis in die Tiefen Asiens handelt, wo Revolte sich regt, in den Empörten der Sinn Europas, nicht ihrer. Die Revolte der Vernunft, der Würde des Menschengeistes, ist von den Zeiten der Griechen her unser Erbteil, um das wir kämpfen mit den Fremden, von dem wir mitteilen den Fremden. Noch immer – wiegen wir uns doch nicht in die Sicherheit des Besitzes! – halten wir uns aufrecht gegen die Übermacht, wenige wache Kämpfer gegen den dumpfen Druck der ganzen uralten Welt. Noch immer stehen wir in den Thermopylen.

Wir können überflutet werden. Die Drohung nimmt

ihre eigentliche Kraft daher, daß wir alles dennoch in uns selbst tragen, auch wir: Widervernunft und Selbstaufgabe, sklavische Grausamkeit, unrechtwollende Hysterie, jeden Abgrund des Geistes, Asien und das Chaos. Wir werden beleckt vom Chaos. Nicht nur, daß geistige Seuchen bei uns den Boden fanden: halluzinatorischer Wahnwitz unseres Mittelalters, und seither die Rassenkriege, dieser düstere Selbstmord; denn niemand von uns würde seinen Nächsten vernichten können, ohne sich selbst zu verurteilen, wir sind ein Leib. Nicht nur solche Aus- und Niederbrüche, die es wie Sendung erscheinen lassen, daß wir noch jedesmal, auf dem schmalen Grat zwischen zwei Geistesnächten, zurückgefunden haben in die Vernunft Europas. Auch alltäglich schleppen wir an Schlacken und Gebrechen, unserem Kastenwesen, das nicht europäisch ist, unserem Beharrungsvermögen, unserem oft so stumpfen Herzen, und diesem elenden Mißtrauen gegen den Geist, als sei er auflösend, verfallsträchtig, und sei nicht vielmehr Leben, unser einziges Leben. Noch tragischere Wunden sind offen, an den Rändern unserer Welt. Woher das ungeheure Menschentum der russischen Dichter, wenn nicht von der Geißel und vom Abgrund! Ihre Grausamkeit und ihre Mimosenhaftigkeit, diese tiefen Entsagungen, dies Wissen um die äußersten Grenzen des Menschlichen und die verzweifelte Kraft, sie darzustellen: ein unermeßlicher Druck von außen schuf es, – mitgefühlt aber ward es, wie sonst nirgends, an der Stelle des geringsten Druckes, in Frankreich. Hier lag das Chaos am tiefsten verschlossen, da erkannte man den Bruder in dem, den es zerquälte. Dies ist Europa. Wir stärken einander gegen das Chaos. Einer vom andern und jeder von sich erwarten wir die Erfüllung unserer Verheißung, alles dessen, was Vernunft uns zusichert, seit unseren Ursprüngen unbeirrbar: Erfüllung der Gerechtigkeit, Erfüllung der Freiheit. Dies entscheidet, nicht aber die Zwischenfälle, in denen wir einander nicht zu kennen scheinen.

Wir gehen, jeder auf seinem Weg, dem Ziele aller entgegen, – und nicht einmal die Wege müssen für immer getrennt bleiben. Europa samt und sonders ist in jedem von uns, alle unsere Rassen in jeder, jede in allen. Keins unserer großen Länder, das nicht die volklichen Grundtypen der anderen auch in sich vermischte. Die Mischungen sind verschieden; und je nach den Forderungen der Zivilisation und den Gelegenheiten der Geschichte überwiegt in einem Land zeitweilig ein Typ oder ein anderer. Wir Deutsche haben in unserer Vergangenheit einige Stunden eines Willens zur Demokratie, wie wenig andere, und glauben doch jetzt, wie keiner, an das Herrenrecht. Wir werden Lügen gestraft werden. Auch die Franzosen Ludwigs XIV. wurden es, von ihren Enkeln, – die gleichwohl ihre wahren Enkel sind. Welches unserer Völker lebt individualistisch? Italien, das nach den blühenden Egoismen seiner Renaissance heute als wichtigste Klasse seine Proletarier hat? Welches kollektivistisch? Vielleicht Deutschland, mit dem unerhörten Abstand seiner Geister von seinem Durchschnitt? Jedes unserer Völker ist befähigt, eine anerkannte Wesensform des anderen einzutauschen, – und so scheinen alle unsere Sprachen nur der Umriß eines einzigen vielgestaltigen Wesens, verwandt, wie sie sind, nicht allein im Stamm, in Haltung und Gebärde, sondern so abhängig voneinander durch Redensarten, Vergleiche, Wortspiele, daß wir oft glauben können, nicht die Sprache wandele sich von Land zu Land, sondern nur die Aussprache. Und unsere Gesichter! Gebilde von Vernunft und Fleiß, geprägt mit dem Stempel desselben Glaubens, durchgebildet vermöge der Gedanken derselben Meister, in vielen hundert Jahren verschönt von den Spuren derselben Gesichte und Gedichte, derselben Musik; sind es Gesichter, oder ist es ein Gesicht, das europäische Gesicht?

Rassenschwärmer, in ihrem Eifer, Europa in ewig feindliche Lager einzuteilen, stellen für die von ihnen behauptete Ur- und Vorzugsrasse ein Ideal hin. Es heißt Germane und soll aussehen wie ein Opernsiegfried, zusammengesetzt aber ist es aus der hohen Statur eines Russen, dem Langschädel, wie ihn Sizilianer haben, und keltischem Blondhaar. Schwache Denker kennen sich selbst nicht. Jene dort wollen einen »Germanen« beweisen, und was sie aussprechen, ist der Europäer. Denn wir sind Idee und vollkommen nur im Sinne Europas, sonst aber wechselndes Stückwerk mit unsicherer Geltung, einer in den Augen des anderen. Was bedeutet uns Deutschen England? Wir wissen zu gut, was heute. Aber der Dichter eines stürmischen deutschen Morgens vor mehr als hundert Jahren, Reinhold Lenz, wollte einen Menschen schildern, der Gefühl war, nur reißendes, zehrendes Gefühl, Aufbäumen des Gefühls gegen die Welt, die Macht, den Nutzen, Sterbenwollen aus Liebe zum Gefühl, – und er nannte sein Gedicht »Der Engländer«. Desgleichen trat auf der Treppe eines Hauses in Neapel vor Goethe einer hin und starrte ihm so erschüttert ins Gesicht, als werde er es niemals glauben, dies sei ein leibliches Wesen und dennoch der Verfasser des »Werther«. Auch dieser war ein Engländer.

Unser Empfinden gleicht sich, mithin gleicht sich unsere Moral. Wir können uns nur noch näher kommen. Unsere Fremdheiten und Konflikte sind nichts als das Durcheinanderspielen von Schülern, die noch nicht taktfest sind; aber sie spielen dasselbe. Öffentliches Geheimnis ist es, eben jetzt, daß eine europäische Gemeinbürgschaft besteht, gegen die wir alle nur mit schlechtem Gewissen verstoßen, – und gerade deshalb unser Wüten, wenn wir gegen sie verstoßen. Das Recht ist, sei dem draußen wie ihm wolle, bei uns zu Hause mächtiger als die Macht. Wir wissen es, und behaupteten wir noch lauter das Gegenteil. Gewalt kann draußen, fern von Europa, gelten; wir selbst üben sie draußen; die Welt ist so schwerfällig, die Geschichte so langsam. Bei uns zu Hause, dies wissen wir genau, bleibt Gewalt zuletzt jedesmal unwirksam, und wie von selbst, wie durch die schweigende Übereinkunft der Dinge und der Geister, lenkt schließlich alles wieder in die Bahnen des Rechts. Dem Europäer gehören unveräußerlich schon jetzt die Freiheit und die Selbstbestimmung. Vorgesehen aber sind ihm die Einheit und der innere Friede. Unser gemeinsames Haus hat innere Grenzen, die in irgendeiner guten Zukunft sollen aufgehoben werden. Nicht sollen sie blutig eingerissen und, wer dahinter wohnt, vernichtet werden. Wir wissen, dies ist sittlich unmöglich; und da Vernunft das Gesetz unseres Erlebens bleibt, ist es auch in der Tat unmöglich. Eine Katastrophe, und dann weiter. Sie kann uns verwunden, aber nicht umbringen, und sie muß uns stärken. Wir sind geschaffen für Katastrophen. Nie haben wir durch unseren Krieg das tiefe Gewissen verlernt, dem das letzte Ziel unserer Kämpfe bekannt ist. Sie sollen uns, durch die Vergeblichkeit unseres Hasses selbst, hinleiten zu unser aller Vereinigung. Welches andere Ziel wäre nicht Tagestand und viel zu billig für alles, was wir zahlen. Stehen wir nur erst jenseits dieses Abgrundes, und viel Boden wird gewonnen sein für Europa. Das Blut, das wir vergießen, klagt nicht nur an, es spricht zu uns von künftigem Zusammenstehen mit Herz und Hand. Wir verstehen es Wort für Wort, es ist uns verwandt, zu nahe verwandt, um es zu vergießen; es vergießen, heißt nicht weniger als ein verkehrter Inzest.

Das Blut, das er vergoß, sprach zu einem; er hat bezeugt, daß er es völlig verstand und plötzlich erschrocken einhielt vor dem, was geschehen war. Sein Feind lag da, im blutigen Schmutz der Straße, nicht tot nur, sondern auch in jener schlechten Verfassung, die zu Beginn des Krieges den Feinden Deutschlands eigen und den deutschen Zeitungen bekannt war. Der ihn getötet hatte, sah ihn sich nun an: das zerdrückte und ausgeblichene Käppi auf dem verzerrten Gesicht, und auch dies nur noch von bleicher Schmutzfarbe; die zerschlissene Friedensuniform, die Packschnur, womit das Seitengewehr befestigt war, die geplatzten Lackschuhe, und die still gewordenen Arbeiterhände, die klein waren. Der ihn getötet hatte, befragte ihn mit den Augen, und das Blut des Toten, das, zwischen zwei Knöpfen hervor, über seine Brust und in den Schmutz rann, antwortete für ihn.

»Ich habe Feldarbeit getan wie du und hatte eine Freundin wie du. Dich und deine Landsleute habe ich weniger gehaßt als den Kerl, der mir meine Freundin wegnehmen wollte. Das Café in unserem Dorf hieß Café Voltaire. Dort schoben die Kameraden Kegel, und wir sorgten dafür, du kannst es glauben, daß unser Maire unseren Deputierten unterrichtete über den Willen des Volkes. Die Regierung mochte sehen, wie sie sich hielt. Den Pfarrer liebten wir nicht, es war recht, daß die Regierung ihn nicht mehr bezahlte. Für das Vertrösten auf den Himmel soll man kein Geld bekommen. Man soll sich auch nichts schenken lassen von einem Reichen, eine Zigarette aus Höflichkeit, aber nie Trinkgeld. Wir wollen Gerechtigkeit, dafür sind wir Mcnschen.«

Hier schwieg das Blut. Der es vergossen und verstanden hatte, versprach sich, es niemals zu vergessen. Freilich auch er ist nun tot.

Das junge Geschlecht
(1917)

Bei dem Anblick Zwanzigjähriger sage man sich: »Sie kennen schon das Leiden«, und »Sie lernen früh sehen, zu viel sehen.« Die Jungen von heute sind streng mit den Älteren; sie prüfen uns, so tief sie können; sie rechnen uns keine Leistung an, auch nicht die unter zehntausend einzige: sie komme denn aus einer vollen und reinen Menschlichkeit. Sie wollen keine Nachsicht üben mit denen, die sich selbst zu viel Nachsicht schenkten und es bequem fanden, »umzulernen«, wo es galt, sich behaupten. Die Zahl derer, die sie des Lebens wert halten, ist erschreckend klein. Aber wie viele sahen sie auch schon sterben. Man möchte sie anmaßend nennen, aber man sage sich: »Sie kennen schon das Leiden, und schuldig daran sind wir.« Als sie nur erst geboren wurden, handelten wir schon oder ließen geschehen, führten, zumeist unwissentlich und lässig, einfach indem wir lebten, diese unnennbaren Jahre herbei, die für die Zwanzigjährigen nun »die Jugend« sind.

Wir ließen geschehen; und manche taten mehr. Als wir anfingen – kurz gesagt, wir wollten nur genießen, und weder bessern noch uns bessern. Die geistig Lebenden waren keines anderen Wesens als jene, die wirtschaftlich und politisch obenauf waren, oder als selbst die Unterlegenen und Armen. Für Ideen leben anstatt für Erwerb und Genuß – vom Ende des Jahrhunderts bis 1914 schien es unmöglich, es würde ausgesehen haben wie Selbstbetrug oder wie Spaß. Sogar die Armen samt ihren Führern verloren stückweise ihren Glauben und kämpften bloß noch um Pfennige, um ein Weniges mehr an Wohlleben. Die

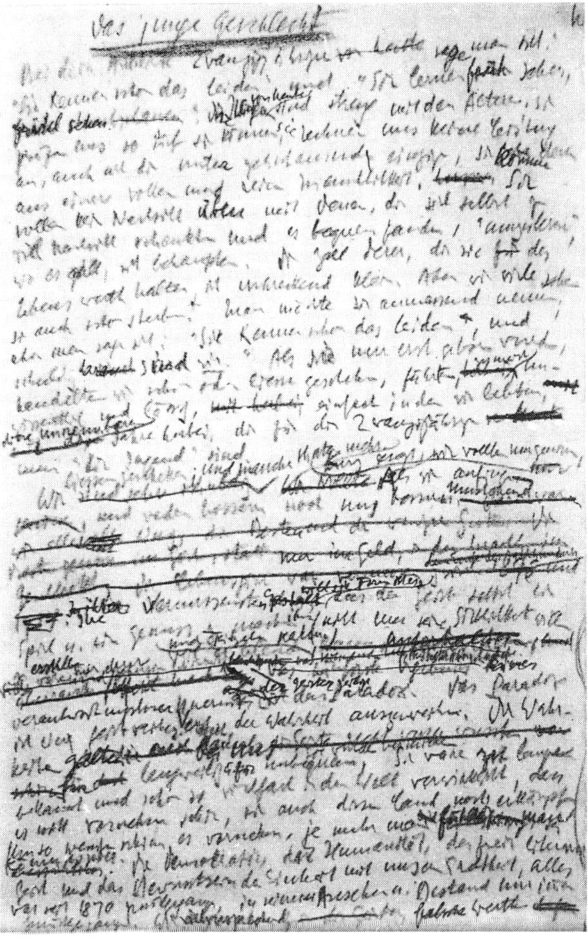

Das junge Geschlecht
Erste Seite eines Entwurfs
in der Handschrift Heinrich Manns
[vgl. S. 136]

Lebensgier war bei allen und auch bei uns. Ihre vermessenste Form ist es, aus dem Geist selbst ein Spiel und einen Genuß zu machen, ihn nicht um seiner Sittlichkeit willen zu erstreben, nur weil er blenden und kitzeln kann. Ein verantwortungsloser Unernst der Geister zeitigt das Paradox. Das Paradox ist ein geistreicher Versuch, der Wahrheit auszuweichen. Die Wahrheiten galten bei uns für langweilig und für unbequem. Sie waren zu lange bekannt und schon so vielfach in der Welt verwirklicht, daß es nicht vornehm schien, sie auch diesem Land noch zu erkämpfen. Um so weniger schien es vornehm, je mehr man fühlte, man könne es nicht.

Die Demokratie, die Humanität, der freie literarische Geist und das Bewußtsein der Einheit mit unserm Erdteil, alles war seit 1870 zurückgegangen, in seinem Ansehen und Bestand nur immer zurückgegangen. Wie vielversprechend, falsche Werte in Umlauf zu setzen, den klugen Teufel zu spielen und nicht für die notwendige, offenkundige Wahrheit einzustehen, nein, für den schwieriger zu beweisenden Schein. Dies übernahmen sehr viele. Es waren natürlich nicht die Besten und nicht einmal immer die Geehrtesten, aber sie überwogen durch ihre jährlich wachsende Zahl und die Anpassung an das, was bestand und vorging. Von Jahr zu Jahr vollständiger bis zum Kriege erschöpfte sich die literarische Denkarbeit Deutschlands im Rechtfertigen des Falschen und im Auftrumpfen mit Paradoxen. Persönlichkeit und Auszeichnung statt des überall sich vollziehenden Ausgleichs. Heiligung des Eingesetzten statt der überall umgehenden Revolte. Der Staat und seine Größe statt des Menschen und seines Glücks. Die Macht statt der Sittlichkeit, die Macht des Stoffes, nicht die des Geistes. Die Verachtung der Vernunft – und damit die Verachtung des Menschen, statt des europäischen Glaubens an seine höhere Bestimmung. So die meisten. Einige von uns bewahrten sich so rein, wie wir schnell Vergehenden uns rein bewahren können von dem Augenblick, mit dem wir vergehen. An sie nun hält sich das junge Geschlecht.

Denn es ist anderen Wesens. Es glaubt nicht, daß irgendein Talent genüge zur Beschönigung des Widergeistes. Es glaubt an das absolute literarische Kunstwerk, nicht aber, dies könne entstehen und nichts dahinter sein als Selbstaufgabe und Bankerott. Es will nicht spielen, sondern verwirklichen: Werke des Geistes, seien sie Bücher oder Taten.

Gruppen der Tat sind schon da in den Städten Deutschlands, gebildet aus lauter Jugend, die die Beschlüsse der Vernunft für bündig hält, im Geist die Tat schon mitbegreift, ja, die Literatur und die Politik, solange ruchlos getrennt, endlich wieder vereint in ihrem Herzen. Die Gruppen warten auf ihren Zusammenschluß, – und in der deutschen Öffentlichkeit wird wieder erscheinen, was sie lange verlernt und vergessen hatte, eine Partei des Geistes, erste Auflehnung gegen den in Riesenverbänden organisierten Widergeist, unter dessen Schreckensherrschaft wir gelebt haben. Die gealterten Mitglieder der Parlamente, die nach vierzigjähriger Unbesorgtheit jetzt plötzlich unter ihren Tischen einige liegengebliebene Volksrechte entdecken, gehen unbequemen Tagen entgegen. Mit dieser Jugend wird nicht zu handeln sein. Die »Realpolitik« der Gealterten wird sich als Illusion erweisen, gesetzt, sie habe zuletzt noch jemanden getäuscht. Sie werden das große Dementi erfahren, daß die wahre Wirklichkeit in den Geistern besteht, nicht in den Tatsachen. Sie werden einer Macht begegnen, die diesen Machtpolitikern noch nicht dämmerte, der Idee. Große Wandlung, tiefe Erneuerung, aber sie kommt. Wer denkt denn, es sei getan mit Sätzen in der Verfassung? Was sich ändert, ist die Ansicht vom Staat, das Gefühl vom Volk, die Stellung zur Menschheit, die Grundempfindung des Lebens selbst.

Der Staat. Zerstoben ist dann der Unfug einer Ansicht vom Staat, der über den Menschen sei und nicht frage nach ihrem Glück und Dasein. Dies war der Irrtum einer ganz nach außen gerichteten Menschenart, die nur »Erfolge« kennen wollte, aber keine Besserung, kein Hinan. Der Staat hängt einzig ab von uns Menschen, von unserem Willen und Blut. Ob er gut ist, entscheiden unsere Tugenden und Laster; und er führt uns hinan oder drängt uns hinab, je nachdem unsere Triebe ihn beherrschen oder unser Ideal. Selbst für sich verantwortlich, erfüllt ein Volk seinen Staat mit seinen schöpferischen Kräften, – indes Machthaber höchstens seine erhaltenden nutzen, wenn nicht gar seine noch nicht menschlichen. Zwischen den Deutschen und ihrem Reich liegt es so, daß sie früher wenig Wert auf die Eigenschaften gelegt haben, die in ihm nun vorherrschen, und daß alte und wesentliche deutsche Kräfte noch unbeteiligt sind an dem Reich. Das junge Geschlecht wird sie geltend machen. Das Reich wird endlich seine Wurzeln hinabsenken bis in die deutsche Landschaft, die deutsche Musik. Der menschheitlich denkende Goethe wird in ihm wirken, und der freiheitliebende Schiller ihm nicht weniger verschmolzen sein als Kant, Gesetzgeber der Vernunft. Das Reich, zu sehr bislang nur technischer Betrieb und Wirtschaftsverband, von außen, aus einem Kriege heimgebracht, anders als die Deutschen es erträumt hatten, und, so wie es war, noch nicht die Heimat ihrer Seele: es wird der Staat werden, der ganz dieses Volk ausdrückt, heraufgestiegen aus seinem eigenen, im Tiefsten unzerstörbaren Wesen.

Das Volk. Dann steht es anders da. Ihr Volk der Zwanzigjährigen werdet im Menschlichen höhere Stufen erreichen, und euer Staat selbst erbaut sie euch. Er dient euch nicht weniger als ihr ihm. Um zu wachen über ihn, wacht über euch selbst. Hütet jeder in euch das Bewußtsein der Gleichberechtigung und der eigenen Verantwortung. Demokratien schaffen die Eigennaturen nicht ab, sie wollen, daß jeder eine sei. Verlaßt euch nicht auf große Männer, so entgeht ihr den Katastrophen. Verehrt niemand, verachtet niemand. Kennet den Menschen und pflegt ihn, dann habt ihr in einem Zivilisation und Kultur. Euer Volk betrachtet durchdringend und mit Güte. Fürchtet nicht den Kampf mit ihm. Gewiß, nichts werdet ihr weniger fürchten als den inneren Kampf, diese Selbsteinkehr der Nationen. Ihn fürchten nur die, die sich überheben. Für sie ist immer irgendein »innerer Feind« da, den sie hassen. Ihr aber, gleichberechtigt und verantwortlich, werdet lieben, auch wenn ihr kämpft.

Euer Volk liebend, könnt ihr die Menschheit nicht hassen. Seinem eigenen Volk in wahrer Liebe zugeneigt ist Der allein, der auch zwischen den Völkern von Güte weiß. Ein Volk, das alle seine Rechte hat, verletzt in unserem Erdteil nicht die der anderen. Zu Unterdrückern machen sich nur Unterdrückte; ihr aber seid frei. Das Mehr an Freiheit entspricht überall einem zunehmenden Gefühl normalen Menschentumes. Wer von euch wird sich einen Patrioten nennen, weil seine Gedanken in bezwungenen, für ihn auszunutzenden Ländern sind, anstatt daß er sein Bestes in dem Glück seines Volkes sucht, und das Glück seines Volkes in dem Glück aller Völker?

Eure Grundempfindung des Lebens, Zwanzigjährige, wird die Gewißheit des Glückes sein. Ihr werdet euch nicht scheuen, es für erreichbar zu halten. Niemand wird euch vortäuschen, es widerstreite dem inneren Gesetz, das nicht Glück von uns wolle, sondern Pflicht. Denn eure Pflicht ist der Geist, die Durchdringung der Welt mit Geist, der Staat als Gebilde der Erkenntnis, das Volk angeschaut mit dem Wissen um die Seele, und das Leben selbst erfüllt mit jener leichten Luft, die durch die schönen Werke des Geistes weht. Dies aber ist Glück. Eure Pflicht, Zwanzigjährige, wird das Glück sein.

Die Bücher und die Taten
(1918)

Diese Jahre, die scheinbar nur wenige bereichert haben, geben dennoch sehr vielen mehr und bleibenderes als Kriegsgewinne; sie lehren sie, zu lesen. Man kauft Bücher, der Buchhandel hat Hochkonjunktur. Die meisten finden zum erstenmal so Geld wie Zeit. Denn die Vergnügungen sind selten und kurz geworden, man hat sie bald bezahlt, ist früher wieder daheim und merkt es jetzt: der Beruf, auf den man ehemals sich ausredete, um nicht lesen zu müssen, war niemals das wahre Hindernis, die Zerstreuung war es. Man sammelt sich nun, und wer zu sich selbst kommen will, geht gern den Weg, der durch die Bücher führt. Bald nimmt er es wahr, in jedem Buch geht ein Mensch seinen Weg, kommt von einem Zielpunkt seines Lebens her und strebt zu einem andern. Sein lesender Begleiter verpflichtet sich. Auch er soll erkennen und dann danach leben. Bücher verlangen Taten.

An der Front lesen manche den »Willen zur Macht«. Verstehen sie ihn? Die jungen Soldaten Bonapartes trugen in ihren Tornistern einen Voltaire. Sie verstanden: da er sie die Vernunft lehrte, konnte er kein Freund der Tyrannen sein, die sie haßten. Richtig verstehen ist alles. Nur solche Taten verewigen euch, die mit dem tiefen Sinn eurer großen Bücher übereinstimmen. Groß aber sind die Bücher, die von Taten wissen.

Im Vorjahr haben wir den dreihundertsten Todestag Cervantes' gefeiert. Der Don Quijote, ein Roman, die Darstellung erfundener Menschen und Begebenheiten, deren sich doch alle Tage neue erfinden lassen, ist dreihundert Jahre lang in allen Ländern der Welt, von fast allen, die je ein Buch lasen, in ihre Erfahrungen aufgenommen worden. Warum gerade er? Warum erinnern sich des Don Quijote noch die Greise und schon die Kinder fühlen mit ihm?

Ein Kind hält in Händen das erste Buch, das es mit eigenen Augen liest, den Don Quijote, mit Bildern von Doré. Eins der Bilder zeigt den Ritter im Hemd, geschwungenen Schwertes sich hindurchkämpfend durch ein kellerartiges Gemach, worin Weinschläuche liegen. Der Feind sind diese Schläuche, – die keine Schläuche der bekannten Art sind, sondern dicke, gedrungene, weinrot und bös wie Gesichter. Das lesende Kind findet sie genau so unheimlich und bekämpfenswert, wie der Ritter sie findet. Es steht an seiner Seite und ist von nichts so weit entfernt wie vom Lachen. Der Don Quijote ist nicht sehr zum Lachen, gar nicht für das Kind von gestern, und auch die Zeitgenossen damals, die sich wiedererkannten, haben gewiß nur leise gelacht und etwas schmerzlich. Der König von Spanien irrte sich wohl, und der Student, der auf einer Bank vor dem Schloß so sehr lachte, las nicht den Don Quijote; oder er wäre ein besonders platter Bursche gewesen. Das Kind, dessen erstes Buch der Don Quijote war, erfährt einige Jahre später, daß der Verfasser des Buches auch ein Kriegsmann gewesen ist – vielmehr eine Art von Kriegsmann; denn wer eines Tages so schreiben soll, war der jemals wirklich im Krieg? Oder aber, hätte er ganz im Ernst gehandelt, gewirkt, gelebt und hätte dennoch die Kraft der Seele behalten, die das Leben gereinigt will durch den Geist, wie der Ritter von der traurigen Gestalt es will? Das ehemalige Kind bedenkt, daß der Krieg, durch den Cervantes ein Krüppel, an dessen Folgen er sogar zum Sklaven ward, gewiß ein Krieg um Geld und Gut wie andere auch, aber für einen Don Quijote doch mehr war: Türkenkrieg, heiliger Geisteskrieg, Rettung unseres europäischen Gewissens, das damals Katholizismus hieß. Don Quijote hatte also nichts voraus vor seinem Verfasser, weder Leidenschaft noch Enttäuschung; sie waren einander wert, und Cervantes verfaßte sein Werk eigentlich schon, als er noch im Krieg war und es erlebte. So entsteht ein großes Buch. Zuweilen werden Kriege und ein Leben geführt, die des Geistes sind und als Frucht ein großes Buch tragen. Was schließlich übrigbleibt, ist das Buch.

Wir sollten nur ein solches Leben und solche Kriege führen, die des Geistes sind.

Gespräch mit Talleyrand
(Juli 1918)

Larevellière-Lepeaux, 1753 geboren, war Präsident des Direktoriums der ersten französischen Republik. Er folgte auf Robespierre und auf die, die ihn beseitigten. Als er stürzte, war der Zeitpunkt herangereift für Bonaparte.

Als junger Abgeordneter zu den Generalstaaten trat er den großen Herren entgegen, forderte gleich gute Plätze für die Bürgerlichen und eine nicht weniger würdige Tracht. In der Konstituierenden Versammlung zwang er den Minister Necker, die Salzsteuer fallen zu lassen. Er war leicht verwachsen, dürftig anzusehen, nicht reich und ohne Geltung; einzig die Macht der Vernunft und sein Wille zum Guten gaben ihm den Mut, dazustehen vor den Mächtigen und zu fordern. Er hielt sich aufrecht in jeder Rolle, weil er sich immer beteuerte, ihm liege an ihr nichts; das öffentliche Wohl bediene sich seiner. Er stimmte für den Tod des Königs ohne Haß, aus reinen Vernunftgründen. Persönlich dann verfolgt zur Zeit des Schreckens, verdankte er es seinem kränklichen Aussehen, daß er der Guillotine entkam. Es schien unnütz, sie zu bemühen. In den Wäldern irrend wie so viele, verfluchte er das grauenvolle System des Tötens und das Ungeheuer der Anarchie. Es war erlegt, das Ungeheuer, eine bürgerlich geordnete Republik eröffnete ihr kurzes Dasein: da erhielt von den fünf erwählten Direktoren Larevellière die meisten Stimmen. Ihm fehlten von allen nur zwei, seine eigene und die seines nächsten Freundes. Diese hatte er abgelehnt als nicht unbefangen. Und eben darum waren so viele andere für ihn. Sie waren für ihn, weil er

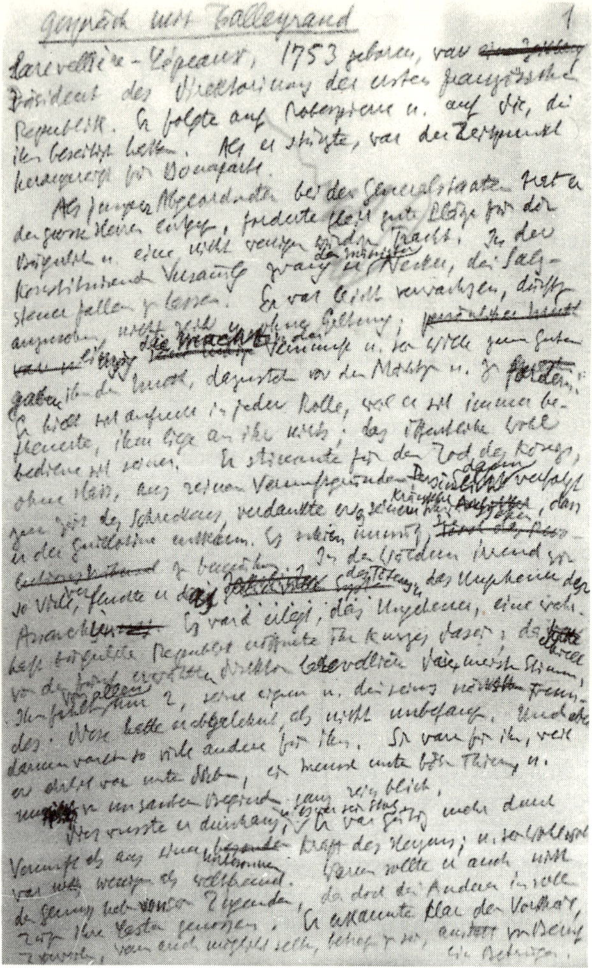

Gespräch mit Talleyrand 1

Gespräch mit Talleyrand
Erste Seite eines Entwurfs
in der Handschrift Heinrich Manns
[vgl. S. 145 und 147]

ehrlich unter Dieben, ein Mensch unter bösen Tieren und, umspritzt von unsauberen Begierden, ganz rein blieb.

Dies wußte er durchaus, und es war sein Stolz. Er war gütig mehr durch Vernunft als aus einer unbesonnenen Kraft des Herzens; und sein Wohlwollen war nichts weniger als weltfremd. Warum sollte er auch nicht den Genuß haben von seinen Tugenden, da doch die anderen in vollen Zügen ihre Laster genossen. Er erkannte klar den Vorteil, zuweilen, wenn auch möglichst selten, betrogen zu sein, anstatt von Beruf ein Betrüger. Er sah, daß die Schlechten sich endlich doch erledigen. Die Achtung der Guten, die in der Mehrzahl sind, ist ein nutzbringendes Kapital. Man tue das Rechte, wie mittlere Menschen es verstehen, sei weder geizig noch prahlerisch, sei gerecht sogar gegen die verabscheuten Schreckensmänner, sei maßvoll selbst im Widerstand gegen die Unanständigen und werde zum Löwen einzig nur, wenn die eigene Ehrbarkeit je sollte verleumdet werden!

Und doch hat solch ein Bürgersmann eine ganze Nacht lang auf seinen schwachen Schultern nicht weniger getragen als die Freiheit der Nation. Ohne ihn war es um sie geschehen, schon zwischen dem siebzehnten und dem achtzehnten Fructidor, nicht erst am achtzehnten Brumaire, dem Tage Bonapartes. Er war der einzige, der ihren anstürmenden Mördern die Stirn bot, als seine Amtsgenossen sich zweideutig verhielten wie der unheimliche Barras, oder verräterisch wie Carnot. Sein waren damals die Truppenbewegungen, die den Verschwörern vorgriffen, sein die Proklamation und sein vor allem, daß kein Blut floß. Er hat noch dies eine Mal die Republik und die Vernunft gerettet, er war der Letzte. Nach ihm alle Furien, Krieg ohne Ende und ohne Recht, Entvölkerung, Länderraub, Sklaverei, Verarmung und Wucher über eine entsittlichte Menschheit.

Als er dann doch gefallen war, es war am 30. Prairial des

Jahres VII, die Feinde hatten ihn bedroht, er wankte nicht, die Freunde hatten um ihr Leben geklagt, ihnen wich er, – als er dann doch gefallen war, o, da bereuten viele, die das Ende alles Glückes nun nahegerückt sahen. Sie priesen ihn im Rat, die noch soeben ihn verraten hatten, und nach seinem kleinen Landgut hinaus wallfahrteten sie, den redlichen Mann zu sehen. Er war erschöpft von Bitternissen und wies die meisten ab. Zwei empfing er, einen Greis, von dessen Mund das Zeugnis seiner Tugend ihm tröstlich zu hören dünkte, und dann noch einen Besucher, zu unerwartet, um ihn fortzuschicken, Talleyrand-Périgord, Minister des Auswärtigen der Republik, Napoleons und der Bourbonen.

Talleyrand drang in einen Garten, dessen Bäume auf ihren Stämmen lateinische Namen trugen. Suppenkräuter säumten die Wege; und dorthinten, zwischen künstlichen Trümmern wie von einem antiken Bauwerk, saß auf einem Quaderstein der Gestürzte. Die Haare ringelten über den unmäßig breiten Aufschlägen seines Frackes, Schaftstiefel bekleideten die dünnen Beine. Die rechte Hand herabgesunken mit einem Buch, und Feldblumen in der linken, schien er zu träumen unter seinen Stirnfransen. Aber aus seinem häßlichen, guten Gesicht sahen die Augen dunkel und schlau.

Talleyrand gab seinem schönen, stolzen und offenen Antlitz den Ausdruck vollkommener Einfachheit. Er versuchte zu wandeln wie ein Philosoph, doch zog er den Fuß nach. Er verbeugte sich nicht, er machte keine Faxen; noch nicht angelangt, begann er seine treuherzige Ansprache. Er komme zu einem Weisen, noch größer hier in der Zurückgezogenheit als auf dem Gipfel der Ehren. Zu glücklich sei er, ihm zu huldigen.

Worauf Larevellière das Buch fortlegte, sich erhob, dem Gast die Hand reichte und von seiner ländlichen Zuflucht zu sprechen begann. Hier sei alles klein und bescheiden.

Denn arm in das Palais Luxemburg eingezogen, habe er es arm wieder verlassen. »Ich verließ es zu Fuß, obwohl ich das Recht auf meinen Wagen hatte.«

Talleyrand bewunderte einen solchen antiken Zug nach Gebühr. Er bezweifelte, daß Barras, daß Sieyès so gehandelt haben würden. Diese leicht hingeworfenen Namen bestätigten dem ehemaligen Staatshaupt die Vermutung, daß Talleyrand im Auftrage jener beiden komme. Barras und Sieyès, die ihn zu Fall gebracht hatten, wollten wissen, ob er jetzt gegen sie schreiben werde. Daher sprach er lebhaft weiter von seinem Garten. Von je hatte er gewünscht, seine Arbeit der Botanik zu weihen und seine Muße der Musik. Talleyrand erinnerte den Glücklichen daran, wie viel Sorge und Wirrsal er hinter sich gelassen habe. Barras und Sieyès ständen weniger sicher als je.

Da ließ Larevellière es genug sein. Er werde nicht gegen sie schreiben, sagte er. »Ich überlasse sie ihrem Gewissen und dem unersetzlichen Schaden, den sie der Republik zugefügt haben. Sie werden es auch ohne meine Feindschaft schwer genug haben, ich hatte es ihnen immer gesagt; und fallen sie, fällt auch der Staat – in die Hände eines Tyrannen.«

Hier ward Talleyrand vertraulich. Er nahm im Gehen den Arm des andern und eröffnete ihm: Barras und Sieyès, die nicht nur ihn, sondern auch einander hätten überlisten wollen, seien zuletzt beide betrogen worden von den Brüdern Bonapartes. Er setzte hinzu: »Was kommen soll, kommt. Du wirst es sehen, Bürger Larevellière, künftig hat ein ehrlicher Mann nichts mehr zu gewinnen.«

»Und Sie? Was haben Sie zu gewinnen?« Dabei befreite Larevellière seinen Arm. Es schien ihm an der Zeit, den Unterschied festzustellen.

Talleyrand begriff, daß jener ihn für einen Schurken halte. Er wußte es ohnedies, er ging darüber hin und sagte nur:

»Sie irren. Ich hatte nichts gegen Sie unternommen. Wozu noch.«

»Aber damals!« rief der Gekränkte. »Schon am Anfang, jene Affäre!« Er griff noch weiter zurück. »Und gerade ich war es, der Sie zum Minister des Auswärtigen vorschlug. Ich fiel auf Sie hinein, Sie hatten sich mit Barras verabredet. Ich dachte: wer wie Sie auf der schwarzen Liste des Königtums, der Geistlichkeit und der Jakobiner zugleich steht, der biete den Freunden der konstitutionellen Ordnung alle Bürgschaften. Schon damals hätte ich wissen sollen, daß es gegen Verderbtheit und einen zügellosen Ehrgeiz keine Bürgschaft gibt.«

»Sie irren wieder«, sagte Talleyrand. »In der Affäre, die Sie meinen, war ich gegen Sie weder aus Ehrgeiz noch aus Gewinnsucht, sondern weil ich Sie fürchtete – ja, fürchtete; denn mit soviel Reinheit kann kein Weltmann im Bunde bleiben.«

Larevellière beruhigte sich sofort. Er wußte, was er an seiner Reinheit hatte.

»Barras«, sagte er, »hatte wieder einmal gestohlen. Sie wußten es wie ich, der Name des Bestochenen, der in jenem Schriftstück fehlte, war seiner, nicht meiner. Warum halfen Sie, Zweideutigkeiten zu schaffen, und verhinderten das Geständnis des verhafteten Bestechers, indem Sie ihn entlaufen ließen?«

Da der andere dies nicht erklärte, tat er es selbst.

»Ich weiß, weshalb Sie mir zumuteten, die Sache niederzuschlagen. Ich sollte euer Spießgeselle werden und das nächste Mal selbst mit stehlen. Meine Reinheit brachte euch aus der Fassung.«

»So ist es«, sagte Talleyrand gelassen. »Wir waren ratlos. Damals trennte ich mein Schicksal von dem Ihren. Habe ich nicht recht behalten? Ich bin noch immer Minister. Sie sind hier. So viel Makellosigkeit ist den Menschen unheimlich.«

»Und meine Wahl mit allen Stimmen außer der meinen und der meines Freundes? Und die Wallfahrten hierher?«

»Es ist Reue,« sagte Talleyrand mit schöner Stimme. »Es ist Sehnsucht. Wer kennte sie nicht? Ich besser als andere. Ich habe um die Tugend gewußt, ich bin verbannt umhergetrieben durch die neue Welt, arm und einsam unter einsamen Armen, ich habe um Gott gewußt. Und habe dennoch gewählt, was ich nun bin.«

Mit gesenkter Stimme:

»Dies gestehe ich nur Ihnen.«

Milde gestimmt bemerkte Larevellière: »Sie sprechen von Ihrer Schwäche, von unser aller Schwäche, die für das Gute nicht immer ausreicht.«

»Nein,« behauptete Talleyrand. »Ich habe es nicht gewollt.«

Er fand es richtig, leichter im Ton zu werden.

»Sollte es nicht in gewisser Weise auch verdienstvoll sein, das Böse zu wählen? Ränke und Lügen gestalten das Leben schwieriger als der gerade Weg. Aber das ist nicht das Eigentliche. Das Eigentliche bleibt, daß die Menschheit es schlecht haben will. Drum kann meinesgleichen sie lenken.«

»Sie will glücklich werden,« sagte dagegen Larevellière, lächelnd wie Gläubige. Talleyrand setzte neu an.

»Ich wäre nicht hier, nur um einen Tugendbold anzustaunen. Ich kenne Sie als Geschäftsmann. Ihren großen achtzehnten Fructidor will ich nicht erst nennen. Um nur von jener Affäre zu sprechen, – hätten Barras und ich nicht rechtzeitig eingelenkt, Sie würden uns vernichtet haben dank Ihrem Scharfblick, Ihrer Unbeirrbarkeit, Ihrem leidenschaftlichen Willen.«

»Wille zum Guten. Er ist die menschlichste Eigenschaft.«

»Denken Sie an die Stadt Genf, Bürger Direktor!«

Da spreizte Larevellière die Hand. »Ich habe es nicht

gewollt. Gegen meinen Wunsch haben wir Genf annektiert und seiner Freiheit beraubt. Die Genfer selbst ersuchten um ihre Vereinigung mit Frankreich, aber ich weiß wohl, das waren Machenschaften unserer Leute.«

»Und es war die bedrohliche Nähe unserer siegreichen Heere und ihrer ruhmbedeckten Führer,« bemerkte Talleyrand. Der Bürger Larevellière erwiderte kalt:

»Mir hat es von jeher geschienen, als machte man viel zu viel Aufhebens vom militärischen Ruhm. Die bürgerlichen Tugenden sind von höherer Art. Die bürgerlichen Geschäfte verlangen mehr Genie, mehr Kenntnisse und eine längere Lehrzeit. Auch haben erfolgreiche Militärs sich allzu oft den Zwecken von Unterdrückern dienstbar gemacht, wenn sie nicht gar selbst zu Tyrannen wurden.«

»Hierfür ist seit Ihrem Sturz nun wieder glücklich die Bahn frei« stellte Talleyrand fest. »Dies also will jene Mehrheit, die Sie gestürzt hat: dies, und nicht etwa das Glück. Den menschenfreundlichen Verheißungen unserer Revolution haben die Menschen schon zu lange zugehört, und ihre Verwirklichungen langweilen sie schon. Gott und das Glück sind irgendwo außerhalb der Menschenwelt; wir haben von ihnen gehört, wir haben zu ihnen gebetet; – und dann entschließen wir uns wieder einmal, alles über den Haufen zu werfen und keine Mühe, kein Grauen zu scheuen, um nur recht unglücklich zu werden. Dann stoßen wir die Völker, die wir doch selbst befreit hatten, aus unseren Armen fort und überliefern sie Ausbeutern, Generalstäben, Lieferanten und den Verrätern aus ihrem eigenen Schoß, die sich mit den Fremden in die Macht und den Raub teilen. Der beklagenswerte Zustand aber, in den wir ein Land wie Italien eben jetzt versetzen, muß für uns selbst die schlimmsten Folgen haben. Und dies gerade wollen wir,« schloß Talleyrand.

Larevellière beteuerte feierlich: »Wir Menschen wollen das Glück. Die Verderbtheit der seelischen Neigungen, auf die Sie sich berufen, stammt noch aus Abgründen, denen wir mehr und mehr entrinnen. Die Verehrung der ungerechten Macht muß verschwinden, da die Macht selbst von unserer Welt doch endlich verschwinden wird, es sei denn die Macht der Vernunft. Sie aber wächst heimlich in uns allen. Katastrophen beschleunigen nur ihr Wachstum. Katastrophen nähern uns also dem Glück. Wir wollen die Katastrophen im Grunde nicht aus Verderbtheit, sondern weil wir das Glück wollen.«

Dies hörte Talleyrand und schwieg. Larevellière, der zum Himmel hinangeblickt hatte, kehrte zurück und bemerkte, daß Talleyrand die Augen gesenkt hielt. Schon schlug er sie auf und sagte ohne Ironie:

»Noch sind wir unvollkommen.«

»Noch sind wir unvollkommen,« wiederholte Larevellière; und dann nahmen sie Abschied, der Bucklige und der Hinkfuß.

Sie haben sich niemals wiedergesehen. Larevellière nannte Talleyrand auch später einen Schurken. Dieser, so wenig er die Menschen sonst achtete, sprach mehrmals im Lauf seines Lebens mit geheimnisvollem Respekt von einem schon halb Vergessenen.

Der Marquis von Keith
(Ansprache, Oktober 1918)

Meine Damen, meine Herren!
Sie werden das Stück hier wiedersehen, wie Sie es schon kannten. Ein armer, lebensgieriger Mensch wird sich raufen mit einer Welt, die doch noch böser ist als er; wird oben sein, stürzen und hoffentlich wieder hinaufkommen. Es wird das alte, göttlich harte Leben sein. Nur er, der es packte und hierherstellte, lebt nicht mehr.

Verzeihen Sie ihm, daß er schon fortging! Bedenken Sie, wie maßlos viel von Ihrer aller Dasein durch sein Herz hindurchmußte, und wie das müde macht! Er hat seine Zeit, die eine der anstrengendsten war, viel heftiger als die meisten anderen miterfahren, so war er auch mit ihr zugleich am Ende.

Er hat sogar – sehen Sie doch, wie erstaunlich! – er hat sogar vorweggenommen, was erst noch kommen sollte. Die neunziger Jahre, in denen er jung war, hatten eigentlich eine weichere Luft, sie waren vergleichsweise harmlos und wohlwollend. Seine jungen Kameraden damals glaubten an alles Gute, sie schrieben Stücke, die wohl düster, aber im Grunde menschenfreundlich waren, und die Hinweise waren auf die nahe bevorstehende Lösung der sozialen Frage, auf den Frieden unter den Menschen.

Niemand in der ganzen Welt aber glaubte weniger an den Frieden unter den Menschen, als Frank Wedekind. Ob es ihm dabei wohl oder wehe war, er sah nur Kampf, fühlte nur das immer atemlosere Gewühl des Kampfes – im Lande wie in seinem Herzen. Weiber, die nur genießen, Männer, die nur erraffen, jede uneigennützige Handlung

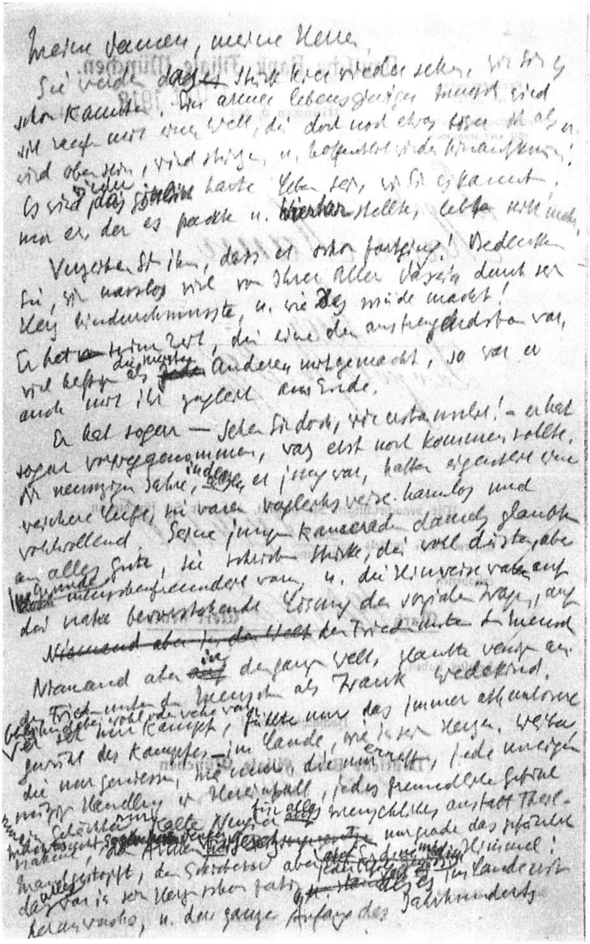

Der Marquis von Keith
Erste Seite eines Entwurfs
in der Handschrift Heinrich Manns
[vgl. S. 154 und 156]

ein Hereinfall, jedes freundliche Gefühl ein Gelächter, nur kalte Neugier für Menschliches anstatt Teilnahme, nur Machtsucht, sogar bei dem Denker, den Armen vom Gesetz nur gerade das gefährliche Maul gestopft, den Schiebern aber jeder Erfolg auf Erden und im Himmel: das alles war in seinem Herzen schon fertig, als es im Lande erst heranwuchs, und der ganze Anfang des Jahrhunderts sprang, kaum daß es in der Wirklichkeit begonnen hatte, gewappnet aus seinem Kopf. Nirgends wie in seinen Stükken können Sie mit Händen greifen, wie sehr das Leben jener Tage schon Krieg war, bevor es dann wurde, was es war. Niemand hat so unausweichbar vorausgezeigt, wohin solche seelische Haltung treibe.

Er muß wohl viel gelitten haben unter seinen Erkenntnissen; – aber glauben Sie nicht, daß er auch vor Glück getaumelt hat in der Überfülle seines Erlebens? Was gilt es dagegen noch, daß er so lange Jahre unerkannt, sogar verlacht umherstehen mußte, und daß er sich, um seiner großen Werke willen, zum Bänkelsänger und Lustigmacher hergeben mußte? Auch das war gut, denn es war Kampf, der wahre Kampf. Wer sich von hoher Art und vom Leben erniedrigt weiß, gibt erst der Welt das Beste: ein Beispiel der Menschenwürde. Darum sehen Sie seine Helden inmitten des göttlich harten Lebens zuletzt nie etwas anderes behaupten oder beweinen, als ihre Menschenwürde.

Der Kampf um die Menschenwürde aber ist der Weg des heiligen Geistes. Sei vor dir selbst geweiht und halte darauf, daß niemand dich verletze, du wirst es lernen, die anderen zu achten wie dich; du wirst sie bald erhöhen wollen über ihr übliches Seelenmaß; du wirst sie endlich selbst lieben. Der bis an den Tod herangereifte Wedekind sann nichts anderes mehr als den Sieg des Geistes und der Güte in dem großen Lebenskrieg, den er so wohl kannte.

Er hatte recht. Aus solchem Kriege – sollten wir es nicht selbst erfahren? – gehen die wahren Kämpfer gütiger hervor, als sie ihn begannen. Sie haben gelernt, es helfe nicht viel, mit zusammengebissenen Zähnen zu leben; ebenso gern könne man ein wenig nachlassen von der Hochspannung des Selbstgefühls, einander anerkennen, vielleicht sogar helfen. Selbst der Marquis von Keith würde es heute begreifen. – Sie werden das Stück hier wiedersehen, wie Sie es schon kannten.

Sinn und Idee der Revolution
(Ansprache im Politischen Rat geistiger Arbeiter, München; Dezember 1918)

Wie die neue Zeit selbst mit ihren neuen Einrichtungen und Männern, ist auch diese unsere Vereinigung ein Erzeugnis der Not. Ein siegreicher Ausgang des Krieges würde eine deutsche Revolution nie gebracht haben, und noch ein rechtzeitiger Friedensschluß hätte sie verhindert. Alle sind wir heute Söhne der Niederlage. Ist es nicht aber der Natur gemäß, daß ein unterliegendes Land von seinen Kindern mehr geliebt wird als ein triumphierendes? Der Triumph enthüllt viel Unschönes. Zu lange haben wir es an Deutschland enthüllt gesehen. Wir bekennen uns viel lieber heute zu ihm. Darum sagen wir vor allem, daß wir es von Herzen lieben, und daß wir nach unserer Einsicht und unseren Kräften ihm dienen wollen.

Fern bleibt uns der Wunsch, unseren siegreichen Feinden möge ihr Sieg zum Verhängnis werden, wie uns selbst jetzt endlich unsere alten Siege. Wir wünschen vielmehr, daß der sittliche Ernst, den ein vor fünfzig Jahren besiegtes Land dank seiner Niederlage erworben hat, sogar die größte Gefahr, seinen heutigen Sieg, überdauern möge. Nun aber wollen auch wir selbst den sittlichen Ernst erwerben. Fühlt nicht zu dieser Stunde mancher, der nie geglaubt hätte, dies fühlen zu müssen, wie sehr wir in dem lange anhaltenden Glanz unserer früheren Siege uns selbst verloren hatten, und daß wir erst jetzt, auf dieser Wanderung durch Staub und erste Dämmerung, die Hoffnung haben, uns wieder zu begegnen?

»Seid nicht allzu gerecht!« rief schon Klopstock seinen Deutschen zu; und solch ein Gedanke war, sittlich gesprochen, der Anfang vom Ende. Wir können nicht gerecht genug sein. Jede Abkehr von der unbedingten Gerechtigkeit zeitigt schon in der äußeren Welt die ungeheuerlichsten Folgen; die Vergewaltigung kleiner Provinzen bewirkt noch nach Jahrzehnten den Zusammenbruch großer Reiche. Viel furchtbarer aber sind die Erschütterungen unserer inneren Welt, sobald wir die Ungerechtigkeit einmal in sie zugelassen haben. Die Fälschung unseres gesamten Volkscharakters, Prahlerei, Herausforderung, Lüge und Selbstbetrug als tägliches Brot, Raffgier als einziger Antrieb zu leben: dies war das Kaiserreich, das wir nun glücklich hinter uns haben. Und dies konnte es nur sein, weil unter ihm, nach innen wie nach außen, Macht vor Recht ging.

Macht anstatt Recht bedeutet nach außen den Krieg, und bedeutet ihn auch im Innern. Gerechtigkeit verlangt schon längst eine weitgehende Verwirklichung des Sozialismus. Jetzt soll sie ihn verwirklichen. Wir sind dabei – sind nicht nur mit unserer Vernunft, auch mit unseren Herzen dabei. Wir wünschen das materielle Glück unserer Volksgenossen so ehrlich, wie man sein eigenes wünscht. Sie mögen es anerkennen, wenn wir zudem noch ihres seelischen Wohles gedenken. Das seelische Wohl ist wichtiger; denn das Schicksal der Menschen wird mehr von ihrer Art, zu fühlen und zu denken, bestimmt als durch Wirtschaftsregeln. Denkt gerecht, Bürgerliche! Solltet ihr in irgendeiner gesetzgebenden Versammlung je die Mehrheit haben, ergebt euch dennoch niemals dem verhängnisvollen Irrtum, ihr könntet die begründeten Ansprüche der Sozialisten, indem ihr sie niederstimmt, aus der Welt räumen. Denkt aber auch ihr gerecht, Sozialisten! Wolltet ihr die Sozialisierung nur eurer Macht verdanken, anstatt der Einsicht und dem Gewissen der meisten, ihr würdet nichts gewonnen haben. Diktatur selbst der am weitesten Vorgeschrittenen bleibt Diktatur und endet in Katastrophen. Der Mißbrauch der Macht zeigt überall das gleiche Todesgesicht.

Man gebe doch nicht vor, die Vergesellschaftung noch der letzten menschlichen Tätigkeit sei das Radikalste, das sich tun läßt. Einen Radikalismus gibt es, der alle wirtschaftlichen Umwälzungen hinter sich läßt. Es ist der Radikalismus des Geistes. Wer den Menschen gerecht will, darf sich nicht fürchten. Der unbedingt Gerechtigkeitliebende wagt sehr viel. Mag er Gewalttätigeren weichen müssen, mehr Kraft war dennoch in seiner Mäßigung, seiner Treue zur Idee, als in jeder Gewalt. Unser Deutschland lerne.

In diesem Rat, der nur zum Guten raten will, kann niemals, selbst wenn sie ausschweifte, gerichtet werden über eine deutsche Revolution, deren schlimmste Ausschweifungen noch immer die Verbrechen des alten Regimentes nicht aufwiegen würden. Nur zu viele Entschuldigungen haben die revolutionären Fanatiker von heute. Sie werden ihnen geliefert von jenen alldeutschen Fanatikern, die bis gestern das Wort hatten, und die nur darauf warten, es wieder an sich zu bringen, um womöglich das Land noch einmal zu entvölkern, noch einmal zu entsittlichen, noch einmal an den Bettelstab zu bringen. Wo sollten die zur Macht gelangten Revolutionäre denn Gerechtigkeit erlernt haben? Sie sind unter dem Kaiserreich groß geworden. Sie sagen wohl, sie dächten nicht daran, ihre Macht freiwillig herzugeben. Ein kaiserliches Wort. Wer es spricht, hat noch so gut wie alles zu lernen von den Gesetzen einer wahrhaft befreiten Welt.

Wir sind hier, um dahin mitzuwirken, daß die sittlichen Gesetze der befreiten Welt in die deutsche Politik eingeführt werden und sie bestimmen. Wir wollen, daß unsere Republik, bis jetzt noch ein Zufallsgeschenk der Niederlage, nun auch Republikaner erhalte. Und wir sehen in Republikanern weder Bürgerliche noch Sozialisten. Dies sind hinfällige Unterscheidungen, wo es Höheres gilt. Republikaner nennen wir Menschen, denen die Idee über den Nutzen, der Mensch über die Macht geht. Unter Republikanern kann ein unschuldig Verurteilter Gewissenskämpfe heraufbeschwören, so ungehemmt, daß sie den Verkehr, den inneren Frieden, sogar die Sicherheit des Landes bedrohen, – und wäre ihre Republik auch nur eine sogenannte Rentnerrepublik. Ein Kaiserreich aber, selbst ein soziales, wird solche Gewissenskämpfe nie kennen.

Unser Deutschland werde so gerecht, frei und wahr, wie einige von uns es sogar in seinen dunkelsten Tagen verlangt und erstrebt haben – bestärkt in ihrem Glauben an die Zukunft des deutschen Geistes durch seine große Vergangenheit. In diesem Lande, komme alles, wie es mag, wird endlich doch der Geist herrschen. Er erobert Deutschland und die Welt; der wirkliche Sieger des Weltkrieges ist nur er. Wer ihm widerstände, wäre verloren. Wer ihn aufnimmt, ist allen gleichberechtigt und verbrüdert. Unsere Versöhnung mit der Welt wird im Namen der uns endlich wieder mit ihr gemeinsamen, ewigen Gedanken geschehen. Wir geistigen Arbeiter wollen es uns verdienen, unter den ersten zu sein, die Deutschland mit der Welt versöhnen.

Wir wollen arbeiten

(Auf Veranlassung des Reichsamtes für wirtschaftliche Demobilmachung, Januar 1919)

Jemand sagte, besorgt wegen der neuen Steuern:

»Wir werden künftig nur noch für den Staat arbeiten.«

Dagegen ein anderer: »Es kommt darauf an, wie der Staat aussieht.« Dieser meinte, er zahle seine Steuern lieber, wenn nicht mehr hauptsächlich nur das Militär davon erhalten werde, sondern wenn das Volk selbst, seine Wohlfahrt und Bildung den Nutzen habe. Denn so legen wir unsere Steuern eigentlich nur auf die Sparkasse, und sie verzinsen sich uns.

Wir werden alle sehr viel arbeiten müssen, das steht fest; aber nicht, wie früher, für einen Herrenstaat, der sich uns aufzwingt und den wir nur gerade ertragen, sondern für einen Volksstaat, um den wir selbst gekämpft haben, der unsere eigenste Sache ist, und den wir daher niemals im Stich lassen dürfen. Innerhalb dieses Staates werden wir untereinander verschiedener Meinungen sein und werden uns nicht besonders schonen; aber den Staat müssen wir alle schonen, der ist uns gemeinsam, für ihn sind wir alle verantwortlich. Wir müssen darauf bedacht sein, ihn lebens- und zahlungsfähig zu machen, durch unsere Arbeit und unser vernünftiges Handeln.

Wer Arbeit bekommen kann und sie nicht nimmt, sondern auf Kosten des Staates lebt, sollte bedenken, daß er damit kein fremdes und gleichgültiges Kapital angreift, sondern das Kapital der Volksgemeinschaft und im Grunde sein eigenes. Er selbst macht sich arm durch seinen Müßiggang. Er wird später, wenn das Arbeiten nicht mehr zu vermeiden sein wird, um alles das, mit Zinsen

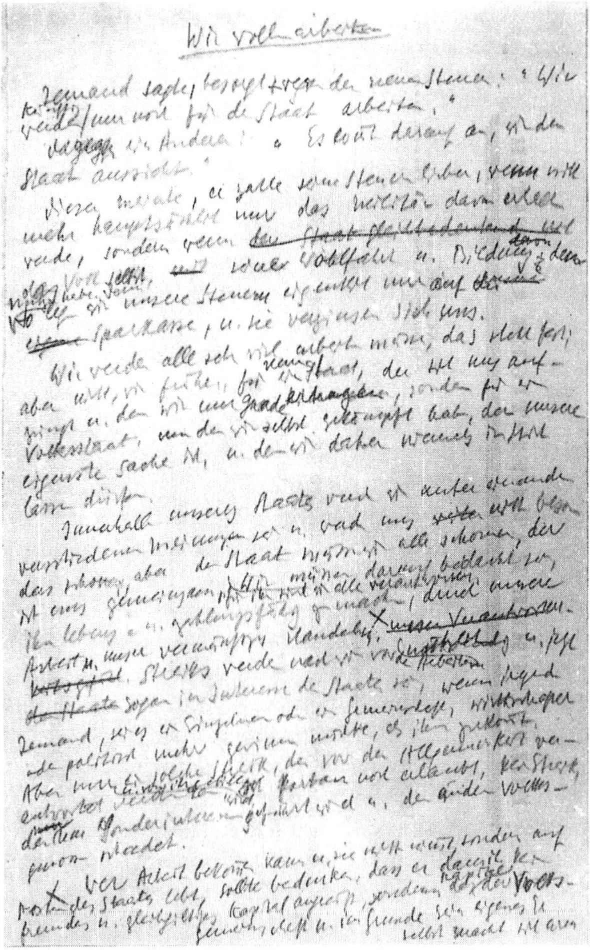

Wir wollen arbeiten
Erste Seite eines Entwurfs
in der Handschrift Heinrich Manns
[vgl. S. 162]

und Zinseszinsen, weniger verdienen, was er heute, ohne zu arbeiten, verbraucht.

Streiks werden nach wie vor den Arbeitern nützlich und jetzt sogar im Interesse des Staates sein, wenn irgend jemand, sei es ein einzelner oder eine Gemeinschaft, wirtschaftlich oder politisch mehr gewinnen möchte, als ihm zukommt. Aber nur ein solcher Streik, der vor der Allgemeinheit verantwortet werden kann und von ihr gebilligt wird, ist fortan noch erlaubt, kein Streik, der um Sonderinteressen geführt wird und den andern Volksgenossen schadet.

Mit den Lohnforderungen steht es ebenso. Früher konnte man darauf losfordern, man bekam doch nie sein volles Recht. Jetzt dagegen wird mehr gezahlt als je, und dabei gehen die meisten Betriebe schlecht wie noch nie. Überdies rechnen wir damit, daß die Betriebe schon bald der Gemeinschaft, also uns allen mitgehören sollen. Was folgt daraus? Man darf nicht länger darauf losfordern, die vernünftigen Arbeiter und Angestellten wissen dies besser als jeder andere. Sie begreifen, daß durch übersteigerte Lohnforderungen erstens das Geld entwertet wird für sie selbst und für alle. Sodann werden sie sich besinnen, ihren eigenen Betrieb durch unhaltbare Ansprüche zum Stillstand zu bringen und damit der Gesamtheit ihre Arbeitskraft entziehen. Denn die Gesamtheit, der Staat, kann Verluste an Arbeit jetzt schwerer tragen als sonst. Er soll auf das dringlichste Lebensmittel herbeischaffen und hat zum Bezahlen nichts weiter mehr als unsere Arbeitskraft. Die Kohlen und Industrieerzeugnisse, gegen die er die Lebensmittel eintauschen muß, sind nur vorhanden durch unsere Arbeitskraft, da dürfen wir sie nicht selbst lahmlegen. Wir haben viele Rücksichten zu nehmen in einem Staat, der uns allen gehört. Dafür aber haben wir die Freude, selbst verantwortlich zu sein, selbst mitzubestimmen.

Und dies ist keine Freude des Stolzes oder gemeinen Machtgefühls, es ist eine Freude der Vernunft. Jeder einzelne hier bei uns ist in seinem Herzensgrunde viel zu vernünftig, als daß er sich verlassen könnte auf einen nicht nachgeprüften Glauben, genannt Kommunismus, in dessen Namen zunächst einmal alles drunter und drüber gehen soll, worauf dann vorgeblich das Himmelreich folgt. Hierzulande hat jeder einzelne etwas zu verlieren, nicht nur sein bißchen Eigentum und die Hoffnung, mehr zu erwerben: vor allem seine gesunde Kritik, seinen Weltverstand und seine offenen Augen. Die gibt, wer sie einmal mitbekommen hat, noch schwerer auf als sein Geld.

Unser neuer Staat ist sogar eben zu dem Zweck errichtet worden, daß jeder immer mehr gewinnen möge. Die Mitarbeit am Staat fördert seine Einsicht, seine geistige Weite. Der Mitgenuß am Staat bereichert ihn. In den Städten wird der Arbeiter voraussichtlich auf Grund gemischtwirtschaftlicher Betriebe zum größtmöglichen Wohlstand gelangen. Der Staat und durch ihn der Arbeiter selbst, wird sein Interesse gegenüber dem privaten Kapital zu wahren wissen. Noch unmittelbarer aber wird jeder zu gewinnen haben, der auf dem Lande arbeitet.

Die großen Städte sind zu stark bevölkert für unsere heutigen wirtschaftlichen Verhältnisse. Weder Wohnungen noch Arbeit reichen für alles aus; trotzdem, aus ganz begreiflichen Gründen, trennt jeder sich ungern von der Stadt. Wenn er aber draußen für sich und die Seinen alles finden kann, was der Mensch wirklich braucht: Gesundheit, eine Arbeit, die ihn befriedigt, sein Auskommen, wohl gar auf eigenem Grund? Denn es ist wahrscheinlich, daß der aus der Revolution hervorgegangene Staat mehr Bauern schaffen wird, möglichst viele kleine Eigentümer, denen er die Betriebsmittel leiht, die fortan die Errungenschaften der Revolution als ihre eigensten ansehen und zu ihrer Verteidigung immer bereit sein werden. Lohnt es sich dann nicht, hinauszugehen?

Es lohnt sich vollauf. Und auch die Arbeit in der Stadt wird sich lohnen, selbst wenn sie noch auf lange Zeit hart genug und das Leben dürftig genug sein sollte. Denn wir tun unsere Arbeit zum ersten Male wirklich für uns selbst, da wir sie für einen Staat tun, der wir selbst sind. Wir selbst: das bedeutet, daß der Staat fortan beseelt ist und einen Gedanken verwirklicht, den Gedanken der Gerechtigkeit und des zunehmenden Menschenglückes. Jeder arbeitet künftig für den gemeinsamen Gedanken. Dies aber ist alles, was Menschen sich wünschen sollten: mit ihrer Arbeit ihr Leben bezahlen und dabei einem Gedanken dienen. So wollen wir arbeiten.

Kurt Eisner
(Gedenkrede, gehalten am 16. März 1919)

Der verewigte Kurt Eisner wird weiter beispielhaft in unserer Mitte weilen, seinen Tod überdauernd gewiß durch seine Taten, aber mehr noch durch das, was er war. Wir danken ihm nicht einfach den Sturz eines verworfenen Regimentes, sondern daß dieses Regiment, das selbst in seinen weniger schändlichen Zeiten nichts anderes gewesen war als geistlose Gewalt, unvermittelt und in sinnbildlicher Art abgelöst wurde von der Menschenart, die Geist will und Geist schafft. Die hundert Tage der Regierung Eisners haben mehr Ideen, mehr Freuden der Vernunft, mehr Belebung der Geister gebracht als die fünfzig Jahre vorher. Sein Glaube an die Kraft des Gedankens, sich in Wirklichkeit zu verwandeln, ergriff selbst Ungläubige. »So einfach ist es, Geschichte zu machen!« sagte er an dem hellen Morgen, der über seinem vollbrachten Staatsstreich aufging, – und man staunte und glaubte.

Geist ist Wahrheit. Seine Erfolge waren das Werk seiner Wahrheitsliebe. Denn sie macht schöpferisch, und dem schöpferischen Menschen vertrauen die Mitmenschen. Er wollte vor allem, daß eine in den Tatsachen enthaltene Wahrheit vollzogen werde, wenn er einer proletarischen Revolution ihre selbstgeborene Vertretung außerhalb des Parlaments, die Räte, zuerkannte. In jeder Handlung sah er, neben ihrer praktischen Wirkung, ihr geistiges Gepräge. Achtstundentag, Demokratisierung des Heeres, eine befreite Schule, die wirtschaftliche Erfüllung der politischen Revolution: durch solche Taten dachte er, gleichwie in seinen Reden, die bis dahin verfemten Wahrheiten

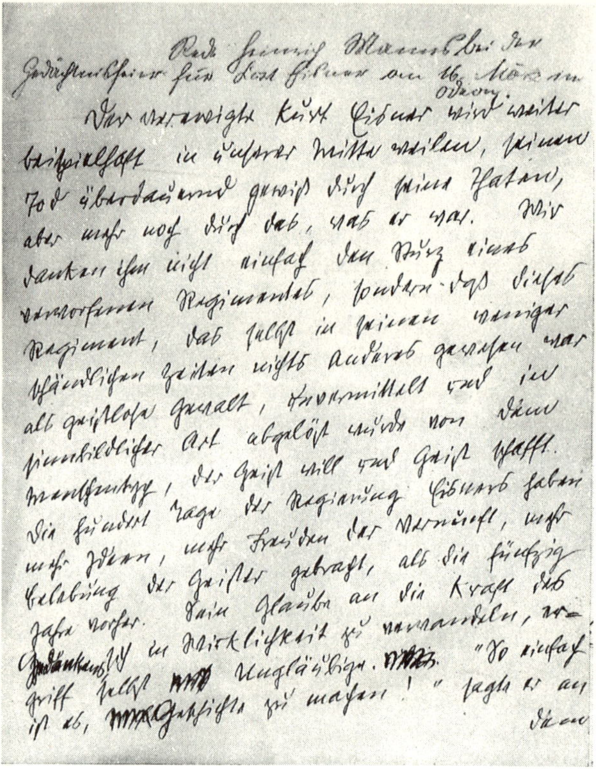

Rede Heinrich Manns bei der Gedächtnisfeier für Kurt Eisner am 16. März im Odeon

Der verewigte Kurt Eisner wird weiter beispielhaft in unserer Mitte weilen, seinen Tod überdauernd gewiß durch seine Taten, aber mehr noch durch das, was er war. Wir danken ihm nicht einfach den Sturz eines verworfenen Regimentes, sondern daß dieses Regiment, das selbst in seinen wenigst schändlichen Zeiten nichts anderes gewesen war als geistlose Gewalt, Zwangsmittel und in sinnbildlicher Art abgelöst wurde von dem Menschentyp, der Geist will und Geist schafft. Die hundert Tage der Regierung Eisners haben mehr Ideen, mehr Freuden der Vernunft, mehr Belebung der Geister gebracht, als die fünfzig Jahre vorher. Sein Glaube an die Kraft des [illegible] in Wirklichkeit zu verwandeln, ergriff selbst [illegible] Ungläubige. [illegible] „So einfach ist es, [illegible] Geschichte zu machen!“ sagte er an dem

Kurt Eisner
Erste Seite des Manuskripts
in der Handschrift Heinrich Manns
mit der Überschrift von fremder Hand
[vgl. S. 167]

zu bezeugen. In seinen Reden kannte er nichts Dringlicheres, als den Urhebern all unseres Unheils ihr schändliches Bild entgegenzuhalten, den Lügen jeden Schein und Halt zu nehmen, Deutschland geistig zu reinigen und zu erneuern. Zuerst eine Luft, in der es für Menschen der Vernunft und Wahrheit sich atmen läßt, – dann bildet sich schon das neue Leben.

Er war der Mann der Wahrheit, daher der Haß derer, die sie fürchten. Daher auch die Achtung der Ehrlichen unter den Andersdenkenden, und sogar unserer bisherigen Feinde. Sie, die unsere ganze Revolution für eine Maskerade hielten, ihm glaubten sie. Eine reine Leidenschaft des Geistes ist unverkennbar. Man kann zweifeln an gewaltsamen Veränderungen des politischen Personals, und auch wirtschaftliche Tatsachen und Programme können so oder so verstanden werden. Unausweichlich, unwiderlegbar ist allein der Mensch, der Wahrheit spricht, dessen Blick und Atem Wahrheit sind. Der Völkerbund war, längst bevor er Weltgeltung bekam, lebendig in Geistern wie der seine, in literarischen Geistern. Jetzt werden Vorhersagen Victor Hugos verbreitet, die viel früher hätten wirksam gemacht werden sollen; und jene »Friedensnovelle« Strindbergs berührt jetzt viele mit solchem Schauder, als seien Geister der Zukunft zwischen ihnen umgegangen, und erst nachträglich erführen sie es.

Auch Eisner hatte die Idee des Völkerbundes wirklich erlebt. Er griff sie nicht erst auf, als unser Land in seiner Not sie brauchte. Dies war es, was alle sahen, als er nach Bern kam. In Bern, auf der Sozialistentagung, hatte, solange er sprach, Deutschland keinen Feind mehr. Wohl war er sehr klug, als er den ersten praktischen Vorschlag machte, der unseren Gefangenen nützen und versöhnliche Beziehungen zu unseren bisherigen Feinden einleiten konnte; denn der Gedanke, das verwüstete Nordfrankreich durch freiwillige deutsche Arbeiter wieder aufbauen zu helfen, war sein. Aber die Unterschrift eines Franzosen und den einmütigen Beifall der gesamten sozialistischen Welt gewann er nicht durch eine einzelne Klugheit, sondern durch sein ganz von Wahrheitsliebe erfülltes Menschentum.

Wie anders wäre das Schicksal Deutschlands entschieden worden, hätte der geistige Mensch es mitgestalten können! Aber der geistige Mensch, durch Anschauung und Erkenntnis bewußt erst Mensch geworden und allem verwandt, was Menschenantlitz trägt, gerade er, den kein Staatswesen ungestraft von sich ausschließt, hatte länger als ein halbes Jahrhundert fremd und verhaßt beiseite gestanden. Der tiefste Grund, weshalb das alte Regiment fallen mußte, war seine immer furchtbarere menschliche Verödung, seine Zusammenhangslosigkeit mit der Menschenwelt, wie sie heute wirklich da ist. Alle sittlichen Tatsachen von heute waren ihm unbekannt, es glaubte die Welt vom Willen zur Gerechtigkeit noch gerade so weit entfernt wie 1870. Schon bevor er auszog, sich mit der wirklichen Menschenwelt zu messen, war er verurteilt, der Staat, der einzig vom Machtwahn lebte, von einer wurzellosen Ideologie der Macht.

Wen mußte der Sturz der entlarvten Machtschwindler sofort hinauftragen? Den Menschentyp, der ihnen entgegengesetzt war, der auf sittliche Tatsachen baute und die Kenntnis der Menschen für die erste Voraussetzung der Politik hielt. So erscheint in der Revolution, überall mitwirkend, zuweilen bestimmend, der Literat. Er erscheint mit seinen Tugenden und mit seinen Gefahren. Die größte Gefahr des Literaten, der in die Politik eingreift, wird eben dadurch bedingt, daß er lange unterdrückt war. Er wird versucht sein, sich zu rächen. Er wird vielleicht in Übereilung nachholen wollen. Die Welt soll ohne längeren Verzug auf die Höhe seiner Idee gebracht werden – weniger um ihretwillen als zur Ehre der Idee. Die Welt hat nicht zu wollen, noch zu widerstehen, sie ist nur Gegenstand, und auch die Menschen sind nichts weiter. Eine Geistesart aber, die Menschen den Ideen aufopfert, gedeiht nicht mehr auf den höheren Stufen der gereiften Vernunft. Dort ist man gewohnt und verpflichtet, geduldig daran zu arbeiten, daß die Einsicht der Mehrzahl sich erweitere, und daß die vorwärtsdrängende Minderzahl nicht weniger Weisheit betätige als Kraft. Ein hierauf gerichteter Geist bleibt zeitlebens ein bescheidener Schüler der Menschheit, der er dienen will. Sie selbst weist ihm die Wege, auf denen er sie seinem nie verlorenen Ziele entgegenführen möge. Anstatt ihr zu befehlen, erforscht er ihre Seele.

Wer so unwandelbar in der Leidenschaft der Wahrheit und, eben darum, so mild im Menschlichen ist, verdient den ehrenvollen Namen eines Zivilisationsliteraten. Dies war Kurt Eisner. Er ging aus einer Zeit des Wahnsinnes und Verfalles mit ungebrochener Vernunft hervor. Er liebte die Menschen, traute ihnen die Kraft zur Wahrhaftigkeit zu und erwartete daher noch so viel von ihnen, daß er sich hütete, alles auf einmal zu verlangen. Er sah, wie furchtbar gerade dieses Volk von seinen alten Machthabern überanstrengt worden war im Blutdienst eines Staats- und Machtwahnes, dem Menschen nichts galten. Fortan sollte Schonung walten, Versöhnung, Brüderlichkeit. Die Revolution sei eine Gemeinschaft aller Freunde der Wahrheit, die der Weg des Menschen ist, – und kein Krieg nach dem Kriege, kein Bürgerkrieg! In der Rede, mit deren Entwurf er am 21. Februar in den Landtag ging, gedenkt er seiner Bemühungen, durch vernünftige Beratung, anstatt durch brutale Gewalt, die infolge der langen Kriegszeit, der harten Entbehrungen krankhaft aufgeregten Massen vor den Schrekken des Bürgerkrieges zu bewahren. Er hat uns bewahrt; kein Blut war mehr geflossen; aber bevor er dies aussprechen konnte, floß, ach, das seine.

Es ward vergossen für die Wahrheit. Ihr hatte er es

gleich anfangs dargebracht; er wußte: sie war zu sehr verhaßt; wer sie laut behauptete und sichtbar vertrat, mußte sterben. Er hatte Gegner von einer Art, daß sie nicht einmal die Enteignung so schwer ertragen haben würden wie die Wahrheit. Zu seinen Todfeinden hat er sie nicht durch Maßnahmen gemacht, sondern durch Bekenntnisse. Er ist ein Blutzeuge des Geistes.

Der erste wahrhaft geistige Mensch an der Spitze eines deutschen Staates erschien jenen, die über die zusammengebrochene Macht nicht hinwegkamen, als Fremdling und als schlecht. Daß er am Quell der Macht doch lauter blieb, widerstrebte ihren Begriffen. Seine Güte, die um keinen Preis, nicht einmal um den seines eigenen Lebens, Blut vergießen wollte, ihnen war sie Schwäche. Er hatte keine breiten Schultern und nicht die herkömmliche Regierermiene. Der Gemeinheit machte er keine Furcht, sie konnte auf ihn hetzen, bis einer schoß. Ja, wirklich, einer schoß in das reiche Hirn, in den Kopf eines Apostels mit weltklugen, weltguten Augen – und schoß noch einmal, in die schmale Gestalt, die auf zarten Schultern Hoffnungen so vieler und so viel Menschenzukunft trug.

Bewahren wir sein unversehrtes Bild! So lange er da war, hatte die Revolution einen Sammelpunkt, in dem sie einig und ihrer frohen Zukunft gewiß war. Der Ministerpräsident erhob sich zum Sprechen, da verstummten alle, denn er war ihnen gemeinsam, war der Aufgang der Revolution. Noch immer hing über seinem Haupt die Röte jenes ersten Morgens nach dem Siege. Ihr fürchtetet noch kaum die Wiederkehr der Bruderfeindschaften und Irrungen, all das Harte, Bittere, Allzubekannte, das doch unausbleiblich ist, wo Menschen aus ihrer ersten Begeisterung in den Alltag, sei es auch der Alltag der Revolution, hinabtreiben. Er war der Aufgang. Möge die Revolution in seinem Bilde, das sie zum Höchsten verpflichtet, für immer das Andenken ihrer Jugend bewahren.

Kaiserreich und Republik

(Mai 1919; die Veröffentlichung wurde bis nach dem Friedensschluß hinausgeschoben)

Wir liegen am Boden eines Abgrundes, den wir noch nicht ermessen haben. Untersuchen wir ihn, schärfen wir im Dunkeln die Augen! Der Weg, den wir hinabgetaumelt sind, ist eingestürzt. Vielleicht führt ein anderer hinaus? Hoffnung gewährend, leuchten, gerade weil es so tief ist, über dem Ausgang unseres Gefängnisses die Sterne.

Der Sieger

Das Deutsche Reich von 1871 war, wie es nun einmal ward, eine unwesentliche Schöpfung der Deutschen. An seiner Errichtung waren nicht alle ihre Fähigkeiten beteiligt, und ihre besten waren weniger vertreten als ihre nicht einmal guten. Die Deutschen wohnten in diesem Reich nie ganz; ein wichtiger Teil ihres Wesens blieb draußen. Das Deutsche Reich von 1871 mußte zusammenbrechen, aus diesem tiefsten Grunde: weil es nicht ganz deutsch war. Aber sein Sturz begräbt nur eine fragwürdige Abart des Deutschen, nicht das Deutschtum.

1871 erschienen vor dem ersten Reichstag die Abgeordneten des Elsaß und Lothringens, verlangten das Recht, ihr französisches Vaterland zu behalten – und wurden ausgelacht. 1919 erbitten wir Deutsche für große Teile unseres Volkes von Europa und Amerika das gleiche Recht wie einst Elsaß von uns. Dazwischen liegt die Geschichte einer deutschen Verirrung.

Kaum im Genuß seiner Einheit, verleugnete Deutsch-

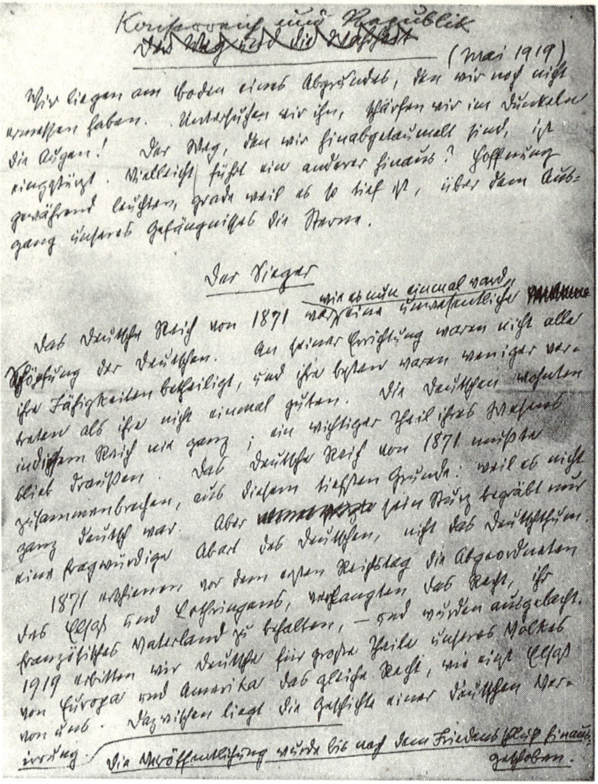

Kaiserreich und Republik
Erste Seite des Satzmanuskripts
in der Handschrift Heinrich Manns
mit dem von fremder Hand eingesetzten endgültigen Titel
[vgl. S. 173]

land die Gedanken der Freiheit und Selbstbestimmung der Völker, worauf all sein Kampf, sein schwärmerischer Drang ein halbes Jahrhundert hindurch sich doch berufen hatte. Noch 1869 ward in jedem deutschen Hause gelesen und geglaubt: höchster Begriff sei die Freiheit, nach ihr erst die Nation. Garibaldi, Freiheitsheld, war auch ein Held Deutschlands. 1915, als Italien in den Krieg eintrat, war er schon längst zur Hälfte lächerlich. Der Begriff der Freiheit hatte inzwischen für deutsche Köpfe seinen Sinn verloren, ward geleugnet oder in sein Gegenteil verkehrt. Man sagte: selbstgewollte Knechtschaft sei Freiheit. Mit Paradoxen begründete man ein System des absoluten Militarismus, das anders im zeitgenössischen Europa nicht mehr begründet werden konnte. Man widersprach den Lieblingshoffnungen des vorgeschrittensten Teiles der Menschheit, und selbst seinen sichtbaren Erfahrungen und Verwirklichungen. Demokratie sei eine Verfallserscheinung, der dauernde Friede ein Traum und kein schöner. Einen menschlichen Fortschritt gebe es nicht, die sittlichen Tatsachen seien von jeher unverrückbar. Wie hielt man es nur aus, im Gegensatz zu allen zu verharren, deren Glaube ein Hinan war? Wie machte man es, des auch noch froh zu sein?

Man hatte Erfolg gehabt. Das Deutsche Reich und seine Sinnesart waren erzeugt vom Sieg. Der Fluch dieser Vaterschaft hat uns nie verlassen, er hetzte uns bis hierher! Der Sieg von 1870 verlor sich nie in unserem Leben seither, er ward nie aufgesogen. Er vermehrte sich in unserem Blut wie ein Giftkeim, millionenfach. 1913 waren wir in Handlungen, Gedanken, Weltansicht und Lebensgefühl unendlich mehr Sieger als 1871. Wir waren unendlich prahlerischer und machtgläubiger, unendlich hohler und unsachlicher. Erst jetzt hatten wir fast alle Würde der Freien verloren und ganz dem Geist entsagt, dem letzten Glauben an Dinge, die man nicht sieht, nicht zählen, nicht raffen kann.

Das unfaßbare Unglück eines schrankenlosen, unbeaufsichtigten Sieges ist abzuziehen von unserer Schuld. Mitverantworten muß sie das damalige Europa, das ihn zuließ. Schon 1870 lebten Wissende genug, Europa war als Einheit, deren Glieder nicht ungestraft einander verwunden, erkannt genug; England und Rußland, die es zuließen, daß Frankreich verstümmelt, Elsaß und Lothringen vergewaltigt wurden, befragten nicht ihr Gewissen, nur herkömmliche Gefühle und den Nutzen des Augenblicks. Der Krieg selbst erregte bei jedem Hochgesinnten, hier wie drüben, schon damals nur Zorn und Verachtung. Flaubert verübelte es seinen Zeitgenossen, daß sie ihn zwängen, zu empfinden wie ein Rohling des Mittelalters. Herwegh wußte, wer hier siege, und was Einheit heiße, wo »Knechtschaft sich verallgemeinert«.

Die deutsche Einheit war geboten für Deutschland, aber nicht weniger für die Welt. Aufgabe war es, dem Nachbarn es zu beweisen, nicht, ihn niederzuschlagen. Aufgabe, das unausweichlich Heranreifende vor aller Augen sich vollziehen zu lassen – roh nicht einzugreifen in ein Gebilde, das nur wachsen wollte und das, trotz allem damals Verpfuschten, noch heute, nach dem Zusammenbruch seiner unrechtmäßigen Sicherungen, vor der Natur sich behauptet. Aber der deutsche Drang nach Einheit war in die Hände von Gewaltmenschen geraten, und sie stampften hinweg über das langsame Reifen einer friedlichen Demokratie. Er war schlau nicht weniger als gewalttätig, dieser Bismarck. Die deutsche Einheit wurde von ihm, im Interesse seiner Klasse, auf das Internationale hinübergespielt. Deutsche, aber auch Franzosen mußten für sie bluten. Nicht aus uns selbst, auf Kosten anderer mußte sie erstehen. Der äußere Friede dauernd gebrochen, im Innern eine segenbringende Entwicklung zerstört, aber gerettet alle, die von der Gewalt leben: bis heute galt eine solche Reichsgründung als Meisterwerk. Sie war ein ephemärer Handstreich, im Wesen verwandt mit jenem, der Napoleon den Dritten auf den Thron hob.

Nur als Sieger, in nachwirkender Erbitterung gegen den Besiegten, schien das Reich sich erhalten zu können. Der Erbfeind mußte bleiben, damit nur das Erbe blieb. Der Tag, an dem er die Waffen gestreckt hatte, wurde das Jahresfest des Reiches. »Macht geht vor Recht«, hieß der sittliche Besitz, der mit heimgebracht war. Die Ironie Bismarcks, angesichts derer dem Friedensunterhändler Frankreichs seine hoffnungsvollen Worte von Versöhnung und Völkerglück auf den Lippen starben! Ihr sollt nicht versöhnt werden, ihr »mögt uns hassen, wenn ihr uns nur fürchtet«, wie ein irrer Cäsar und Bismarck sich ausdrücken. Ihr sollt sogar eure Republik haben, um unmöglich zu werden in einem monarchischen Europa und vollends zu verfaulen. »Schmort in eurem Fett«, bleibt in Quarantäne wie Pestträger, – bis vielleicht Gott, der uns schon einmal zu seinen Rächern an euch gemacht hat, uns ermächtigt, sein endgültiges Urteil zu vollstrecken! »Vom menschlichen, christlichen und politischen Standpunkt müssen wir Frankreich den Krieg erklären,« sagte schon wieder 1875 ein Beauftragter Bismarcks zu dem Botschafter der Republik. Der Ton war geläufig, auch Renan hatte ihn vernommen. »Solche Geister glauben sich beauftragt, die Tugend zu rächen und den verderbten Nationen wieder aufzuhelfen. In ihrer Überspanntheit verstehen sie unter dem Deutschen Reich keine begrenzte Nationalität: was sie wollen, ist eine Weltwirkung der deutschen Rasse, die Europa erneuern und beherrschen soll.« Schon 1870. Und die »Tugend«, die zu rächen war, ist nur eine altmodische Bezeichnung für die Überlegenheit des Starken und Rohen. Daher, gleich damals, die Einmischung in innere Angelegenheiten des Besiegten, die Maßregelung Pariser Zeitungen auf Berliner Befehl, die Lockspitzel. Der Sieger – hat er ein schlechtes Gewissen, trotz seiner »Tugend«? –

gebärdet sich wie ein mißtrauischer Schwächling, immer in Angst, sein Feind könne wieder zu Kräften kommen.

Dies aber, noch mehr als die Niederlage, schafft drüben Gefühle der Schmach. Dem verdummenden Triumph des einen entspricht bei dem andern eine Rachsucht, die die Sinne schärft. Der Sorge um den künftigen Rächer, der nicht genug erniedrigt werden kann, erwidert ein stiller Kampf um die Würde. »Das Recht!« behauptet der Besiegte, indes der Sieger auf seinen mit heimgebrachten Schein trumpft, daß Macht vor Recht gehe.

Nie war es anders. Dies sind Sieg und Niederlage. Der Unterlegene ist ausersehen, sich seines Menschentums zu erinnern, der Sieger ist verurteilt, im Geistig-Sittlichen tiefer zu sinken als zu den Zeiten seiner äußeren Ohnmacht. Der innere Zustand des Siegers unterbietet alles, was er vor seinen Siegen an Schlechtem erlitt. Als Napoleon verschwand, blieb Frankreich unfreier, weil unwahrer, zurück, als es vor der Revolution gewesen war. Im siegreichen Deutschland 1871 bis 1914 wurden Herrentollheit und Untertanenstumpfsinn, Hoffart und Selbstentmannung, Menschenfeindschaft, Erwerbsgier und Widergeist dicker aufgetragen und schamloser behauptet als in den schwachen Kleinstaaten von einst, die ihre Soldaten verkauften.

Den Fluch des Sieges zu bannen, müßte jemand über allen kriegerischen Siegen stehen und, selbst Waffen in den Händen, im Herzen nur sittliche Leidenschaft, als Ziel nur Frieden und Recht haben. Die Welt erlebt erst heute, 1919, die ersten flehentlichen Versuche eines Siegers, sich dem Fluch zu entziehen. Er trifft sie dennoch, sie werden die Folgen ihres Sieges noch schwerer überwinden, als wir die Wirkung unserer Niederlage; – aber kein Schauspiel hat je, so unwiderleglich wie dieser ihr Kampf mit sich selbst, um Gerechtigkeit, die menschliche Zunahme an Erkenntnis und gutem Willen bewiesen. 1870 war sie nirgends. Die Adeligen und Militärs, denen das zu einigende Deutschland sich in die Arme geworfen hatte, waren weit entfernt vom guten Willen; und die Erkenntnis eines Bismarck bestimmte ihn höchstens, das niedergeworfene Österreich zu schonen, damit um so sicherer auch Frankreich erliege.

Ein bürgerliches Deutschland, auf sich selbst gestellt, auf seine Freiheits- und Völkerliebe, seinen noch lebenden Idealismus, wäre andere Wege gegangen. Den Krieg mit Frankreich auch nur angenommen, war er doch mit jener überlegenen Menschlichkeit zu beenden, die heute die Besieger Deutschlands ihren älteren Denkgewohnheiten abringen möchten. Wir konnten, blieben wir damals uns treu, vorangehen den Weg der Menschenwürde: dies war zu fordern gestattet. Freundschaft mit Frankreich – und hundert künftige Kriegsursachen, politische wie wirtschaftliche, entfielen für die Welt, weil sie sittlich nicht mehr galten. Ein großes Beispiel erledigte sie alle.

Wir konnten der Menschheit vorangehen. Statt dessen hielten wir sie vierzig Jahre lang auf, bis sie endlich in das Chaos zurückfiel. Das neue Reich enthielt nicht einen einzigen geistigen, politischen oder nur wirtschaftlichen Keim: nichts war und ward es als Nachahmung, Vergröberung, Hemmnis. Wiederholt ward das Ludwig Philippsche Königtum der bereicherten Bürger, aber hier noch platter; wiederholt im weiteren Verlauf das Kaisertum Napoleons des Dritten mit seiner blendenden Fassade, inneren Mürbheit, seiner Theaterregie, Prestigepolitik, seinem falschen Anstrich von Sozialismus auf der frechsten Kapitalsorgie, seinem Militärabsolutismus in konstitutioneller Verkleidung – nur massiger hier alles und dümmer. Das englische Imperium ward nachgeäfft samt dem englischen Nationalismus, das Right or wrong, die Flotte, die Kolonien, – die ausschließlich darum niemals groß genug waren, weil die Englands größer waren.

Gewaltanbetung, noch dazu nachgeahmt: doppelte Unfreiheit. Was die Welt erblickte, war ein Herrenvolk aus Untertanen. Diesem Bild galt ihre Abneigung, um so mehr, da sie die Verzerrung ihrer selbst, ihre schlechteste Vergangenheit, ihre Rückstände und Hemmnisse hier wiedererkannte. Der Krieg des Reiches und der Welt war, als er dann kam, ein Kampf der Welt mit sich selbst; sie sollte ihre abgelebteste Form überwinden. Krieg würde vielleicht noch immer nicht das Siegel des zu Überwindenden bekommen haben, wäre nicht die »schimmernde Wehr« des Reiches gewesen. Der Gedanke des Völkerbundes brauchte leider den Anblick eines Völkerfeindes. Kein Evangelium der Gerechtigkeit wäre noch erklungen ohne die Teufelsbotschaft von Potsdam. Menschen aller Länder, die weder gut noch schlecht waren, und die nicht von Natur dem Geist nachlebten, schwuren sich angesichts der unabsehbaren Drohung des Reiches, falls sie siegten, Freunde des Guten zu werden. Das Gewissen der Menschheit erwachte: sieh, da erwachte in ihm auch das deutsche Gewissen. Deutschland war befreit; besiegt waren nur das Reich und sein Untertan.

Der Untertan

Die Eigenschaften des Untertans sind die, worauf das Reich gegründet war. Sie machen nicht den Deutschen aus, nur den Untertan. Es sind nicht deutsche Eigenschaften, jedes Volk hat sie. Jedes Volk hat sie angewendet, bekämpft, mit anderen vermischt. Die Charaktere der Völker Europas sind überall aus Bestandteilen derselben vielfältigen Rasse zusammengesetzt; Zusammenhänge der Zeit und der Geschichte entscheiden, wie. Glücklich jene, denen nie das Verhängnis ein Reich zusprach wie dieses!

Untertanen und Freie haben nirgends grundsätzlich

nacheinander gelebt, immer gab es Übergänge und Mischungen aus Absolutismus und Demokratie. Aber in Deutschland allein wurden sie durch ein falsches und unvollkommenes Geschehen so folgenschwer in einander verwickelt. Die absolutistischen Klassen waren nicht, wie anderswo, als politische Macht beseitigt, bevor neue Mächte sich durchsetzten. Der Adel und das Heer erwiesen sich als lebendig genug, um alles was vordrängte, umzubiegen und sich nutzbar zu machen. Die Demokratie war lebensnotwendig, hier wie überall, und der Bürger, ob er wollte oder nicht, vertrat sie. Hier aber war die Demokratie in der Schuld des Absolutismus und ihm untergeben wie einem Gläubiger. Die Demokratie hatte das Reich nur erstrebt, gemacht hatte es der Absolutismus. Jetzt mochte sie es bereichern, er beutete es aus. Durch seine Gewalttaten an das Ziel gelangt, brauchte sie ihn – gegen die anderen Demokratien.

Bis zum letzten Augenblick hat auf ihr die Schuld an ihn gelastet, und noch lange hat sie empfunden, wie sehr dies drückte. Selbst im höchsten Glanz des Reiches verweigerte ein Teil des Bürgertumes ihm und seiner Sinnesart den Tribut. Noch 1905 stimmte der Freisinn gegen die Vermehrung des Heeres und der Flotte. Sie taten es wohl nur noch aus Überlieferung. Der Durchschnitt gewöhnt sich an Lasten, die vor allem sittlich sind, an Herren, die doch Macht verbürgen, und die der Eitelkeit schmeicheln. Sie starben dahin, die noch um Freiheit wußten. Sie wurden müde, die ohne Wahrheit, ohne Ehrlichkeit der Begriffe, nicht leben mochten. Alles ging seinen Weg. Die Demokratie machte ihre Söhne zu Absolutisten. Sie dachte fortan in Machtgesetzen anstatt nach den Geboten der Vernunft, sie schloß den Bund mit ihrem Widerspruch, – indes der Absolutismus sich um einige bürgerliche Hilfsmittel bereicherte. Er gab vollends auf, was einst Ritterlichkeit hieß, und bekam dafür Geschäftssinn.

Sie machte sich seine vom Geist unangekränkelte Tatkraft zu eigen. Ein herrschender Typ entstand, der nicht Bürger, nicht Junker, aber beides in einem war, ein Wesen mit Sporen und einem Zahlenhirn, ein wandelndes Paradox, begabt, vor nichts zurückschrecken, was vergewaltigtes, ungerades Denken je ersinnen könnte.

Der Bürger dachte in Machtgesetzen. Der Arbeiter begann, es zu lernen. Er war am längsten Mensch geblieben; seine Führer waren noch Demokraten mit freier Stirn, als fast alle anderen sich geduckt und entwürdigt hatten. Ihr Glück war das Sozialistengesetz, es erhielt sie lange wach und in der Ruhelosigkeit des Verfolgten. Die älteren ermüdeten nicht einmal, als Sicherheit aufkam und Erfolge wuchsen. Vorgeblich nur auf materialistisches Denken eingestellt, boten doch gerade sie mit ihrem Glauben dem Zeitalter sein Bestes; und wenn später die Republik noch Menschen und eine Gemeinschaft fand, die, wenigstens bedingt, auf sie vorbereitet waren, die Ehre gehört der Sozialdemokratie allein. Dennoch war dies nicht ihr Zeitalter; es unterstand dem junkerlichen Bürger. Seine übermächtige Geistesart prägte auch den sozialistischen Nachwuchs. Die neuen Führer wie ihr Heer empfanden die grundsätzliche Umbildung der Welt immer entfernter, immer wesenloser. Sie verstrickten sich täglich tiefer in die Sorge, Gewinn zu ziehen aus der Welt, wic sie ist. Ihr Denken war zuletzt kapitalistisch – mit Vorbehalt, oder unwissentlich, oder in der Färbung der Heuchelei; aber kapitalistisch.

Auch war es national. Sie sangen hergebrachterweise ihre Internationale und hielten Weltkongresse. Auf den Kongressen gaben sie ihren fremden Freunden das Versprechen, nie Waffen zu gebrauchen, und wurden sich schwerlich bewußt, wie falsch es war. Sie dachten mit Recht, daß alle ihre Interessen gegen den Krieg seien, und dachten mit Unrecht, daß sie darum nicht kämpfen würden. Ihr gefühlsmäßiger Nationalismus kannte sich selbst nicht. Die Arbeiter hatten ihn im selben Maß wie die Bürger: auch sie überzeugt vom Recht der Macht, auch sie durchdrungen, die Macht sei hier. Ein Zeitalter scheidet sich nicht, es ist eins. Klassenkämpfe geschehen an der Oberfläche, in der Tiefe sind alle einig. Das großbürgerliche Zeitalter Deutschlands hatte für die sittlichen Verpflichtungen im Leben eines Volkes nur Achselzucken. Gewissensfreiheit, die Öffentlichkeit des Staates, die Teilung der Gewalten? Zugeständnisse an eine Scham, die schon tot war. Aber höchste Aufgabe und Pflicht: reicher werden, härter werden, Weltmacht sein.

Bis in die entsetzlichsten Orgien der Weltmacht hinein ist über angeborene Gefühlsweichheit geklagt worden. Erstrebenswert erschien eine, England nachgesagte, Unberührtheit von Gefühlen, nicht aber Englands kluger Anstand. Wer spät kommt und auf einmal viel nachholen will, kann es wohl weiterbringen als die Erstgeborenen – aber leichter im Schlechten. So hart waren in keinem kapitalistischen Gemeinwesen die menschlichen Beziehungen. So herrengemäß fühlten sich doch nirgends die Herren, und noch in keiner uns verwandten Welt wurden Menschen so sehr zum »Menschenmaterial«. Was wäre selbst die angepriesene »soziale Gesetzgebung« anderes gewesen als Instandhaltung von Material, Fürsorge für Maschinen, die dienstfertig und ungefährlich erhalten werden sollen, was anderes als Angstprodukt und Prophylaxis, – anstatt Herz zu sein für Gleiche, und Verantwortung vor dem eigenen Menschentum. Auch in der sozialen Gesetzgebung, wie in der Charitas, entscheidet es nicht, wieviel getan wird, sondern wie und von wem. In Frankreich ist die größte der bürgerlichen Parteien sozialistisch durchsetzt. In Frankreich und in England haben reiche Leute Gesetze zum Nachteil der Reichen, bürgerliche Minister Enteignungen vertreten. Man schwankt, seiner Klasse halb schon müde, hinüber zu den Forderungen einer heraufkommenden Empfindungsart. Ein Ausgleich vollzieht sich durch Einfühlung und wandelbares Gewissen.

Das Bürgertum des Reiches war im vorgeschrittensten Europa das letzte mit völlig starrem Gewissen. Es verharrte noch auf eigenmächtiger Höhe, wußte sich noch das Maß der Dinge; und den Klassengenossen des Westens, seine Humanität, seine allmählich sich vollziehende Abdankung verachtete es derart, daß es seine soziale Nachgiebigkeit für eine nationale Ermüdung hielt und den Westen für reif zum Untergang. Um so zuversichtlicher ergab sich das ungebrochene Bürgertum des Reiches einem nie und nirgends erhörten Gewaltkult, der übersinnlichen Gewißheit, die letzte Entscheidung der menschlichen Dinge, eines seelenlosen Menschenmechanismus, vollzögen nur Kanonen, die Maschinen der nationalen Industrie errängen ihren endgültigen Erfolg dank den militärischen Maschinen, und die Schlußbilanz einer siegenden Wirtschaft ziehe der Krieg. Ein Glaube so kühn, wer wird ihn bekennen? Auserwählte in hohen Stunden. Er färbt darum nicht weniger Denkart und Lebensstimmung auch derer, die seiner sich kaum bewußt sind, und durchdringt ihre Handlungen.

Die deutschen Eroberer saßen in den Ländern Europas, lange bevor ihre Heere nachrückten. Sie haben nicht nur durch Unterbieten aus Konkurrenten Todfeinde gemacht, sie haben Europa »friedlich durchdrungen«, wie andere Nationen nur die Kolonien. Sie haben ein weltwirtschaftliches System befolgt, das vor dem Kriege schon Krieg war. Man bringt nicht französische Industrien an sich, nicht das italienische Bankwesen, und überschwemmt nicht England mit Unternehmungen und Menschen, ohne politische Folgen, und schwerlich ohne politische Absichten. Das »Alldeutschtum« ist herangewachsen an der Flotte, diesen Maschinen bürgerlicher Herkunft, für die Produktion von »Weltmacht«. Das »Alldeutschtum« war eine Ausgeburt der Beziehungen des Bürgers zur Gewalt. Es bedeutete wirtschaftlichen Militarismus. Es war die Seele der Epoche. Vergebens nannte man sich konservativ oder liberal, vergebens zierte sich die Regierung: zuletzt geschah immer, was alldeutsch war, – bis an das tödliche Ende.

Es geschah nicht, weil es gut, nicht weil es klug, nicht einmal, weil es wirklich stark gewesen wäre. Es geschah nur, weil es alldeutsch war und demonstrierte. Denn Alldeutschtum war eine sinn- und verantwortungslose Demonstration der Kraft – der metaphysischen Idee der Kraft vielmehr als ihres wirklichen Gehaltes. Alldeutschtum war eine Angelegenheit entarteter Professoren an pflichtvergessenen Lehrstätten des Geistes, aber ihrer bedienten sich militärische und industrielle Nutznießer. Es war alldeutsches Philosophem, in der Politik die Moral »überwunden« zu haben und grundsätzlich nur zu tun, was abscheulich war. Oder ist nicht das zweimalige Anerbieten des englischen Bündnisses abgelehnt worden – eingestandenermaßen, weil man, getreu nach Bismarck, in einem Bündnis immer der stärkere Teil sein, mithin es durchaus nie aus Freundeshand entgegennehmen wollte? Um den Preis einer guten Tat hätten sie sogar Marokko nicht gewollt! Das Haager Schiedsgericht, diese vom Reich zum Scheitern gebrachte Gelegenheit einer Weltwende des Friedens und der Güte, wird von dem schuldigen Reichskanzler Bülow in dem Buch, das ihn rechtfertigen soll, nicht einmal erwähnt, – und er hat es geschrieben in dem Krieg, der das Ende seiner »Deutschen Politik« ist. Welch eine deutsche Politik! Die ganze Wirtschaft und alle großen Entscheidungen für den Kriegsfall berechnet, den eben dies herbeiruft. Der Nationalitätenkampf als Selbstzweck gesehen, die Nationen nur als Futter für irgendeinen Machtwillen; – und die Darstellung seiner Ostmarkenpolitik durch diesen Bülow ist das Häßlichste und zugleich Kindischste, was zum Preise nationaler Unterdrükkung und zum unfreiwilligen Nachweis ihrer Vergeblichkeit je erbracht wurde. »Epochen, die so unerbittlich und allgemein vernehmlich das Urteil über den politischen Irrtum sprechen, sind so selten, wie sie groß sind«: – das wahrste Wort eines Reichskanzlers.

Die Überwindung der Moral gehört nicht eigentlich zur Macht und ihrem Wesen. »Bei strenger Wahrung der Gerechtigkeit,« gestand mit Bedauern Pitt, sei keine Macht zu denken. Die Gerechtigkeit für Schande zu halten, empfahl er nicht. Alte Mächte mit erworbener Weisheit achten endlich doch den Ruf des Gewissens. Diese neue Macht war ruchlos, weil sie zu schnell aufgeschossen, von sich selbst überrascht und in der Tat höchst fragwürdig war. Der Eindruck bestand, daß weder das Reich noch sein Untertan ihr Dasein einfach hinnahmen wie etwas Naturgewordenes. »Künstlich« nannte das Reich sogar sein Schöpfer, eine Treibhauspflanze war der Untertan; und auf unsolide Art zur Welt gekommen, nahmen sie sich das Recht, auch so zu leben, rechneten, anstatt mit Zeit und Selbsterziehung, auf jeden Zufall der Gewalt, jede unlautere Nachhilfe, jeden Bluff. Der erste von allen war ihre vorgebliche »Regierung über den Parteien«. Irgendein Mensch, der an Kraft des Urteils, der Tat, des Charakters nichts voraus hatte vor jeder mittleren Gestalt des täglichen Lebens, wurde durch eine Ernennungsurkunde des Herrschers unvermittelt der große Mann, dessen Geist über die Niederungen der Parteien erhaben und jeder Verantwortung entzogen, in ein nationales All von Kraft und Herrlichkeit tauchte. Das Amt des Reichskanzlers war nicht das eines sterblichen Ministerpräsidenten, es war dank seinem ersten, so erfolgreichen Verwalter ein archaistisch vergrößerter Popanz, das arme Menschengesicht Dessen, der es bekleiden sollte, erstarb darin. Vom Absolutismus die ganze Verlogenheit, vom Parlamentarismus einzig nur die Bestechlichkeit, dies war das Rezept. Der Staat, der danach lebte, durfte mit Verachtung hinabsehen auf die Demokratien, die es sich versagen müssen, zu lügen, und deren Parlamente jeden Skandal überstehen, weil sie, machtvoll und aktiv, die Rolle von Bestochenen niemals lange behalten können. Aber Demokratien haben keine Fassade, und das Reich hatte eine, die nichts durchließ. Gegen Ende begann sie zu bröckeln, ein Heeres- und Marinestank drang aus den Spalten... Gleichviel, nur selbstgerecht so fort, nur laut, nur vornweg, nur betriebsam. Das reichste Volk gemimt, indes man jeden Gewinn alsbald in neue waghalsige Spekulationen steckte, das mächtigste Volk, und es säete sich ringsum Feinde, seine einstige Ohnmacht.

Betriebsamkeit kann dem Unsittlichen die Seele ersetzen, seine Welt fühlt sich, weil sie sich dreht. Man feiert die eigene Tüchtigkeit wie ein Verdienst um den Geist der Menschheit. Sie aber zeigt sich beleidigt. Zu viel Tüchtigkeit ist Angriff. Die aggressive Wirkung dieser vom Reich verfälschten Deutschen ward meist nur ihren Manieren zugeschrieben, ihrer unbeirrbaren Jahrtausendfresse, ihrem allumfassenden Dünkel: – »Die deutsche Wissenschaft«, »Die deutsche Musik« erledigten die ganze Welt, genau wie »Das deutsche Heer«. Das Wesentliche blieb dennoch ihre Betriebsamkeit. Was war ihr Kaiser? Betriebsam.

Ihr Kaiser vertritt die Deutschen seines Reiches, im Namen ihres Wesentlichen, restlos vor der Geschichte. Sein Weben und Walten, die Sorgen seiner Nächte und seine feierlichsten Rufe in die Seele seines Volkes – waren Betriebsamkeit. Ein Überallundnirgends im Adlerhelm, der das monarchische Prinzip oder ein neues Fabrikat anpreist, dies hieß Kaiser. Wie modern! Ludwig Philipp trug seinen Regenschirm, bis er ihn zuklappte und nach England abfuhr. Hier aber war alles gewachsen bis ins Babylonische, das Geschäft, der Anreißer, die Bürgerlichkeit – und dazu gespickt der ganze Betrieb mit Drohungen für die Konkurrenz, mit trocken gehaltenem Pulver und schneidigem Schwert. Geschäft auf Grund von Siegen, vergangenen und künftigen! Da jagte er durch das Land, der Bürgerkaiser, mit seinen siebzig Uniformen, und stachelte seinen Untertan an, noch tüchtiger zu sein, auch dies noch zu verfertigen, auch hier noch »an die Spitze« zu kommen und, Neidern und Schwarzsehern zum Trotz, immer noch »klotziger« zu verdienen. Womit immer er sich befaßte, was er gerade vorführte und empfahl: Erfolg! Erfolg, höchste Bürgertugend! Alles verstehen wollen, aber nichts wirklich können und lieben, überall gewesen und schon wieder zurück sein, an nichts hängen, haltlos und unsachlich bis zum Grauen sein, ein Schein sein, eine Bühnenlarve – und dort, wo das Herz sitzt, nichts haben als die Anbetung des Erfolges, sei er bei durchgedrungenen Künstlern oder amerikanischen Milliardären, die unbedingte Anbetung jedes Erfolges, der sich in Geld ausdrückt: so und nicht anders mußte der Mann aussehen, der in solchem Reich die Norm war und allen ihr erhöhtes Bild bot. So und nicht anders war er. Er ist von den Seinen bewundert worden, wie selten die menschliche Eigenliebe sich selbst bewunderte. Er war ihr Abgott. Als sie ihn gehen ließen, verstießen sie nur sich selbst. Sie sollen ihn nicht verleugnen. Sie sollen sich nicht auf ihn entlasten. Seine Schuld ist die kleinere, denn seine Rolle auf dem gemeinsamen Theater war durch sie bestimmt. So viel sie selbst aus ihm machten, hat er nicht beitragen können zu ihrer Schönheit.

Der Oberste Kriegsherr dieses Theaters hat wohl auch schwere Stunden gehabt. Auf keinen Fall ist es glaubhaft, daß die einsame Spitze ganz so ohne Blick und Wissen gewesen sei wie die Moleküle im breiten Gestein der lebenden Pyramide. Wenn er, krank wie sein Reich, der Erschöpfung nahe war: – er hatte sich eine internationale Abfuhr geholt oder, »im Innern unbeschränkt«, mit Reden wie eines aus der Haut gefahrenen Schwerindustriellen den Sozialismus vernichtet und war nun erschöpft, welcher bittere Geschmack trat ihm da auf die Zunge? So schmeckt die Unfruchtbarkeit. Herbei, Geschaffenes! Ach! nur Nachgeahmtes kam, und die englische Flotte blieb die größere. Nachahmung: die ganze Leere der vierzig Jahre gähnt aus dem Wort. Der Bürger äffte den Ritter, beide zusammen äfften England und das Reich alle dagewesenen Beispiele »öder Weltherrschaft«. Nachahmung macht unfruchtbar bis ins Kleinste. Kein Bedarfsartikel erschien, damit er nur gut sei; er hatte »deutsch« zu sein und irgendwie »an der Spitze« zu stehen.

Quälender aber werden die Fragen, wenn aufgerufen werden soll, was bei der Hast, voranzukommen, verloren ging. Nachahmung muß doch Eigenstes kosten? Da die technischen Erfindungen des Zeitalters, trotz unserem heißen Bemühen, fast alle draußen entstanden, was versäumten wir statt dessen? Steht das Können der Hand und des Auges nicht hoch bei uns, wir hatten doch ein anderes, und fühlten es als unseres, solange wir unverfälscht waren. Aber gerade die Werke des Geistes waren dem Reich eine Verlegenheit, wie lästige Fremde, die man rücksichtenhalber nicht ausweisen kann. Auch suchten sie selbst nur selten einen Anschluß an die Wirklichkeit des Reiches. Das seit 1870 erwachsene literarische Geschlecht hat freilich um 1890 einen Versuch gemacht, dem Reich und der Epoche, die so sehr Stoff waren, ihren seelischen Gehalt abzugewinnen und dergestalt sie zu besiegen. Stofflichkeit um der Wahrheit willen und, schon dadurch, sittlicher Drang aus ihr heraus: dies ergab den Naturalismus. Die Erregung, die er bewirkte, war größer, als ein nur literarischer Umschwung sie zeitigen kann; sie galt der neuen Wirklichkeit, die hier sich ankündigte. Notwendig aber fehlte dem deutschen Naturalismus, trotz liebenswertesten Werken, in einem solchen Reich das Rückgrat des festen Ideenglaubens, den zu derselben Zeit Zola bewährte. Gute Wallungen gehen vorbei mit der abnehmenden Jugend; und diese sozialen Dichter schwenkten ab, gleichwie ihr Altersgenosse, der Kaiser, als »die Kompottschüssel voll« war, seine kurze Hinneigung zu den Enterbten vergaß. Was noch folgte, war die Vollendung einzelner, nicht mehr Ausdruck der Epoche. Wie jeder dichtende Geist sich allein fühlte! Stand im Wesen jenseits dieses ungünstigen Augenblicks und kämpfte um seine Beachtung mit nicht ganz gutem Gewissen und einem Wozu? Drang einer durch? Dann war er mißverstanden, ward Zwecken angepaßt, die unter ihm waren. Das Schicksal Nietzsches.

Nietzsche hat, wie jedes große Talent, einen Zeitgeist um mindestens zehn Jahre vorweggenommen. Seine Amoralistik wie sein Aristokratismus sind Gewächse des Jahrganges 1870. Sie reiften früher bei ihm als im Lande; aber hinter Borgia handelte Bismarck, und seinen philosophischen Willen zur Macht beflügelte das Deutsche Reich. Der Gegenstand seines Machtwillens freilich war größer als diese: es war der Geist. Irdisch würde er, wie Flaubert, die Herrschaft einer Akademie verlangt haben, anstatt eines Klüngels von Waffenfabrikanten und Generalen. Moralfrci hieß für ihn: wissend, nicht: tierisch. Wenn im Jahre 1914 viele der Unseligen, die hinausgetrieben waren gegen eine mißverstandene Welt, in ihren Tornistern den »Zarathustra« getragen hätten, dann ist aus ihren Tornistern Lachen erschallt. Mit ihnen kämpfte, leider, kein Nietzsche. Er hat sie weder für wissend noch für adelig gehalten; ja, über die aufgeopferten Geschlechter des Reiches hinaus hat er, höchst ungerecht, Deutschland verworfen, von je und für immer verworfen. Mögen Künftige es ihm verzeihen. Auch er stammte, woher das Reich stammte; die Zerrüttung des Zeitalters forderte auch ihn. Er sah nicht mehr klar, nicht hinweg, und hatte vergessen, daß das wahre Deutschland aller Zeiten ein geduldiges, einsichtsvolles, der Gerechtigkeit ergebenes Volk ist.

Hielten die Söhne des Reiches ihn ganz ernstlich für ihren Propheten? Es kam spät und sah nicht echt aus. Einfacher fanden sie zu ihrem Wagner. Der war nicht rein, war einer der Ihren, erfolgsüchtig, vom Stoff besessen, mit der Lüge auf bestem Fuß – und machte Musik, was über alles Fragwürdige, wenn Meister und Jünger es wünschen, Unklarheit verbreitet. Der Tag wird gleichwohl aufgehen über seinen herrlichen Helden, und sie werden als Verräter dastehn. Sie haben das Volk, in das sie sich hineinmusizierten, an die schlechtesten Triebe des Zeitalters verraten, sie haben das Zeitalter, an dem sie mitwirkten, erst recht zum Ausbruch gebracht, es seelisch entfesselt. Es wäre nicht ganz so abgründig schlecht geworden ohne die Helden Wagners. Viele haben neben ihm mitgeschaffen an der Verderbnis, haben, wie der berüchtigte Treitschke, ihr erquältes Deutschtum auf den Haß begründet, Haß der Welt und Haß des natürlich, harmonisch Deutschen, das die Weltfreunde Schiller, Mozart, Goethe darstellen. Geister jedes Faches haben Paradoxe, künstlerische Verführungen, gelehrtes Blendwerk beigebracht, deren Folge und Ergebnis »alldeutsch« heißt. Wagner benutzte unter allen den populärsten Apparat, er entzog seine Mittel der Aufsicht der Vernunft, und er war bedenkenlos wie einer, weil im Vorrecht des Künstlers. Ein revolutionäres Erlebnis verraten und zu der Macht überlaufen, die wieder obenauf ist: gesetzt, daß niemand es dürfte, so doch ein Künstler? Was ist ein Künstler, wenn nicht der wirksamste Bekräftiger des gerade Bestehenden! 1848 hätte dem willigen Künstler mehr Gelegenheit zur Wirkung bieten sollen! Freiheit und Menschentum, die versagen, haben allem anderen Platz zu machen, das auf der Opernbühne nur ziehen kann: einer schwitzenden Kraftentfaltung, dem als Zustand waltenden Siegesgetöse, gewissen Schwülsten von Deutschtum, die um des Farbenspieles und Effektes willen sogar antisemitisch schillern. Wie sieht er die Macht, die ihm heilig ist? In Gestalt von Zaubermännern mit Schwanenhelmen. Wie das Volk? In den Spalieren eines vom Glanz seiner Herren geblendeten, von den Ereignissen ewig überraschten Chores. Wie den Deutschen? Als den ruchlosen Tölpel Siegfried. Wie sich selbst, der Plebejer? Mit den adeligen Zügen eines blonden Stolzing. So darf denn auch, als das Leben herum ist, der letzte Schwindel nicht ausbleiben, das christliche Leiden, von dem der große Mann und Königsliebling sich allerwege nach Kräften gedrückt hatte. Jung belügt man sich selbst, als Mann die anderen, im Alter wieder sich. Was bleibt? Musikalisches Ausdrucksvermögen, genial so viel man will, für vergiftete Gefühle und einen verfälschten Geist; die Oper, die ein schönes, luftig-sinnliches Gebilde gewesen war, grob materialisiert und zum Wagnerbetrieb gemacht, einer vorwiegend sozialen und wirtschaftlichen Tatsache, die den Bestand ihres Gründers länger sichern wird, als seine Kunst es vermöchte. Was bleibt? Eine scheinbare Vermehrung des deutschen Ruhmes, – bis am entscheidenden Tage das Herausfordernde, Enge und Trübe der in solchem Werk handelnden Seele dem Haß der Feinde um so festeren Anhalt bot. Über alles dies aber hat das zielbewußte Talent, dem seine Kunst nicht zuerst Kunst, sondern »deutsch« war, genau wie dem mitlebenden Fabrikanten sein Produkt, sich noch die Philosophie des leidenden Geistes Schopenhauer angemaßt. Oder war sie wohl erworben? Durch die Bitterkeit des Lasterhaften? Die Weltverachtung des Ehrgeizigen? Nicht ungestraft jagt jemand, der an sich selbst nichts zu verraten hatte und überall nur sich anschmeißt und einschwindelt, sein Leben lang dem Rausch der Wirkung nach, dem sofortigen

Genuß des Tages, – anstatt daß Ruhm und Tag, herangereift, zu uns treten. Lange, nachdem er und sein Geschlecht dahin waren, traten Ruhm und Tag zu einem derer, die in seinem Schatten gelebt hatten und gestorben waren. Ein großer Künstler, o Gottfried Keller, kann selbst zu einer solchen Zeit ein braver Mann und darum erst groß sein: aus einem Stück, eines Glaubens, und mit Selbstverständlichkeit deutsch.

Ein Zeitalter, das an Geister wieder glaubt, wird sie erblicken. Das Auftreten des Genies entscheidet sich nach dem Bedürfnis. Das mechanistische Kaiserreich hatte die Atmosphäre, die es verdiente: es schuf sich eine Ideologie des Bösen. Die Welt nicht, aber seine Welt ward in der Tat, weil alle es glaubten, nur von bedenkenloser Erwerbsgier gelenkt, und ein Realist sein, hieß, allein das Böse für wirklich halten. Da war eine Mehrheit von Schwachen, zum Guten so leicht zu haben wie zum Bösen, – und durch alle Umstände begünstigt, redeten Wortemacher und Nutznießer ihr das Böse ein. Seht zurück auf jene jahrzehntelange widernatürliche Aufgetriebenheit des nationalen Willens, jene Ruchlosigkeit des öffentlichen Denkens und die Abtötung der euch altgewohnten Vernunft, in der nicht Kraft allein, auch Güte herrscht. Könnt ihr es noch glauben? »Ein ewig dauernd Herrenvolk« verlangten sie von euch, – und dies war schlechthin grauenvoll. Dies hieß: bekämpft alle anderen Völker, bis sie tot oder Sklaven sind, thront einsam als Feinde aller, als Unterdrücker, Richter, einziges Weltgewissen – und so für ewig. Ward dessengleichen von Menschen je gefordert? Rom und England wußten davon nichts. Kein Volk mit widerstandsfähigem Wirklichkeitssinn ist einer so ungeheuerlichen Versuchung erlegen. Ihr seid es. So kam der Krieg.

Er kam durch Deutschland nicht, wahrhaftig, nein. Durch das geduldige, einsichtsvolle, der Gerechtigkeit ergebene Volk des ewigen Deutschlands kam er nicht. Er kam durch ein Wesen, das gegebene Tatsachen stumpfsinnig verehrte, das Unterwürfigkeit, Grobsinnlichkeit und Härte für Gesetze des Lebens hielt und Menschenverachtung für seine letzte Frucht; das, unsachlich, unwahr und in allem Geistigen frivol, für Höheres nie kämpfen, immer nur raffen und schmatzen, aber nie kämpfen wollte, und das überdies einen solchen Unfug für Reife und Gipfel, sich selbst, den Wechselbalg des Deutschen, für seine Vollendung ausgab. Der Krieg kam durch den Untertan.

Der Untertan verzichte doch darauf, die immer wiederholten Kriegsdrohungen seines mit ihm verschmolzenen Kaisers für Verirrungen eines einzelnen zu halten. Wilhelm der Zweite hat jedesmal ungehemmt nur herausgesagt, was im Hintergrund jedes Bewußtseins war und 1913, bei der wüsten Hetze jener Jahrhundertfeste, nicht mehr im Hintergrund blieb: zuletzt sind wir der Sieger. Wir dürfen uns überall verhaßt machen, brauchen über die Völker, mit deren Hilfe wir reich werden wollen, kein wahres Wort zu wissen und mögen sogar den Allerunwissendsten die Führung der Geschäfte lassen: zuletzt muß doch alles noch eingeholt werden, denn wir sind der Sieger. Der Sieg, unser gottgewolltes Amt, gibt uns ein Recht auf alle Fehler, jeden Übermut. Ende gut, alles gut.

Dennoch durfte Wilhelm sich den Friedenskaiser nennen lassen; er wollte nicht, was er sprach, ein glänzender Erbe, der alle Hände voll zu tun hat mit Einheimsen, Prunken, Spielen, kann den Ernstfall nicht wollen. Der Ernstfall war in seinem Munde ein dramatisches Requisit, eine nur gedachte Ausflucht aus selbstgeschaffenen Verlegenheiten, keine Vorstellung, kein Ernst. Wie er, sein Untertan: zu phantasiearm und zu eitel, um die Folgen des eigenen Treibens zu ermessen. Gewalt im Sinn, aber solange die Futter- und Geldhaufen noch anschwellen, nicht geneigt zur Gewalt.

Gleichwohl, die Schwierigkeiten im Verkehr mit der

Welt werden größer. Die Länder Europas lassen die deutsche Durchdringung auf dem Bank-, Industrie- und Handelswege nicht mehr willig geschehen. Beanspruchte Kolonien werden dem Reich ernsthaft bestritten. Schiedsgerichte und Kongresse sind ein tückisches Mittel, den Sieger zu überstimmen. Ein Sieger, eingefangen in Spinnengeweben! Wie lange kann es dauern, bis er sie zerreißt. Wollten selbst die Alten beim Geldverdienen sitzen bleiben, da ist eine Jugend, mehr Sieger und noch mehr Untertan als ihre Väter – »alldeutsch« der Nachwuchs sämtlicher Parteien. Da ist, hinter dem Kaiser, sein Sohn. Die Alten werden sich doch nicht beschämen lassen? Eine letzte Kraftprobe der Gewalt, ihr letztes Manöver vor dem Ernstfall. Es heißt Zabern – und macht viel Staub, viel Lärm. Aber wenn am Ende doch alle sich fügen, sich ergeben und das Schicksal hinnehmen, so mag es denn kommen.

Der Krieg bricht aus. Sie haben ihn nicht gewollt. Sie haben nur so gelebt, daß er kommen mußte. Sie sind nicht schuldig, denn man lebt doch, wie man geschaffen ist, – und das Reich hat sie geschaffen. Sie haben den Frieden gewollt, aber er starb ihnen sehr gelegen. Sie kommen auf einmal aus allen Verlegenheiten und kürzen durch einen Krieg, selbst wenn er verlustreich wäre, immer noch um ein Menschenalter den Weg ab, der sie zur vollendeten Weltherrschaft führt. Sie sind ihrer Sache sicher und triumphieren, weil man sie »angreift«, so wahr wie 1870. Auch die anderen machen endlich einen Fehler, und der entscheidet. In den Ränken des Friedens konnten sie uns gefährlich werden. Jetzt haben sie das Spiel aus der Hand gegeben.

Der Geist von 1914 war Triumph – und war es in Deutschland allein. Handlungen bleiben zweifelhaft, unleugbar ist nur das Erlebnis. Deutschland hat sich das Urteil nicht durch seine Kriegserklärungen gesprochen. Eine

Kriegserklärung kann vielleicht eine Flucht in die Offensive sein. Sie ist es nur dann keineswegs, wenn der Geist des Landes der deutsche Geist von 1914 ist. Wären alle behaupteten Herausforderungen Englands, Rußlands, Frankreichs erwiesen oder erweisbar, der Geist von 1914 würde bleiben und mehr beweisen. Daß die Regierung des Reiches allen Vermittlungsversuchen auswich oder sie unwirksam machte, könnte vergessen werden; auch drüben bei den andern liegen Versäumnisse, liegen Schuld und Vorschuld; unvergeßlich bleibt der Geist von 1914. Man wird nicht aus einem eingekreisten Wild durch Willensakt urplötzlich zum Welteroberer. Man sieht nicht von heute auf morgen die ganze Welt als politisch abgehaust, als sittlich verwahrlost und als leichte Beute an. Ein Geisteszustand – und gar dieser äußerste – ist das Erzeugnis langer Jahrzehnte. Der Glaube an den schnellen Sieg, der nur ein deutscher Glaube war, setzt eine Vorbereitung nicht auf den Krieg nur, auch auf den Angriff voraus. Man glaubt nicht an Fähigkeiten, die man nie freiwillig zu bewähren denkt. Ein Volk, das unter Abtötung vieler anderer Anlagen und Kräfte seinen letzten Daseinszweck und ganzen Stolz in seine militärisch begründete und aufrechterhaltene Macht setzt, kann nicht leben, es sei denn, daß es sie sich endlich einmal greifbar beweist und losschlägt.

Der Besiegte

Die ungeheure Tragödie nimmt ihren Anfang unter Jubelgeschrei. Vergib ihnen, sie wissen nicht, was sie tun, – bis auf jene, die es zu gut wissen. Dieses arme Volk ist von ihnen belogen worden vom ersten »Wir sind überfallen« bis zum letzten »Wir sind nicht besiegt«. Ach! Wäre es nur nicht ganz so reif gewesen, sich auch selbst zu belügen!

Es ist beklagenswert wie je eines, das ausziehen mußte,

Menschliches zu zerstören und seiner Seele zu schaden. Ihm ahnte wohl dunkel sein schweres Los. Im Getriebe der Straßen steht verloren der marschfertige Soldat, die Hand, diese stumme Minute lang, noch in der Hand seiner Liebsten. Unter den Bäumen des Dorfwirtshauses trinken die Burschen ein letztes Mal vor dem Aufbruch, so still wie Schlafende. Hier die Besinnung, das heimliche Wissen, – nachher drauf los, und kecke Prahlereien an den Wagen ihres Transportes gekreidet. Dahin führt ihr Zug sie, in wüste vier Jahre, mörderisch nicht nur dem Sterblichen des Menschen. Wo finden sie im fünften sich wieder? Im eigenen Land, auf heimischen Plätzen einander gegenüber, Wurfgeschosse in den Händen, und im Herzen nur Haß und Tod.

Der Zug, der sie fuhr, war die Lüge, und er fuhr in den Tod. Zum Leben hin führt nur die Wahrheit. Siegen, wenn Sieg denn wünschenswert wäre, läßt sich vielleicht noch mit Fehlern und Verbrechen, nicht mit Lügen. Während ein ängstlicher Nachbar, zivil denkend und daher beim Nahen der Katastrophe kopflos, seine Truppen zehn Kilometer hinter seine Grenze zurückzieht, werden Einbrüche und Fliegerangriffe bis mitten nach Deutschland hinein ihm angedichtet von eben dem, der Vorwände benötigt, um sogar bei einem Neutralen einzufallen. Da ihr es glaubt, wird es Methode. Jeden Bruch des Völkerrechtes, die Beschießung offener Städte, alle neuen Grausamkeiten im Töten, sogar die Wegführung von Geiseln und die Verwüstung ganzer Landstriche hat in den Zeitungen zuerst ein Feind begangen, und dann begehen beruhigten Gewissens wir selbst sie. Der Schrecken wird alsbald das vornehmste unserer Kriegsmittel; nur darf er nicht Schrecken heißen, er heißt Strafe, er heißt, noch freventlicher, Menschlichkeit. Härte kürze den Sieg ab... Aber sie verlängert ihn; die Rechnung mit der Menschenseele war falsch. Man mache sie noch falscher, vielleicht stimmt sie dann! So treibt es den Lügner bis zur vielfachen Ertränkung von Menschen, die waffenlos über das Meer fahren, so wird er Sklavenhalter. Den Glauben an solche Mittel peitscht nur die Lüge auf. Sie aber, zuletzt gebiert sie den Wahnsinn. Nie, die langen Jahre des Unterganges, in denen jeder andere Kriegführende oftmals vor aller Welt sein Blut entströmen ließ, hat dieser, ob das seine auch zum Himmel schrie, den kleinsten Nachteil, geschweige eine Niederlage eingestanden. Hohnlachend der Zahl seiner Feinde, vermehrt er sie rastlos bis zu dem letzten, auch wieder verachteten, der ihm den Rest gibt. Vor Wunden und Hunger schon am Umsinken, belädt sich der Unglückliche noch immer mit neuen Gründen, ihn zu verabscheuen, mit neuen Herausforderungen an das Schicksal. Ein zum Gespenst gewordener Irrer, bricht er zusammen. Es könnte ein Heldenschauspiel sein, wäre es nicht eine Krankengeschichte.

So endete ein Reich, das Sieger war und nur als Sieger leben konnte. Seine Feinde hatten es leichter; sie durften langsam das Gesicht der Ereignisse annehmen, mußten nicht Helden von Beginn und niemals die gottgewollten Sieger sein. Sie konnten sich gehen lassen, Ermüdungen zeigen und lange schwanken, bis ihre Kräfte gesammelt waren, noch länger, bevor ein allgebietender Führer sie gebrauchte. Wären sie geschlagen worden, sie würden viel verloren haben, nur nicht das Wichtigste, den Glauben an sich selbst. Der stand auf anderem. Das Reich hatte verkündet: »Ich bin die Macht, und Macht schafft Recht.« Als sein verbürgtes Erbe hat es alles beansprucht, was ihm anstand und gegen seine Heere nicht gehalten werden konnte. Es kämpfte für das Herrenrecht. Von seinem vorgeblichen Gott hatte es seine behauptete Sendung. Schwäche wäre Lästerung gewesen, Niederlage Verrat. Angespannt vom ersten Tage an alle Kräfte, und schlug etwas fehl, gelogen, gelogen!

Hätte es allein geendet! Ein erkünsteltes Staatsgebilde ohne tiefe volksgemäße Notwendigkeit, ein häßlicher Klassenstaat, vielen zum Leid und wem zur Freude, der Staat, der unter allen, selbst Rußland nicht ausgenommen, am meisten Menschliches erstickt hat: hinweg und kein Wort mehr. Aber das Reich bestand aus Menschen, einem mißbrauchten, seelisch enteigneten Volk. Man sah sie nicht, das Reich führte ein Eigenleben, dem Menschen nichts galten. Es konnte diesen Krieg erklären, weil es ein Begriff und ein Götze war. Menschen im Namen von Menschen würden ihn nicht erklärt haben. Die blind laufende Maschine der militärischen Gewalt des Reiches mußte sich, von allen Geistern verlassen, zuerst totgelaufen haben, bevor man sehen konnte, sie bestehe aus Menschen, einem leidenden Volk.

Da sah nun die Welt: welch ein Leiden, und welch ein Weg des Leidens! Vom frischen Aufbruch an: ihr sahet neue Länder, hattet Abenteuer, das Sterben war noch kühn, noch nicht mißbraucht, – da hieß es schon Unrecht tun, hieß ruchlos und Geißel werden. Bald aber war euer Erleben so ungeheuer, daß nur noch stumpfes Handwerk des Soldaten, kein Gedanke, kein großes Gefühl mehr es bändigen konnte. Welche Idee vom Krieg, als Erzieher, Schöpfer, Vater, kam auf gegen die Hunderttausende der Leichen, von denen ihr umgeben waret? Was bedeuteten zwölf Millionen blitzgewöhnlicher Helden? Soldaten, die ihr das Volk waret, opferwillig und gutherzig waret ihr, wie von je das Volk. Eure Mühsal, die starken Taten eures Pflichtgefühls sollen in Ehren stehen. Unser Gedenken gelte nicht den Zwecken, denen ihr dienen mußtet, nur euch und euren Stürmen, euren Enttäuschungen. Gerade in den Höchstgestimmten unter euch erlosch die Flamme zuerst. Freiwillig Hinausgezogene wurden bis zum Ekel ernüchtert. Wo blieben noch unentwurzelt Volksbegeisterung, Liebe für irgendeine gute Zukunft dieses Volkes – in einem technischen Blutbetrieb, der im Interesse der Größten und Reichsten nur immer so fortging. Lebende Widerlegung aller eurer Opfer waren die Prasser und Diebe der Etappe. Die Summe eures Gefühles sei das Vaterland, euer ganzer Glaube der Staat, – und doch seht ihr, so oft eine Schlacht euch unzerstückelt läßt, in die frechen Augen derer, die von eurem tausendfachen Tode den Vorteil haben. Endlich sagten sich einige: »Dort vorn, in den uns entgegengesetzten Gräben, liegen Mißbrauchte wie wir, die sind nicht unsere Feinde. Hinter uns stehen sie!« Diese trugen schwer an ihrer Erkenntnis, ihrer Reue und Voraussicht. Denn zerrüttet durch den Krieg, einen tückischen Schlich seiner wirklichen Feinde, geschwächt in seiner Zahl, seinen Leibern und Seelen, wird das Volk auf lange für seinen wahren, eigenen Kampf verdorben sein. Sie schwankten, sie stillten ihren Zweifel mit dem kurzen Rausch neuer Eintagssiege. Die Mehrzahl der Tüchtigen und Lenksamen dachte über die eigenen Taten nie hinaus, lebte von einem Gemetzel zum nächsten, an Plünderungen vorbei, durch gelichtete Reihen der Kameraden, den Widerhall des heimatlichen Jammers im Ohr, und merkte kaum, wie alles schwand, der letzte Glaube, der letzte Halt in sich, das bißchen Gesittung, der Rest des Menschengefühles. Manchmal schrie einer auf: »Das kleine Kind hab' ich an die Mauer geworfen!« – »Still, Mensch!« – »Gespritzt hat sein Hirn!« – »Der Mann ist wahnsinnig. Einsperren!«

Der Jammer der Heimat aber hatte wilde Augen, und die wildesten, als sie schon hohl waren. Vor den ersten Kriegsberichten, dem Selbstlob der Vernichtung, standen Bürgerdamen mit Blicken wie Hyänen. Den öffentlichen Anschlag, ein großer Feind sei ertrunken, sah man mit Eichenlaub umkränzt. Die Lust am Bösen verband sich der Technik und zeitigte Handwerkszeuge der Qual, die ohne Vorgang waren. Die sozusagen geistigen Mittel derer, die hetzten und die Dialektik des Greuels lieferten, stanken und vergifteten wie nur die höllischste Bombe. Jeder neue Feind ward unter ihren Mörderhänden zum Verbrecher, Verräter und Bankerotteur, wie viele Morde an Wehrlosen, im Feld begangen, fallen auf das Gewissen schreibender Heimkrieger? – aber jenseits unserer Vereinsamung lag wie je die Welt, nichtachtend unser furchtbares Geschick, vor uns selbst Recht haben zu müssen. Das erbärmliche Reklamegeheul, in Versen und in Prosa, über den Seelenadel dieses Volkes, seine unvergleichlich hohe Gegenwart und Bestimmung! – indes es, sittlich erschüttert wie noch nie, dem furchtbarsten Abgrund entgegenwankte. Siege! Nahende Weltherrschaft! Annexionen, deren lange Liste der Große Generalstab noch 1918 hinausschreien ließ! – und der Käfig unseres Landes ward immer enger. Unerschöpflicher Reichtum! – und unser Geld ward immer billiger. Man leugnete uns sogar unseren schlecht gefüllten Magen, was blieb da dem Durchschnitt noch übrig, als sich an Lügen voll und toll zu fressen. Am redlichsten dachten noch die erbosten Gewinner, die einen Friedensfreund denunzierten: »Wir verdienen im Kriege mühsam unser Geld, und jener Mann arbeitet für den Frieden!« Damals haben wir einen Zustand kennen gelernt, neben dem uns der verruchteste Polizeistaat von ehemals freundlich und frei schien. Die Mehrzahl hielt nicht, wie einst, zusammen gegen den vereinzelten Angeber, und kein Denunziant ward so leicht der größte Lump im Land: die Mehrzahl wetteiferte, jeder verfolgte jeden, und nur im geheimen flüsterten Menschgebliebene einander ihre Angst und ihren Abscheu zu. Wer hielt den Nächsten nicht für entbehrlich? Da zweifelte er doch wohl manchmal, ob nicht auch er es sei? Hatten nicht vor allem die Männer des Hauptquartiers mit ihrem Leben abgeschlossen, bevor sie Millionen wert des Sterbens hielten? Denn jeder neue Massenmord, jede Verlängerung des Krieges, alle entmenschten Verfolgungen der Welt wie der

Heimat fallen auf das Hauptquartier als verantwortlichen Anstifter und entscheidende Instanz; keine andere Regierung bestand mehr in der Tat. Aber fehlgeschossen, sie haben sich vergewissert, wo alles starb, müßten nur sie doch weiterleben: sogar geschlagen. Alle sind noch da, geben sich die Ehre ihrer Taten und der Nation und ihren Toten die Schuld am Ausgang. Sie fühlen sich keinem Schicksal verantwortlich, nicht Gott und nicht dem Tod: alles war ihnen Maschine, sie sind es wohl selbst.

Entsetzliche Tage, als sogar ein Friedensangebot nur Kriegsmittel und neuer Schrecken war, als die Welt die Fortdauer ihres Hinsterbens nicht sicherer erfahren konnte als durch den Frieden, der unter dem leichenschänderischen Brunstgeheul der Alldeutschen ihr angeboten ward. Wäre der Anbietende selbst ehrlich gewesen, der Friede bog sich ihm, wie von selbst, zu einer neuen Herausforderung um. Niemand glaubte so wenig an das Aufhalten des Schicksals als die Vereinzelten, die es im voraus erkannt hatten. Lauf' ab, Schicksal! Haß, dem auf der ganzen Erde kein unbenagter Fleck mehr bleibt, greife nach innen, friß vollends uns selbst! Der Wucher bricht aus. Der Frechheit der neuen Reichen, die prassen im Angesicht der bleichen Not, antwortet von unten der Diebstahl und erhebt sich zum anerkannten Volksbrauch. Ihr Staat, der ehrbare alte Schuft, lügt sich sein Letztes noch in den Hals, da haben die Untertanen längst zynisch aufgeräumt mit dem Rest ihrer Vorurteile. Er hat sie gelehrt, Macht schaffe Recht; und Generale verkaufen Eisenbahnwagen voll gestohlener Waren für eigene Rechnung. Er hat sie gelehrt, Erfolg sei alles; sie bestehlen ihn dafür abwechselnd und ungestraft. Alle bewuchern alle, man liefert seinen Konkurrenten der »Mordkommission« aus, mag er abgeschossen werden, Geschäft ist Geschäft. Ja, Väter selbst, es senke sich die Stimme, sind dahin gelangt, daß sie das Blut ihrer gefallenen Söhne als Vorwand nehmen, den Krieg mit zu verlängern und Geld zu machen sogar aus diesem Blut. Ihr Staat hat diese Menschen gelehrt, schändlich sei nur der Mißerfolg; sie mißbrauchen noch die Frauen der Gefallenen. Er hat sie lügen, lügen gelehrt... Nein, das ist vorbei. Sie treiben ihre Unzucht offen, sie tragen ihre wütende Erschöpfung frei zur Schau, ihre Auflösung vollzieht sich an der Sonne, mögen die Fliegen kommen!

Abtanz ohnegleichen! Ein verwildertes Volk rennt über sich selbst fort, wer zuerst am Abgrund sei. Ach! alle kommen hin; und der Krieg selbst konnte nichts, als uns Beine machen. Den Weg und das Ziel wies uns das Reich. Dies Reich, wie es angelegt und sittlich begründet war, konnte zu nichts anderem führen, es trug die Niederlage in sich von jeher. Auch kam sie dann nicht irgendwie, sie kam auf die hier einzig angemessene Art: keineswegs im Zustand der Verteidigung, sondern als Ausgang der letzten aller mißglückten Angriffsschlachten. Ihre Zeit war erfüllt, weil die Liste der Verkennungen, der sittlichen und der technischen Fehlschlüsse endlich erschöpft war. Noch schnell die letzte Lüge »Wir sind nicht besiegt«, – da brach schon die Wahrheit aus mit der ganzen Gewalt, die der Höhe des Druckes entsprach: als Revolution.

Die Wahrheit war in dem zusammengestürzten Kaiserreich so lange gefangen gehalten, entehrt und verstümmelt worden, daß sie kein Gesicht und keine Stimme mehr hatte. Jetzt war sie erstanden; aber wie sie aussah, wußte niemand, und niemand hatte sie sprechen gehört. Eine Revolution ohne Idee! Eine fast wortlose Revolution, das Aufstöhnen und Sichschütteln des Besiegten. Wer hatte sie gewollt? Wo waren denn Revolutionäre? Sie entwand sich ohne Hilfe den blutigen Resten des Kaiserreiches, ratlos, wie sie leben solle. Nichts fand sie vor als eine Niederlage, verfallene Menschen, zerbrochenes Gerät, entwerteten Besitz. Was immer sie tue, wie sehr sie sich verirre, die

Revolution wird nicht schuldig sein, sie ist eine traurige Erbin, die Vollstreckerin eines Willens, der vor ihr war. Langer, ruheloser Jahre wird sie bedürfen, um sich freizumachen für die Erfüllung ihres eigenen inneren Gebotes, das Gerechtigkeit und Wahrheit ist.

Ihr Erbe: grobe Stofflichkeit, Machtwille und Übung der Gewalt. Sie faßt sich wirtschaftlich auf, als Klassenrevolte, nichts weiter; diese Revolution fühlt noch nicht ihre nationale Einheit, ihren Beruf, ein neues Zeitalter deutscher Geistigkeit heraufzuführen. Sie läßt es sich nicht träumen, sie könne Menschen verändern, anstatt nur die Besitzverhältnisse. Die Seele ist ihr Feld nicht. Klassen kämpfen jetzt um die Macht, wie vorher ein Reich um die Weltmacht, und dies soll alles sein. Einander Gewalt antun, heißt ihnen noch, Recht haben. Wenn die einen die Preise hochhalten, steigern die andern die Löhne, und der Streik ist tägliche Regel wie der Wucher, wenn nicht der Straßenkampf sie ablöst. Jede der Klassen denkt sich wohl der Niederlage zu entziehen, besiegt sie nur die anderen? Statt dessen wälzen sich alle, einander zerfleischend, nur noch tiefer in sie hinein. Errette sie, Wahrheit! Mach' uns zu Menschen, Vernunft! Wir sind noch immer Untertanen. Noch immer herrscht, auf allen Seiten, die Denkart der Militaristen und der Fetischisten des Staates. Die Staatssklaverei der Militaristen ist schleunigst ersetzt worden; man kann den Menschen nicht mehr »hinausschikken«, aber man könnte ihn unter eine Wirtschaftsdiktatur stellen, und der Rest seiner Selbstbestimmung wäre um so sicherer dahin. Niemand fragt: verlangt dies das Menschenglück? Sie fragen nur: will es der Sozialismus? Geistverlassen streiten sie sich um ihren Wirtschaftskatechismus. Ob dies »das Blut sei oder es nur bedeute«, war zu seiner Zeit kein windigerer Zwist als diese ihre Kämpfe. Der Ketzer, der langsamer oder schneller sozialisieren will als der Rechtgläubige, gehört für ihn in »Schutzhaft« und

»an die Mauer«, nicht anders als für den Militaristen ein bedächtigerer Militarist, der nicht gleich alles annektiert. Den Vorteil haben die Reichen. Sie, um deren frühere oder spätere Enteignung es geht, denken nicht daran, sie jemals ruhig hinzunehmen. Wie kämen auch grade sie dazu, ihr Geld dem Gedanken einer befreiten Menschheit zu opfern, dem andere nicht einmal einen Glaubensartikel opfern. Ihr Geld tut das Seine, damit in einer Revolution, die sich selbst nicht kennt, noch immer sogar die wirtschaftlichen Dinge nicht viel anders verlaufen als vorher. Ihre entschlossene Feindschaft gegen jede, auch die unausweichlichste Sozialisierung verbergen sie hinter dem Haß und der wütenden Furcht, die ihnen der »Bolschewismus« macht.

Die Feinde der Revolution können von Glück sagen, sie haben ihren Vorwand gegen sie, er heißt Bolschewismus. Dieses Gebilde aus Blutdunst und Logarithmen ist das offenbar Unmögliche; jeder sieht: wir können es niemals haben, oder es wäre das Ende der Welt. »Wozu dann«, fragt der Versucher, »unsere Revolution? Blickt nach Rußland! So muß eine folgerichtige soziale Umwälzung nun einmal verlaufen.« – Aber Rußland, wie es beschaffen ist, wird in seinen großen Unternehmungen, so gut als in seinem Alltag, Elemente haben, die mehr als modern, gleich neben anderen, die Mittelalter sind, und eine heutige, uns begreifliche Einheit wird nicht gegeben sein. Rußland wird mit Urinstinkten arbeiten, die längst bei uns geschwächt sind, und zugleich mit Spekulationen, die wir noch vermessen finden. Es wird unsere politisch-kulturelle Grundtatsache, die Demokratie, mit einem Schlage abgetan haben, aber wer hat da zugeschlagen? Der Zarismus. Denn Rußland ist noch immer nicht hinaus über den Zarismus, und wann kommt es hinaus über ihn? So viel Geist aufgewendet zu haben in Jahrzehnten, die schweren Aufstände, das Blut des langen Krieges, – und die Freiheit,

Seele jeder Revolution, entweicht aus dieser russischen schon einige Monate nach ihrer Geburt! Sie waren zu lange Knechte, wie könnten sie leben ohne Ausschweifung und ohne Gewalt. Die Mystik der alten Herrschaft verkörpert sich alsbald neu. Eine andere Wunderdoktrin, und andere Zaren! Weiter gefoltert, weiter getötet, in Massen, ganzen Klassen, und auch die Ausbeutung wechselt einzig ihr Personal. Ein verelendetes Volk, aber hunderttausend neue Besitzer; »Kommunismus« zugunsten amerikanischer Milliardäre, die ihn beerben. Da mißfällt den neuen Zaren die selbstbeschworene Anarchie, die sie doch Freiheit nannten, bis sie alle ihnen zu Sklaven gemacht hatte. Aus radikalen Sozialisten werden sie radikale Imperialisten, vielmehr, sie waren es schon, sie glaubten einst an den deutschen Sieg! Jetzt wird die »Diktatur des Proletariates« umgedeutet als Dienstpflicht, mit Hinrichtungen für jeden Fehler. »Die Arbeiter müssen Disziplin lernen«, so klingt die letzte Botschaft »an alle« dieser Todfeinde aller... In Rußland denkt zuweilen Europa, handeln wird zuletzt Asien.

Aber wir? Mein Gott, aber wir? Sind denn wir die Menschen, die sich das Glück, unwissend wie es aussehe, von rechnenden Übeltätern aufzwingen lassen müssen? Zerfallen denn wir nur in Sklaven und Peiniger, und kann der mörderische Haß das oberste Gesetz unseres Kampfes sein? Gibt es unter uns irgendeine Klasse, die gar nichts zu verlieren hätte, und die ganz unverantwortlich wäre für das Geschehene und für die Gesamtheit? Was bleibt bei uns auch nur von Klassen, wenn zum Vergleich asiatische Satrapien stehen! Wir erscheinen ausgeglichen daneben, unser Kampf geht um ein Mehr für die einen, ein Weniger für die anderen, Vernichtung war nie die Frage. Wenn der Kommunismus Rußlands so viel als Todfeindschaft gegen die gesamte abendländische Zivilisation heißt, wo hat sie ihre Feinde? Bei uns, im Abendlande?

Auch gibt es keine echten Kommunisten hier: man sehe nur recht hin! Wir wollen jeder hinauf, – und mancher zu weit Überragende, man muß dies wissen, sehnt sich schon hinab; auf gleicher, hoher Fläche wollen wir einander begegnen. Wir wollen gleich werden – aber nicht durch gleiche Schuldverpflichtung an ein Ganzes, das jeden nur gerade mit durchbringt und dem seine Person nichts gilt, sondern selbstverantwortlich, Kraft freier Arbeit und einsichtigen Wohlwollens. Alle wollen wir erwerben, und alle wollen wir unsere Vernunft pflegen: dies bleibt auf unabsehbare Zeit das Unsere. Aber alle bedürfen wir, auch im Wirtschaftlichen, des größten, mit der Selbstbestimmung des einzelnen noch verträglichen Maßes von Gleichheit der Vorbedingungen und Aussichten. Könnte auch das Land sich anders forthelfen, wir müßten dennoch sozialisieren. Es ist vom dringendsten Interesse, daß sozialisiert werde, nicht, weil irgendein Programm es will: um des Menschen willen. Der Reichtum einiger darf nicht länger die Mehrheit zur Armut verurteilen: auch um der Reichen willen nicht. Nie wieder sollen die Armen, als Opfer des Reichtums, sogar sterben! Niemand, außer seinen wenigen Nutznießern, wünscht die Erhaltung des unbeschränkten Kapitalismus, niemand aber auch eine kommunistische Verallgemeinerung des Proletariates: am wenigsten die Proletarier. Das Proletariat soll weder herrschen, noch soll es überhaupt bestehen. Es kämpfe, um sich selbst zu überwinden, nicht, um alle in sich einzubeziehen. Es werde durch Sozialwirtschaft gehoben, verbürgerlicht. Und auch der Bürger, seiner selbsthasserischen Sucht nach einem historischen Herrentum entbunden, werde erst Bürger. In der Mitte sollen sie einander finden und sich vermischen, die Arbeiter jeder Herkunft. Der neue Bürger, ein Arbeiter, der seines gerechten Gewinnes sicher ist, nach ihm verlangen das Land und die Zeit. Sie bedürfen seiner, weil nur er, den weder das Kapital noch der Staat enteignet haben, die Ideen, auf die es ankommt, begreifen, erkämpfen und bewahren kann. Nur er ist unabhängig genug, um gerecht zu sein, nur er gebunden genug, um menschlich zu sein. Deutschland wird sozialisieren, weil neue Menschen so sich vollenden wollen.

Nur die Niederlage konnte unsere europäische Vernunft dermaßen verwirren, daß einige von uns das Heil aus Rußland erwarten. Was Rußland uns in hundert Jahren gebracht hat, war nicht heilsam. Es war nicht weniger, als das Umsichgreifen der preußischen Monarchie, denn dieser Vasall Rußlands hatte seinen Rückhalt bei ihm, wenn er die Knechtung unseres freien Landes vollzog. Und kaum entronnen dem einen der russischen Schergen, ruft ihr den nächsten? Statt Gewaltherrschaft nur wieder Gewalt, für eine Klassenregierung einfach die andere? Die Schande wäre die tiefste, wenn sie mehr wäre als Halluzination der Niederlage. Wir winden uns in den Krämpfen, die sie macht, und wir haben ihre Wahnvorstellungen. Hattet ihr geglaubt, Niederlage heiße, den Feind im Land und verwüstete Provinzen zu haben? Nein, der Feind steht nur in Grenzstreifen, wir sind unter uns, töten und berauben eigenhändig einander, und das Land verwüstet einzig unsere Verzweiflung, die mit den Waffen gleich auch das Arbeitsgerät fortwirft. Erkennt an, was auch die Kommune von 1871 zugab: daß nur die Niederlage und ein empörender Friede sie ins Werk gesetzt habe. Der Bürgerkrieg, ein pathologischer Vorgang, Erzeugnis des Hungers, Blutverlustes, der langjährigen Überanstrengung und Seelenpein, fletscht die Zähne, macht Reflexbewegungen, und sein Kopf ist leer. Ein Gedanke! Woher würden die Führer ihn genommen haben, wenn sie ihn nicht in Rußland vorgefunden hätten? Sie fühlen dabei, das Beispiel passe nicht, biegen es zurecht und leugnen, ihrer Utopie zuliebe, störrisch die russische Wirklichkeit. Weihet beileibe nicht die redlich strebenden Kleinbürger, die hier sich Arbeiter nennen, in die russische Hölle ein! Die deutschen Arbeiter ermüdeten ehemals manchen vorwärts drängenden Geist durch ihre Beharrlichkeit im Kleinen, ihr Sichabfinden mit dem bestehenden Staat, aus dem auch sie ihren Nutzen zu ziehen sich gewöhnt hatten. Ergreifend aber waren sie in ihrem Glauben, der Wille und das Wissen werde auf die Dauer das Schicksal wenden: der Mensch sei stärker als das Kapital. Jetzt, inmitten der Erschöpfung der Nation, verlangen viele von ihnen nicht nur mehr als in den Tagen der Kraft, verlangen alles auf einmal, nachsichtslos, ohne nur eine Pause der Erholung zu gewähren, – und des Verrates zeihen sie eine ihnen blutsverwandte Regierung, die nichts anderes will als sie, nur gehemmt durch diese drohende Stunde. Tragische Verwirrung, in demselben Augenblick, der ihren Glauben rechtfertigt, fallen sie auseinander, lähmen sich gegenseitig und brauchen Gewalt, jetzt, da sie hinfällig, überholt und widerlegt ist wie noch nie!

Die wahnwitzige Überhastung der Ansprüche und Besitzergreifungen ist alles Regime der Seele, so lebte nur das Deutschland des Kaiserreiches. Uns erneuernd, müssen wir wieder den Weg als Selbstzweck erlernen, das Ziel als Reife. Wer nimmt es im Sturm? Kein Mensch des neuen Zeitalters. Die Ungeduldigen unter den Sozialisten wollen die ganze Macht, – aber verwandt im Willen sind sie der älteren Menschenart der Krieger, die sie zurückhaben wollen. »Kriegerische Sozialisten« nennen sich einige; und drüben, jenseits der Masse der werdenden Demokratie, sammelt sich die andere Hälfte dessen, was in der Nation noch kriegerisch ist. Spuren führen hin und her zwischen den beiden äußersten Lagern. Die Freiwilligen von 1914 finden sich, zahlreich und genau so begeistert, in den Heerscharen der anderen Diktatur wieder. Sprache und Methode gleichen sich hier wie dort. Beide haben nie angefangen. Beide halten es mit Minenwerfern, Spionage, Bestechung; und was immer sie über ihre Gegner verhängen, ein höheres Recht als das bei Menschen übliche befugt sie. »Blutdiktatur« ist ein Beruf; wer sie schon einmal anpries oder, schlichter, in ihr nur lebte und wob, wird auch heute sich ihr zugesellen, gleichviel, wo er sie findet. Die Millionen sind gestorben und verdorben für das erste seiner Ideale, schon hat er ein zweites zur Hand, dem gut Menschen opfern sei. Überraschend viele derselben Personen wirken heute für das Äußerste an Bürgerhaß, wie einst, als Alldeutsche, für das Äußerste an Völkerhaß; und nur eine wird sie immer unter ihren Gegnern finden: die arbeitende Vernunft, deren politischer Name Demokratie ist. Alldeutsche rechts nützen den Vorwand, den Alldeutsche links ihnen schaffen, um die unfertige sozialistische Republik frischweg zu militarisieren. Wahrhafte Republikaner und Sozialisten lassen ungern den Greuel geschehen. Wen aber würde es wundern, wenn er eine große Kriegsfurie der imperialistischen »Weltherrschaft« als Führer eines Heeres der bolschewistischen »Weltrevolution« wiedersähe? Der Große Generalstab hat zu seiner Zeit Lenin und seine Sturmtruppe gegen eine noch schwache russische Demokratie geschickt und so sie besiegt. Die Spießgesellen arbeiten, nach wie vor, einander in die Hände, so feindlich sie sich stellen. Wer ruft, im Ernst, gegen den Bolschewismus nach dem Psychiater? Doch nicht dieselben, die den Weltkrieg erklärten? Vergesse niemand, daß die Kommunisten wohl Geiseln getötet haben, aber nicht die Reisenden der »Lusitania«, und daß dieses erst jenes menschenmöglich gemacht hat! Sie haben einander nichts vorzuwerfen. Sie hängen in ihrer Gemeinschädlichkeit so eng zusammen, daß immer einer den andern nach sich ziehen müßte, ein alldeutscher Putsch den Bolschewismus, nicht weniger als dieser die wiederhergestellte Monarchie. Sie könnten sich sogar vermählen. Das Alldeutschtum brüllt 1919, inmitten der Friedensverhandlungen, noch einmal nach dem Krieg auf, es möchte klingen wie 1914. Sein Verbrechen war sein Leben, in seiner Ohnmacht denkt es brünstig daran zurück. Jedes Mittel, um aufzuleben, wird ihm recht sein. Auch Generalkommandos können eine sozialistische Ordnung verfügen, und der verwirklichte Kommunismus muß nicht anders aussehen als ein »soziales Kaisertum«.

Geistige! Wollet erkennen, und fragt euch, wo euer Platz sei. Am äußersten Punkt, denkt eure Leidenschaft, und nimmt das Äußerste für das Radikale: als entschiede gerade für euch die Wirtschaftsdoktrin, nicht die Menschenart, die für sie dasteht. Aber die verhaßte bürgerliche Denkweise wird durch noch so vollständige Enteignung nicht widerlegt, und Gewalt schafft keine neuen Menschen. Ihr selbst, die ihr neu und morgendlich sein möchtet, fallet zurück mit eurem sozialen Materialismus in das 19. Jahrhundert, und, soll Militarismus euer Mittel sein, in schlechtestes 19. Jahrhundert. Seht euch eure Gefährten an! Auf einen euresgleichen kommen in der Führerschaft der Äußersten mindestens zwei Militaristen. In gutem Glauben knirscht oder klagt ihr: »Wir Angegriffenen, Herausgeforderten, die wir nur Liebe und Güte sind!« Was bleibt aber einer hoffnungslosen Minderheit, die zur Macht will, zu tun, außer Gewalt? »Dann also Gewalt!« hat schon mancher beschlossen, der noch tags zuvor schwur, er werde rein vom Blut bleiben. Trauriger als dies: Freunde von gestern sind für eine Abschattung des Denkens denunziert und verfolgt worden von ihren Freunden: denselben, die noch gestern dahinstarben vor Ekel und Gram über die Seelen des Krieges. Eine Seele ist schnell verdorben heute, hüte sich jeder.

Wer den geistigen Menschen in der deutschen Revolution zu oft an falscher Stelle sieht, darf nie vergessen, daß nur das Kaiserreich ihn dorthin verdammt hat. Keine Verirrung der Revolution, an der es nicht schuldig wäre! Der

Mensch des Geistes war im Kaiserreich der Paria. Weder angesehen noch ernst genommen, von der Macht und den Würden ausgeschlossen wie sonst keiner, konnte er unter dem Druck und Widerstand nur erstarken, wenn er ihnen nicht nachgab. Sein Beruf war, lebender Protest zu sein; sein Erfolg, zu widerlegen. Er verbrachte das Zeitalter des Widergeistes geduckt, mit Knirschen und Grimassieren. Sein innerer Zustand war der des Hahnes, und manchmal vertiefte er ihn zur Unterwürfigkeit. Er war manchmal überzeugt, sein Verhältnis zur Welt könne nie sich ändern, mit der Welt entzweit sei der Geist von Ewigkeit. Er dachte konservativ und nihilistisch zugleich. Er war das fragwürdigste, das abgründigste Erzeugnis des Reiches.

Es stürzt, der Auswürfling ist unter den Vordersten derer, die sich zu rächen haben. Genau wie die anderen, sieht er vorerst nur seine Rache; aber rächt er nicht noch Höheres als andere? In ihnen ward der Mensch beleidigt, in ihm auch Gott. Reizbarer als alle, verdankt er dem Fegfeuer des Krieges eine viel furchtbarere Läuterung. Er hat erlebt: sie sind so schwach, so sehr zum Bösen bereit, – ihnen kann die Güte nur helfen, wenn sie Waffen trägt. Von den Verworfensten haben sie sich gefügig mißbrauchen, entseelen, zu Tieren erniedrigen lassen, – Widerstand darf nicht erlaubt sein gegen mich, der ich ihnen Geist, den Menschengott, bringe. Das Äußerste! Nur Vernichtung des Überlebten kann euch noch helfen, Durchgang durch Nacht und Tod, und dann die Auferstehung im Licht... So fühlen Ekstatiker. So fühlt vor allem der junge Mensch, der schon vor dem Anfang des Krieges in seinen der Zeit vorausschwingenden Nerven das Ende hatte und, hochgestimmten Menschentumes voll, voraussetzungslos seine Seele ergoß. Solche Jugend hat jetzt in die Politik eingegriffen; und wie in den Künsten, sieht sie vielleicht auch hier zu sehr von der Wirklichkeit der Welt ab. Sie gebe acht, ihr droht derselbe seelische Rückschlag, wie ihn ein

Wagner erfuhr, und mit ihm alle jene Revolutionäre, denen ästhetische Entladung das erste ist, und die noch nicht wissen, daß viel Arbeit, viel beherrschte Welt die Tiefe erst schaffen muß, die sich entladen mag. Der ästhetische Mensch in seiner empfindenden Selbstherrlichkeit steht ihnen für die Menschheit. Wollet doch erkennen, daß die arme Mehrheit, die ihr verachtet, die gepeinigte, tödlich verstörte Mehrheit eures Volkes von euch redlich und geduldig noch erst gewonnen werden muß, bevor ihr sie beglücken könnt. Geistige, entledigt euch des Hochmutes! Nehmt Mittelmäßigkeit und Schwäche nicht für Kränkung eurer Nerven, die rückwärts gewendete Haltung eines betäubt noch am Boden Liegenden nicht für Verrat. Laßt euch mitten hinein in die Welt eurer Heimat, ihre werdende Demokratie. Sie mißfällt euch? Demokratie war schöner, als sie nur ein Schlagwort der Opposition war? So sieht sie aus, wenn sie wird: so, ein Arbeiter, der an die Spitze des Staates gelangt, so, seine Genossen, die noch hinauf wollen. Wer selbst nur aus ihr sein ganzes Recht schöpft, verleugne sie nicht! Verfehlt nicht euer Leben, Geistige, schließt euch von Tat und Wirklichkeit nicht selbst aus, ihr, die das Kaiserreich ausschloß. Entzieht euch der Demokratie nicht, sie würde verarmen. Arbeitet an ihr, nach dem Antlitz eures Gottes, des Geistes! Ihm macht sie ähnlich, nur dies sei euer Teil: arbeitend den einzigen Kampf zu kämpfen, dessen Spuren diese Erde bewahrt.

Der Kämpfer

Arbeit für Menschenalter! Die ärmste aller Demokratien erquält Atemzüge, deren jeder der letzte scheint, und hat doch vor sich ein Tagewerk, anspruchsvoller als jede andere. Sie soll als erste ganz ernst machen mit dem Sinn ihres Namens; ihr Gesetz, das alle gleichstellt, soll auch den Vorsprung des übermäßigen Reichtums keinem lassen. Sie soll gerecht, soll höchstes Menschentum, soll auf Erden Gott sein. Inzwischen aber nehmen die einen ihre Beschützung als Vorwand, um Krieg und gröbsten Militarismus noch hinzufristen, und die andern fluchen, in leerem Grimm, ihrer Schande. Draußen der Feind aber nennt sie Betrug.

Sie ist nicht Betrug, nicht schändlich, ist stärker, als ihre angeblichen Beschützer und besser, als sogar ihre überzeugten Wortführer glauben. Sie ist das verwickeltste, gefährdetste Unternehmen, in das ein Volk gestellt werden konnte. Wenn nichts weiter daraus würde als ein Ding nach Art der schlechtesten der Republiken, man müßte noch staunen. Aber es wird mehr werden. Eine wahre und reine Demokratie wird heranwachsen trotz unserer tiefen Not, obwohl so wenige erst wahr sein möchten und der Wille noch überall befleckt ist. Das einmal erwachte Gewissen fällt nicht wieder in Schlaf. Was war anderes zu erwarten, als daß eine so plötzlich ausgerufene Demokratie zunächst fast nur Demokraten wider Willen enthalten werde und solche, die mit dem Wort ihren Vorteil meinen. Gerade die Not wird sie bald an die Geistesmächte glauben lehren, deren sie bis jetzt sich nur zu bedienen denken. Der Zwang der Dinge, Niederlage, Armut, feindliche Bedrängnis und innerer Zerfall befehlen den Unvorbereiteten: rafft eure besten Kräfte zur Umkehr auf, tiefer geht es nicht mehr in den Abgrund! Sie werden dem Zwang folgen nach Art des menschlichen Durchschnitts, mit viel Wehgeschrei, Wut, Klagen um Verlorenes, Drohungen an das Schicksal, mit manchem Selbstbetrug und heftigen Versuchen sich zu drücken: aber sie werden folgen, man darf ihnen glauben. Sie wollen leben, darum – ihnen bleibt nichts anderes übrig – sind sie Demokraten.

»Erblickte man diese eindrucksvolle Masse von zwölfhundert leidenschaftlich bewegten Männern, so konnte eins dem aufmerksamen Beobachter auffallen. Sie wiesen sehr wenige starke Individualitäten auf, gewiß viele achtbare Leute von ansehnlicher Begabung, aber keinen derer, die ihr Genie und Charakter die Menge hinzureißen ermächtigt, keinen großen Erfinder, keinen Helden. Die machtvollen Neuerer, die dem Jahrhundert die Bahn geöffnet hatten, waren damals nicht mehr am Leben. Übrig war ihr Gedanke, er ging vor den Völkern her. Große Redner standen auf, ihn auszudrücken und anzuwenden, fügten aber nichts bei. Der Ruhm der Revolution in ihren ersten Augenblicken, aber auch die Gefahr, die ihren Schritt vielleicht hätte unsicher machen können, lag darin, daß sie ohne Männer auskam und ihres Weges allein ging, nur im Drang der Ideen, im Glauben an die reine Vernunft, ohne Wunderbild und falschen Gott.« – Die französische Revolution stand also, nach Michelet, zu Anfang auf mittelmäßigen Menschen. Diese hatten nur den Vorteil, daß vor ihnen revolutionäre Denker gelebt hatten. Sie hatten vierzig Jahre Enzyklopädie hinter sich, anstatt vierzig Jahre geistwidrigen Kaisertums. Sie waren von Leidenschaft für ihr Geschick erfüllt, anstatt im Innern noch widerspenstig. Sie glaubten. Sie liebten einander. Sie fühlten sich Sieger.

Könnten wir wie sie sein, wir wären in der einzig wünschenswerten Verfassung gewesen, vor unsere Feinde und Besieger zur Friedenshandlung hinzutreten. Jeder unserer Delegierten und mit ihnen wir alle würden fühlen: »Triumphiert, wie ihr wollt, erklügelt einen so harten Frieden, als ihr nur wollt: es liegt nicht so, wie ihr noch denkt, wir sind trotz allem im Aufstieg, da wir uns zu dem neuen Geist bekennen, und ihr, die ihr jetzt statt unserer der Gewalt fröhnen müßt, liegt am Boden.«.. Wenn sie uns aber stolz gesehen hätten auf unsere Niederlage, die dann nur in der Tat, nicht nach dem Sinn eine gewesen wäre, so hätte es geschehen können, daß unsere Besieger sich ihres Sieges schämten. Sie wären nicht primitiv genug, um noch laut und hart zu triumphieren über einen Besiegten, der seine Schuld erkannt und anerkannt, bereut und schon hinter sich gelassen hätte. Dies ist wohl keinem Volk gegeben. Nicht Verwandlung erlebt es, nur unmerkliche Umbildung. Angesichts eines ganz neuen Volkes würden jene die Rolle der veralteten verschmäht haben. Die Szene in Versailles, als sechs Vertreter Deutschlands in einen Saal und vor den weiten Halbkreis der Sieger traten, als aus der Mitte der Sieger, vorn ein Greis aufstand, der fünfzig Jahre das Aufgehn jener Tür und das Eintreten der Besiegten erwartet zu haben schien, – aufstand und sprach »Die Stunde der Abrechnung ist da«: diese großartigste und abscheulichste Szene würde nie gespielt haben... Nun hält der Fluch des Sieges die Sieger gefangen, und alle ihre flehentlichen Versuche, ihm zu entrinnen, sollen vergeblich gewesen sein. Sie wußten schon von dem Gesetz der Gerechtigkeit; ihre Staatsmänner wollten keineswegs alle, wie noch 1871 Rußland und England es dem unseren erlaubten, als Henker des Besiegten gegen sich selbst wüten – und müssen es dennoch. Jedes der siegenden Länder hat große Volksteile, vielleicht eine Mehrheit, die verwirft, was an Deutschland geschieht; aber es geschieht. So erniedrigt der Sieg, immer und unausweichlich. Auch Wissende, Gesittete verfallen seinem Fluch. 1871 wiederholt sich verkehrt. Die Grausamkeit und Begehrlichkeit, die sie solange bei Deutschland verachteten und haßten, jetzt wird sie ihnen, wollten sie hundertmal entrinnen, auferlegt von ihrem eigenen Elend, ihrer Eifersucht untereinander, ihrer Furcht vor der Rache des Besiegten, ihren wiedererwachten alten Trieben. Aber alles nimmt doch erst Überhand durch das unglückliche Verhalten Deutschlands.

Denn Deutschland verhält sich selbst am allerwenigsten, als leiteten die Friedensverhandlungen eine neue Zeit ein. Zu Hause findet es weder Worte noch Taten der Erneuerung. Die Lügen des Kaiserreiches werden übernommen samt seinem Personal, und das Kaiserreich gedeckt gegen unfromme Enthüllung: nicht nur, weil die regierenden Sozialdemokraten schon wieder Gefangene des Militärs sind, das sie vor ihren eigenen ungebärdigen Genossen retten muß. Ein fauler Wind der Verdrossenheit am neuen weht. Wo ist überzeugter Protest, wenn Revolutionäre unter Qualen getötet werden, vorgeblich, weil sie radikal, in Wahrheit einzig, weil sie Revolutionäre sind und herhalten müssen statt der gemäßigten, – indessen den schlimmsten Kriegsfurien niemand ein Haar krümmt. Jeder Republikaner, der es in der Tat ist, wird vom Gerücht der Bürgerhäuser als »Bolschewist« verfolgt. Wer irgend mitgewirkt hat zur Revolution, verfällt lebend oder tot, und wäre er rein wie Eisner, dem verleumderischen Haß all der Unbelehrten, deren ganze Zukunft doch einzig steht auf der Revolution. Das Wort Revolution darf in Parlamenten von den Kaiserparteien niedergebrüllt werden, an den geflüchteten Kaiser ergehen offene Huldigungen: was alles wohl ganz ohne Aussicht ist, dem Grafen von Chambord wurde von den Bürgern der dritten französischen Republik viel länger gehuldigt und er kam nie; aber sind dies die Mittel, mit denen Deutschland vor seinen Besiegern sich neue Rechte zu erwerben denkt? Aufgewärmter Militarismus, ausgedrückt im Denken, Prahlen, Kundgeben und Schuldenmachen für das Militär, in blutiger Verfolgungssucht, wird kaum vertrauenswerter durch seine einstweilige Ohnmacht, nur kläglicher wird er. In der besonderen Lage Deutschlands ist die Beschimpfung der erfolgreichen Gegner genau so würdelos, als kröche es vor ihnen. Eins wie das andere bedeutet Selbstverleugnung dessen, der als Sieger nicht anders, nur, wie in Brest-Litowsk, noch ausschweifender gehandelt haben würde als sie. Deutschland kann noch nicht vergessen. Seine Ansprüche und Anklagen, Manifeste und Proteste erfüllen die Welt mit dem Kreischen eines gefesselten Imperialismus, nur selten mit der Stimme beleidigten Menschentumes. Eine Verzweiflung, die bis zur Anrufung des Bolschewismus und allgemeinen Weltunterganges geht, die sich belustigt wie vor dem Weltuntergang und ihr erwuchertes, erschobenes, erspieltes Geld noch eilends hinauswirft, wenn sie es nicht listig in Pelzen, Perlen und ausländischen Grundstücken versteckt, gebietet nicht mehr die Achtung, die ihr sonst zukäme. Die Welt der Feinde sieht nichts Neues hier aufstehen, sieht abseits einer enttäuschten, erbitterten Arbeiterklasse das Bürgertum daliegen wie ein Wrack und als würde es sich nie wieder zu leben getrauen ohne sein Kaiserreich, in seiner Feigheit nur die Revolution verwünschend, die dem »unbesiegten Heer« im entscheidenden Augenblick »in den Rücken gefallen« sei. Gerade die ärgsten Förderer des Krieges und Nachrichter des Kaiserreiches fühlen sich am wenigsten verantwortlich der Republik, mit Verachtung entziehen sie der einst gelobhudelten Nation das Notopfer. Die Republik ist dieser Gattung Schande und Strafe, denn sie ist arm, – als ob nicht Armut, die segenreiche, euch die geistige Erneuerung erst verspräche, ohne die ihr in Zukunft auch euer Geschäft nicht mehr finden werdet. Suchte aber jemand die geistige Erneuerung bei den Universitäten, der Essenz des Bürgertumes, auch dort stieße er nur auf einen reuelosen Nationalismus und auf das Bemühen, die »Grundlagen der Politik«, die im Auftrag der Republik gelehrt werden, zu ihrem Schaden zu verfälschen. Die Berufung auf die uns zugesagte Gerechtigkeit ist in der furchtbaren Abrechnung unser einziges Haben; warum will unser Unheil, daß sie falsch klingt. Gerechtigkeit verspricht sich leicht, aber sie will erworben werden, und ward noch von keinem hier erworben, nicht von den

Siegern, die sie zu erteilen sich vermaßen, noch von dem, der sie fordert.

Ein Volk, wie ein Mensch, muß zuerst voll und tief verantwortlich sein, bevor Gerechtigkeit ihm gebührt. Andere verdienen nur Gnade. Wofür nun hält Deutschland sich verantwortlich? Seine Provinzen möchten es am liebsten aufgeben und verlassen, so wenig hat das gefallene Kaiserreich, das ein Geschäftsunternehmen war, den inneren Zusammenhang des gemeinsamen Gewissens bei ihnen heranbilden können. Deutschland selbst aber: kaum daß ein Wort von Schuld fällt, schiebt es seine alten Diplomaten, seine Militärs, seinen Kaiser vor, – ohne doch auch nur mit diesen wirklich zu brechen. Aber was wären diplomatische Handlungen, wenn nicht Bestätigungen eines durch die Nation von langer Hand geschaffenen Tatbestandes. Wenn in den letzten Stunden vor dem Krieg die Welt noch eine Partei hatte, die sich mühte, ihn aufzuhalten, und dies nicht Deutschland war, das geschehen ließ und seinem Partner Vollmachten gab, das immer nur gedroht, so lange verantwortungslos gedroht hat, bis unversehens, ungewollt seine eigene Drohung es übermannte: o! dennoch bleibt bestehen, daß auch drüben die hereinbrechende Weltseuche ihre Träger und Verbreiter gehabt hat. Vielmehr noch: sie sind schuldig drüben, wie wir, durch ihr bloßes Wesen, das unserer Feindschaft begegnete, denn Dasein ist Mitschuld, Kämpfende sind Brüder. Reifer und dem Krieg schon abgeneigt, lebten sie dennoch in derselben Vorkriegswelt und ihrem Dunstkreis, unter Zusammenhängen, die in sich schon den Krieg trugen. Auch aus ihrer Vergangenheit her führten Leitungen der Zwietracht, Rachsucht, Gewalt; und der Gedanke der Gerechtigkeit zwischen den Nationen, der uns alle mit einer besseren Zukunft verbindet, hatte auch ihnen sich damals noch nicht vollendet. Not und Empörung haben sie ihn erst gelehrt – aber doch früher als uns! Wir danken den Gedanken, der uns retten soll, nur ihnen! – und die tiefste Schuldfrage ist erst diese: warum geistfremde Unerbittlichkeit bis zum Zusammenbruch nur hier, und drüben doch Anwandlungen von Idee? Warum Deutschland im Fühlen und Wollen allein, und alle andere Menschheit von ihrer Natur selbst ihm gegenübergestellt? Jetzt ist es dahin gekommen, daß eins nur bleibt, eins nur uns helfen kann: sie übertreffen an Gewissen des Geistes, und gerechter sein als sie. Schon ist Gerechtigkeit eine Macht geworden, höher als irgendeine derer, die ihr seht, die als Geld oder Armeen sich zählen und kommandieren lassen. Unsichtbar allgegenwärtig verfolgt die Macht des Wortes fortan die Frevler, sie droht auch unseren Besiegern, besinnen sie sich nicht auf ihr Gewissen, mit dem Untergang der sittlich-wirtschaftlichen Welt, die ihnen mit uns gemeinsam ist. Nur gemeinsam können wir sie retten. Jene anderen werden sich besinnen, ihr Friede wird unter dem Anhauch des Geistes, den sie riefen, täglich zerbröckeln. Sie denken zuerst noch ihren Sieg zu Geld zu machen, dann erst gerecht zu sein. Der Völkerbund soll, nach der Hoffnung des Weisesten unter ihnen, wiedergutmachen, was der Friedensvertrag verdirbt. Sie haben noch keine Zeit. Beginne, Deutschland!

Trage deine Taten, verantworte dein Schicksal! Tu' es einzig für dich! Ob die Wahrheit dir bei deinen Besiegern nützen könnte: ihnen, die heute, in ihrer Siegergier, wenig wahrhaftig sind, schuldest du sie nicht zuerst, du schuldest sie dir selbst! Du hast zum Leben nichts weiter mehr als die Wahrheit. Dein Entschluß zur Demokratie kann keinen anderen Sinn haben als den, die Lüge abzuschwören, die dich so arm gemacht hat. Wozu noch das Feilschen und die Ausflüchte, – da doch einstmals die Rede so selbstverständlich von dem Welteroberungskrieg Deutschlands gehen wird, wie von dem des ersten Napoleon. Auch er klagte England an, und wirklich wollte es ihn vernichten; aber warum war er noch da, der schon nicht mehr da sein durfte? Ihr könnt nur einmal im Recht sein: als ihr das Kaisertum stürztet, oder nun ihr sein Verbrechen leugnet. War es denn nur unglücklich? So wäre es liebenswerter als vorher, und es stürzen, war gemein. Die deutsche Republik bekenne sich zu der Tat, mit der sie geboren ward! Unsere Enkel würden es uns nicht verzeihen, zwängen wir auch die Republik wieder, zu lügen. Unsere Enkel freilich könnten auch die nicht achten, die ein einzelner und sein Gesinde wie eine Tierherde in den Brand der Welt hineingejagt hätten. Würden sie es uns auch nur glauben? Sie könnten unser Leugnen nur würdelos finden, und gerade unsere Verstocktheit müßte es ihnen bestätigen, daß nicht ein Kaiser die Hauptschuld Deutschlands trägt, sondern die Art seines Untertans. Auch Absolutismus vermag nicht, der Nation einen ihr fremden Willen aufzudrängen; er verantwortet nur den nationalen Willen, den er erzogen hat, und nützt ihn für sich aus. Er ist fort, wir selbst sind verantwortlich – sogar für unsere Geschichte, wie viel mehr für unsere Nachwelt.

Der Streit aber um die Männer, die jetzt an unserer Spitze stehen, ist noch immer monarchisch. Ihr wollt sie rein und unbefleckt von der Vergangenheit? Dann also aus anderem Geschlecht als ihr, einer heiligen Ferne entsprossen, wie Lohengrin. Deutsche von 1919 sind »kompromittiert«, sie haben manches hinter sich und sollten es einander nicht vorrechnen. Die Männer an der Spitze gehen mit allen anderen Überlebenden aus den Trümmern des Kaiserreiches hervor, sie sind bedeckt von dem Staub seines Zusammenbruches, – kann sein, daß sie sogar bereit waren, es zu retten. Dann würden sie die Gesamtheit mit um so mehr Recht vertreten. Denn die Gesamtheit hat nur aus Not eine Monarchie fallen gelassen, die durchaus fallen wollte, und einen geflüchteten Kaiser. Die Gesamtheit will nichts anderes als diese Übergänge zur Republik, noch nicht sie selbst. Die wenigen, abseits Denkenden, Erkennenden im Kaiserreich waren nicht Vertreter der Gesamtheit, sie waren ihre Vorhersager und Vorläufer. Sie standen keineswegs, wie Beschränktheit ihnen nachredet, zum Feind, sie standen zum kommenden Deutschland – und damit auch zu einer Welt, die erst noch kommt. Aber glaubten selbst die Vorläufer, im Gefängnis der Zeit, zu allertiefst an das, was sie doch wußten? Die handelnden Männer, die die Masse hinanträgt, würden zu den guten Tagen ihres Volkes nicht mithelfen können, hätten sie nicht auch an seinen schlimmen ihren Teil. Mirabeau, ein von Lastern zersetztes Geschöpf des alten Regimentes, grüßte dennoch in der Revolution die neue Seelenbefreiung, der er, auf verfallenem Gesicht schon den Tod, seine große Stimme lieh. So sind die Ersten. Übersetzet den großartigen Adligen von einst in euer Kleinbürgerliches. Es ist gerecht, Achtung zu fühlen für die meistbelasteten Träger des verwickeltsten, gefährdetsten Unternehmens, in das ein Volk gestellt werden konnte; es ist Pflicht gegen dies Volk. Wir sollen unserer Republik es nie vergessen, daß in ihr, wie immer sie heute erscheine, der gute Keim des zu erneuernden Geistes der Deutschen schläft. Warum nicht ihr, der im ernsten Anblick der Notwendigkeit geborenen, einen Teil wenigstens des Gefühls entgegenbringen, das dem triumphal zur Welt gelangten Kaisertum so leichtfertig hingeworfen ward. Das Kaiserreich war alles, was es sein konnte, gleich anfangs, nichts kam hinzu, als leicht Vergängliches. Die Republik wird unser Gefühl länger und edler belohnen können, denn sie lohnt am Herzen und Sinn. Die Zweiten nach diesen werden bessere Republikaner sein, durch Erleben. Die Dritten werden es von Geburt sein. Geduld, jeder Volksstaat neigt zur Selbstreinigung, Selbsterhöhung. Jener Mirabeau verfocht noch das Vetorecht des Königs, und handelte wider Willen doch derart, daß der König fiel. Die Abschaffung des Hohenzollern heißt für Deutschland vor allem, daß die Zeit der hochfahrenden Abenteurer vorbei und die der geduldigen Arbeiter da ist. Demokratie wird durch Arbeit.

Das Volk mit seinen durchschnittlichen Fähigkeiten erwählt aus seiner Mitte eine große Anzahl Personen, die im ganzen nicht mehr und nicht weniger begabt sind als es selbst. Diese sollen es führen: was werden sie tun? Natürlich nicht, mit Überspringen einer langen Entwicklung, glanzvolle Scheinerfolge davontragen, denn dies kann kein Durchschnittsmensch. Natürlich auch nicht plötzlich zusammenbrechen; denn Durchschnittsmenschen leben friedlich und lange. Ein Volk irreführen und überanstrengen, ist Sache der großen Machtpolitiker, die wir immer nur zu unserem endlichen Schaden kennen gelernt haben. Auch Friedrich der Große, auch Bismarck waren nur die Volkskraft; aber da sie in ihnen sich sammelte und ganz an sie abdankte, mußten sie, grenzenlos überladen, das Gleichgewicht verlieren, das Maß und Urteil für Bleibendes und nur Befristetes, für Künstelei und für Natur. Zwanzig Jahre nach dem Tode des einen wie des andern brach ihr Werk nieder. Eine Demokratie bricht nicht nieder. Ihr ist kein einzelner das Verhängnis, die Nation wird nicht aufgepeitscht, nicht blindlings mitgerissen ins Ungewisse. Sie wählt, erkennt und geht geschlossen vor, soweit nur, wie wirklich ihre Kraft reicht. Sie muß nicht prahlen, nicht glänzen, die Demokratie braucht die Lüge nicht. Ihre Menschen leben vor aller Augen, jeder das Gewissen und der Mitverantwortliche des andern; und die Selbsterkenntnis der Gesamtheit erhält sie wahr. Die Macht, die so lange das Böse an sich war, geht, aufgelöst, in das allgemeine Leben ein, das weder gut noch böse ist, und das nur wahr sein muß, um gut zu werden.

Demokratie ist die Betätigung aller Begriffe, die wahrhaft menschlich machen. Sie ist der Wille der Mehrheit, der Völkerfriede, Freiheit im Innern, Ausgleich des Besitzes – und ist es in dieser Folge. Ihr könnt den Ausgleich des Besitzes nicht schaffen, bevor ihr die Geister gerecht gestimmt habt. Ohne den Völkerfrieden ist, ebensowenig als ohne den Willen der Mehrheit, soziale Gerechtigkeit denkbar. Deutschland zerfleischt sich jetzt im Namen des Besitzes, so ist es noch weit von Demokratie. Auf beiden Flügeln schreit es nach einer Diktatur und die Mitte verharrt in ungerechten Klagen, so ist es kaum erst aufgebrochen. Das zur eigenen Herrschaft gediehene Volk wird die heute aufeinanderprallenden Wellen des roten und des weißen Schreckens nicht mehr kennen; wird aber auch nicht mehr verstehen, wie irgendeine wirtschaftstechnische Auffassung zum Angelpunkt alles Seins und Geschehens gemacht werden konnte. Der Ausgleich des Besitzes wird unserer, aus Not und Bekenntnis werdenden Demokratie nur ein Teil des Notwendigen und Wahren scheinen, und wie er zu sichern sei, nichts weiter, als eine Frage der Gelegenheit. Glaubhaft ist, daß England, wenn anders es zu »nationalisieren« schon begonnen hat, das Ziel auch früher erreichen wird. Verdankt es dies nur dem gewonnenen Krieg, nicht vielmehr seinem Vorsprung in verwirklichter Demokratie? Am Anfang steht das Recht aller; da denkt es sich nicht länger in Klassen. Das System der Klassen, schon jetzt verbogen an allen Enden, wird bald unbrauchbar werden. Wenn das Großkapital abgebaut und die äußerste Armut erlöst sein wird, das Bürgertum seinen Anschluß an den ehemaligen Adel verloren, der einstige Proletarier den seinen an das Bürgertum gefunden haben wird; wenn kein Bürgeredelmann, sondern der Arbeiterbürger das Zeitgemäße sein wird: was bleibt dann noch von Klassen? Ein weites Kleinbürgertum, aus Kopf- und Handarbeitern; – und die werden nicht in alle Ewigkeit um ihre Gewinne streiten. Ihre Vertretungen werden weder beschränkt sein noch ausschweifen: ja, gerade ein Rätesystem, sofern es alle irgend Arbeitenden umschlösse, würde, indem es sie von Grund auf politisierte, jedem vernunftwidrigen Äußersten, ob Imperialismus oder Kommunismus, den Zugang sperren. Die Welt wird nicht als Vorstellung von Berufsorganisationen da sein; sondern mehr Menschliche als früher sollen an ihr bauen. Kleinbürgertum ist erdenfest, darum ist es, anders als die Lügner und Abenteurer des Imperialismus, jenes Kaiser gewordenen Geldschwindels, befähigt, die wirklichsten Lebenstatsachen, die sittlichen, anzuerkennen und Gerechtigkeit und Wahrheit ebenso anzustreben wie seinen gediegenen Erwerb. Es wartet nur auf seine Lehrer.

Der Sozialismus komme zum vollen Bewußtsein seiner Größe. Er wäre wenig, wenn nur der Streit um Geld und Gut ihn am Leben erhielte. Jene hemmen ihn, die Politik mit Wirtschaft gleichsetzen und den Menschen, Geist und Inhalt der Politik, noch immer nur für ein Erzeugnis seiner Wirtschaft ausgeben möchten. Er soll sie nun meistern lernen; sein Geist komme über den Stoff. Wenn das neunzehnte Jahrhundert an die Selbsttätigkeit der Materie glaubte, Grund war nur die Unzulänglichkeit seiner eigenen menschlichen Schöpferkraft. Es war im ganzen eine Zeit des Versagens, nach jenem achtzehnten, das der Menschengröße so reich vertraute und darum ihr unvergängliche Beispiele gab. Unter uns Menschen des zwanzigsten Jahrhunderts lebt auf und handelt weiter die französische Revolution. Sie ist ewig, ist übernationales Geschehen im Angesicht der Ewigkeit. Im Schein von Blitzen hat sie einst für Augenblicke vorweggenommen, was noch die künftigen Jahrhunderte unserer Welt mit täglicher Wirklichkeit erfüllen soll. Der ihr befreundete, ihr gewachsene Geist Deutschlands, Kant, kehrt nun, von weither, zurück in den Worten Wilsons, da zeigt es sich erst, wie sehr Deutschland sich selbst entfremdet war. Die Republik, die sie meinte, ist kämpfendes Menschentum; wir können keine andere meinen. Nun er siegt, gehe auch der Sozialismus, durch verschmelzende Klassen, in kämpfendes Menschentum ein; sei Gesinnung, mehr als Lohnbewegung, Liebe, mehr als Haß. Ihn umfangend, ihn erst erweckend, erhebt sich die Demokratie, unsere Republik. Sie feierte der größte Sozialist Jaurès in Reden, worin von Wirtschaft kein Wort stand, als sittliches Gebilde des Menschen, und nicht anders feierten sie bürgerliche Demokraten von menschlicher Höhe. Betätigung aller Begriffe, die wahrhaft menschlich machen, ist Demokratie.

Ein Volk, das so im Innern lebt, äußert sich gegen Fremde nicht anders. Keins hat zwei Seelen. Die äußere Politik ist immer und überall eine Fortsetzung der inneren auf fremdem Boden, aber mit heimischen Mitteln. Wer zu Hause nur Gewalt kennt, hat draußen nichts anderes zu bieten. Seine Bündnisse sehen aus wie er selbst. Die bisherigen »Realpolitiker« taten sich viel darauf zu gut, daß sie im Auswärtigen womöglich noch weniger als im Innern, das Herz befragten. Das Ergebnis war dennoch nur, daß Gleich zu Gleich kam: als es ernst ward, trennte ein Verbündeter sich ab, der zuletzt doch anderen Wesens war. Ein Volk aber, das künftig nur um sein Recht und Menschentum kämpft, anstatt für Raub? Es wird, um seiner selbst und seiner Sendung willen, unter den Völkern so viele Freunde haben müssen, wie früher Feinde: alle. Trennende Bündnispolitik ist ihm verboten, nicht nur von einem geplanten Völkerbund, vor allem von seinem eigenen Interesse. Es darf, auf sich selbst zurückgeworfen wie es nun ist, und in der heftigsten Krise seiner Erneuerung begriffen, sich nicht sogleich wieder mit Absichten auf die wirtschaftliche Ausnutzung eines fremden Reiches belassen, das selbst, wie Rußland, aus schwerer Umwälzung noch unfertiger, fragwürdiger und empfindlicher hervorgehen wird als wir. Zuerst Wohlwollen, zuerst ein menschliches Gesicht statt der Grenze, ein Erkennen; und die Politik, die den Handel betrifft, folge künftig aus der, die den Menschen angeht. Chimäre noch gestern, heute seid ihr darauf angewiesen! Das Interesse Deutschlands wird Anständigkeit, Wohlwollen sein bestes Geschäft, und der größte Realpolitiker der sein, der sich einer Welt sympathisch macht. Hammer und Amboß haben für uns ausgedient; Schwächere, die sich beherrschen lassen würden, kommen nicht mehr in Frage, und auf uns soll keiner hämmern, dem wir nicht mehr als Raub- und Truggenossen, nur als Menschen begegnen, als Bürger der einen großen Staatenrepublik, die im Werden ist. Denn noch so viele Rückfälle und Aufenthalte können ihr Werden nicht abbrechen; und der Sinn unserer Niederlage will, daß gerade Deutschland sie fördere.

Wir sind sehr mächtig – und sind es nicht nur durch unsere Zahl und Kraft und weil Menschen höhere Wirtschaftswerte bergen als verlorene Erz- und Kohlenlager. Wir sind mächtig, weil heute für uns der Geist zeugt, wenn anders wir ihn von Herzen bekennen und unsere soziale Demokratie auf ihn taufen. Die Revolution, noch Unbelehrte, war nicht unnütz, wenn sie das wahre Deutschland, das verschüttet war, freilegt. Das wahre Deutschland, das, auf einer höheren Stufe der Weltentwicklung, nun widerstehen soll mit aller seiner Geduld, Einsicht und Gerechtigkeitsliebe, ist mächtig wie je. Als es am einflußlosesten schien, hat doch sein Geist für Jahrhunderte auf Erden mehr verändert, als das abgetane Kaiserreich auch nur für seine Spanne. Dieses verleugnete in seiner Politik, was von Deutschland Geist war. Die Schule der Politik, die öffentlich jetzt für uns begonnen hat, wird Deutschland gerade lehren, seinen Geist auf Zeit und Erde anzuwenden und klug zu handeln ohne Selbstaufgabe. Der Friede auf Erden und die Gerechtigkeit der Welt sind deutsche Gedanken, so gut es französische oder griechische sind. Die großen Gedanken des Menschengeschlechtes entsprießen unvertilgbar da und dort den Geistern der Völker. Über die weiten Grenzen Deutschlands gelangen alle Gedanken. Es sammelt sie, verstärkt sie mit dem seinen und bringt sie zuweilen denen zurück, die vergeßlicher oder weniger ausdauernd sind, – so wie andere jetzt ihm die Gedanken Kants zurückbringen. Sie haben drüben Frieden geplant und um Gerechtigkeit mit sich gerungen, zu einer Zeit, als wir sie nicht wollten. Es war vergebens, durch ihre, unsere Schuld. Erinnern wir sie, mehr noch durch unsere Handlungen als mit Worten, immer wieder daran, daß nach ihrer eigenen Aussage die Zeit des nationalen Eigennutzes vorbei ist und nur noch das Interesse der Menschheit in Frage kommt. Ziehen wir alle Keime des Bessern ans Licht, bei ihnen wie bei uns. Glauben, um zu schaffen! Vergessen wir jenen Wilson nicht, blieb er in seinen Erfolgen auch noch so weit hinter seinem Gewissen zurück. Zählen wir getrost auf alle, die, sei es nur mit halber Aufrichtigkeit, unserer heutigen Vergewaltigung widerstreben: auf die Liberalen und Sozialisten in England, die Arbeiter und Intellektuellen Frankreichs, das Volk von Italien, auf jene Amerikaner, die wie ihr Oberhaupt fühlen. Viele dieser empfinden klarer als wir, die wir tief in den glühenden Schlacken unseres Zusammenbruches stecken, bei dem, was uns geschieht, die Entwürdigung aller. Bemitleiden wir sie, die so handeln müssen, nicht weniger als uns, die wir es erdulden. »Dein Krieg könnte aus lauter Niederlagen bestehen und dein Besieger gleichwohl der Verzweiflung nahe sein.« Sie werden, kraft der Gewalt, die sie uns antun, für eine Zeit nun selbst ihr verfallen und, im Innern nicht glücklicher als wir, bald vielleicht nicht einmal so frei wie wir sein: Frankreich, dem die sofort fühlbaren Grausamkeiten unseres Friedens zur Last fallen, und England, das die länger befristeten ausübt. Geben wir vor allem Frankreich die

Würde und das edle Bewußtsein der menschlichen Gemeinsamkeit zurück, das nur die Versöhnung mit dem nächsten Genossen seiner Kulturwelt ihm sichert. Unser Zerwürfnis mit Frankreich war der Urgrund, auf dem alle erst Feinde wurden. An uns ist es, ihnen die Menschlichkeit zu erweisen, um die ihr Sieg sie gekürzt hat. Niederlagen werden aufgehoben einzig durch den steigenden Menschenwert des Besiegten. Der Geist unserer Demokratie könnte uns selbst erretten, und, wer weiß, auch die Welt.

Die Verantwortung jedes einzelnen von uns ist ungeheuer; vergebens würde jemand sie fliehen wollen, weil er zu klein sei, oder sie verschmähen, weil er sich zu groß dünkt. Selbst ein Geist, der über die Welt hinweg, im Ewigen zu planen dächte, führt die Stoffe seines Zeitalters mit, und die Frage ist, ob der Äther der Ewigkeit ihn rein genug finde. Das Mal des Kaiserreiches auf seinen Geistern waren Verfälschtheit und Dünkel. Sie hielten zu viel auf ihre sinnvolle Erhabenheit, um in die Niederungen des Tages sich hinabzulassen, gar mit zu kämpfen, politisch, wie ein Eintagsmensch. Auch wäre dies nicht das Gesetz Betrachtender, Gestaltender. Nur die vollkommene Geistwidrigkeit eines Zeitalters wie des abgetanen Kaiserreiches hat manchen für Kämpfe verpflichtet, die zu beenden das Ersehnteste wäre, was die Demokratie ihm gewähren möge. Nicht sie will ein solcher besitzen: nur sich selbst; und wie nur einer will er, leidenschaftlich der Welt zu- und abgeneigt, sie geißeln oder anbeten im Sinngedicht seiner selbst. Geister sollen fortan weder kleiner noch weltlicher werden; in die Steuergesetzgebung werden sie nicht eingreifen müssen; und nicht einmal Anerkennung verlangt von ihnen die Demokratie. Sie erkennt sie zuerst selbst an: da werden freilich einmal auch die deutschen Geister erfahren, was es heißt, nicht mehr fremd und wie ein Wunder dabeizustehn, ja, die Welt zum Freund zu haben und einmal doch, wenn noch so kurz, ihre Summe und höchste

Rechtfertigung zu sein. Kein Geist, der es sich nicht gewünscht hätte, wenn noch so kurz.

Denn dies dauert nicht. Das Einverständnis mit der Welt, wer zweifelt, daß es im Leben des Geistes die Ausnahme sei. Hört er erst auf, ein Fluch und Vorrecht zu sein, so fehlt nur eine Strecke und er würde gemein. Dann trennen die Wege Geistes und der Welt sich aufs neue. Dem Geist befreundet, wird die Demokratie Geister gebären, die sie töten werden, nur weil sie sie überragen. Sie ist der Zweck des Lebens nicht, es hat den einen Sinn, Geist zu werden. Gewinnt durch einige nur er, werden durch sie auch die vielen gewinnen. Nichts hindert, zu hoffen, daß in dem redlich und wahr sich mühenden Deutschland des kommenden Lehr- und Prüfungsalters aus gesammelter Volkskraft Helden des Geistes entkeimen, Beherrscher einer Zeit, die nicht mehr trennt, was eins sein sollte: Macht und Weisheit.

Nachwort
von Renate Werner

Ein Jahr nach dem *Untertan* (Dezember 1918) erschien mit der Sammlung *Macht und Mensch* (Dezember 1919) die Summe der politischen Essayistik Heinrich Manns seit 1910. Die Widmung »Der deutschen Republik« faßte in drei Worten die Intention des Bandes zusammen: den Appell an eine breite literarisch-politische Öffentlichkeit, für die »werdende Demokratie« [S. 213] Partei zu ergreifen. Denn daß die seit dem 11. August 1919 in einer Verfassung konstituierte Weimarer Republik in der Gefahr stand, als ›Republik ohne Republikaner‹ sich selbst aufzuheben, war Heinrich Mann offensichtlich schon früh bewußt: »[Die Demokratie] ist das verwickeltste, gefährdetste Unternehmen, in das ein Volk gestellt werden konnte. Wenn nichts weiter daraus würde als ein Ding nach Art der schlechtesten der Republiken, man müßte noch staunen. Aber es wird mehr werden. [...] Was war anderes zu erwarten, als daß eine so plötzlich ausgerufene Demokratie zunächst fast nur Demokraten wider Willen enthalten werde und solche, die mit dem Wort ihren Vorteil meinen« [S. 214]. Deshalb forderte er insbesondere die literarische Intelligenz dazu auf, ihre Arbeit in den Dienst der Republik zu stellen: Literatur und Kritik sollten als öffentliche Praxis verstanden, der Schriftsteller politisch wirksam werden.

Heinrich Manns Aufruf und Anspruch, Literatur auf Politik neu zu gründen, waren keineswegs Ausdruck einer unter dem Eindruck des Kriegsendes vollzogenen ›Wende‹, sondern Ergebnis eines längeren Reflexionsprozesses, der ihn bereits geraume Zeit vor dem Ersten Weltkrieg eine im Kontext des Fin de siècle ungewöhnliche gesellschaftsorientierte Kunsttheorie hatte entwickeln lassen. Aspekte dieses Reflexionsprozesses sollen hier kurz umrissen werden, da nur so die Bedeutung der in den Jahren 1910 bis 1919 entstandenen literarisch-politischen Essays Heinrich Manns in ihrer historischen Perspektive hervortreten kann.

Erste Umrisse einer sozialen Romanästhetik und »littérature engagée« deuteten sich bereits um 1905 an. In seinem kunst- und literatursoziologisch wichtigen Porträt-Essay *Eine Freundschaft: Gustave Flaubert und George Sand* stellte er programmatisch der »unpersönlichen« Artistik Flauberts als humane Alternative die soziale Romankunst der George Sand gegenüber. George Sand, die Präsozialistin, sieht er, im Bündnis mit dem »Volk«, in ihren Gedanken und literarischen Gestalten der gesellschaftlichen Emanzipation voranschreiten. »Die Kunst hat dem Leben zu dienen«, läßt er George Sand lapidar formulieren. Weder der Begriff des ›Lebens‹ noch der Begriff des ›Volks‹ werden an dieser Stelle genauer geklärt. Heinrich Mann reflektiert seine Forderungen (noch) nicht im Kontext der konkreten gesellschaftlich-politischen Bedingungen in Deutschland zu Beginn des 20. Jahrhunderts. Er gewinnt vielmehr seine Konzeption eines »art social« in der intensiven Auseinandersetzung mit der französischen Geschichte und Literatur des 18. und 19. Jahrhunderts. Vermittelt vor allem über George Sand und später über Émile Zola, der für ihn nicht als programmatischer Naturalist bedeutsam wurde, sondern als schonungsloser Aufklärer in der Dreyfus-Affaire [vgl. S. 99], rezipierte Heinrich Mann die Literaturästhetik des romantischen Sozialismus in der Tradition der Frühsozialisten Claude-Henri de Saint-Simon (1760–1825) und Charles Fourier (1772–1831). Saint-Simonisten und Fourieristen hielten

Kunst und Literatur für nützliche Antriebskräfte bei der Veränderung der Gesellschaft, weil sie auf wirksame (und kontrollierbare) Weise Gefühle zu erregen imstande seien. Man war sich einig in der Überzeugung, die Kunst habe die Ideale einer egalitären und humanitären Gesellschaft darzustellen und der sozialen Reform zu dienen. Von solchen Vorstellungen ist noch der späte Émile Zola geprägt. In seinen Romanen *Quatre Évangiles* [*Fécondité*, *Vérité*, *Travail* – vgl. S. 123] entwirft er das Bild einer Demokratie der Zukunft, welche auf den Säulen von »Wahrheit« und »Gerechtigkeit« ruhen solle. Der französische »art social« und die ›Ideen von 1789‹ bleiben seit 1905 für Heinrich Mann prägend. Aus ihnen leitet er die radikale Verneinung vor allem jener deutschen kulturellen und politischen Tradition ab, die das Deutsche Kaiserreich seit 1871 bestimmte.

›Frankreich‹ und ›Deutschland‹ – (und das hieß: Vernunftdenken und Republikanismus auf der einen, Innerlichkeitskult und Untertanenmentalität auf der anderen Seite) werden von Heinrich Mann in dieser Phase seines Schaffens geradezu mythisch konzeptualisiert – aber diese Konzeptualisierung macht ihn zugleich hellsichtig. Seine Vorkriegsessays »sind wichtige geistesgeschichtliche Dokumente für die schmale deutsche Tradition einer Deutschland-Kritik aus der Perspektive der französischen Aufklärung und jakobinischen Revolution« (Jürgen Haupt). So feiert Heinrich Mann in den politisch-literarischen Manifesten des Jahres 1910, *Geist und Tat* und *Voltaire – Goethe*, die Französische Revolution als Zentralereignis der neuzeitlichen Geschichte: » [...] diesem vorweggenommenen und entflogenen Augenblick nachdrängen, ihn wieder einholen. Die Geschichte hat keinen anderen Sinn mehr, als jener großen Stunde Dauer zu geben und dem Geist, der das Geschlecht jenes Jahres beseelte, die Welt zum Körper« [S. 12]. Von daher kann es verständlich werden, wenn Heinrich Mann später auch die russische Oktoberrevolution und die deutsche Novemberrevolution als Weiterwirken der Französischen Revolution begreift [vgl. S. 225].

In seiner Perspektive waren es die Intellektuellen, die Literaten, die »philosophes«, die der Revolution gedanklich den Weg bereitet haben. Darin ist er sich einig mit der Revolutionshistoriographie des 19. Jahrhunderts in Frankreich, mit Alexis de Tocqueville etwa, mit Hippolyte Taine und vor allem seinem historischen ›Lehrmeister‹ Jules Michelet (*Histoire de la Révolution Française*, 1847–53). Daß Robespierre nichts war »als die Hand von Jean Jacques Rousseau«, wußte im übrigen auch schon Heinrich Heine (*Zur Geschichte der Religion und Philosophie in Deutschland*, 1835). In diesem Sinne interpretiert Heinrich Mann Voltaire und Rousseau, vor allem aber Émile Zola, als Vertreter einer »Ratio militans«, als Kronzeugen für das Politischwerden des »Geistes«. Freilich: »Sie haben es leicht gehabt, die Literaten Frankreichs [...]: sie hatten ein Volk. Ein Volk mit literarischen Instinkten, das die Macht bezweifelt [...] Der Geist ist hier nicht das luftige Gespenst, das wir kennen« [S. 13]. Der »Mensch des Geistes«, so deutet Heinrich Mann, hat in Frankreich keine privilegierte Stellung gegenüber dem »Volk«. Beide sind der Vernunft, der Aufklärung, der Befreiung aus den Fesseln der Unmündigkeit verpflichtet. Der Intellektuelle, der Literat, ist Vorkämpfer, Vermittler – nicht mehr. Paradigmatisch verweist Heinrich Mann auf Rousseau und Voltaire: sie machen in seiner Sicht das Eintreten des Intellektuellen für Wahrheit, Freiheit und Gerechtigkeit sinnfällig, sie bezeugen die Einheit von »Geist« und »Macht« durch den Volkswillen: »Voltaire ist von den Adeligen geprügelt worden: errötet ist er nicht, – und er hat ihnen die Guillotine errichtet. Er war es. [...] Bei jedem neuen Sturz der Macht war er an der Spitze der

Stürmenden. Wo die Wahrheit gegen den Nutzen aufstand, der Geist gegen die Macht, da schmetterte sein Name.« [S. 24] Daß dies für Deutschland nicht gilt, der Mensch des »Geistes« Paria in einem Volk ohne Willen zur Realisierung seiner auf Freiheit und Gleichheit gegründeten Souveränität geblieben ist, darin besteht für Heinrich Mann die ›deutsche Misere‹. Goethe wird ihm zum exemplarischen Fall: »Goethe [...] sieht aus der gespensterhaften Höhe, wo die deutschen Genien einander vielleicht verstehen, unbewegt auf sein unbewegtes Land hinab. Sein Werk, der Gedanke an ihn, sein Name, haben in Deutschland nichts verändert, keine Unmenschlichkeit ausgemerzt, keinen Zoll Weges Bahn gebrochen in eine bessere Zeit. [...] Er muß sich gefallen lassen, daß reaktionäre Minister dem Volk statt seiner Rechte einen Satz von ihm bieten, der diese Rechte entwertet« [S. 24f.].

Solche Sätze sind zu lesen als Kampfansage an jene Tradition politischen Denkens im deutschen Bürgertum, nach dem individuelle Bildung höher gewertet wird als öffentliche, die Autonomie und Selbstverwirklichung der freien Persönlichkeit höher als die Entfaltung einer »mündigen, selbsttätigen Gesellschaft«. Das Fehlen einer politischen Kultur in Deutschland, die mangelhafte Entwicklung eines freiheitlichen demokratischen Bewußtseins, macht Heinrich Mann verantwortlich dafür, daß es dem Bürgertum, insbesondere in der Revolution von 1848 und im Verfassungskonflikt von 1862, mißlang, seine konstitutionellen Ziele durchzusetzen, daß es sich dem Herrschaftsanspruch der alten Machteliten beugte: »Niemand hat gesehn, daß hier, wo so viel gedacht ward, die Kraft der Nation je gesammelt worden wäre, um Erkenntnisse zur Tat zu machen. [...] Man denkt weiter als irgendwer, man denkt bis ans Ende der reinen Vernunft [...]: und im Lande herrscht Gottes Gnade und die Faust.« [S. 14]

Die Essays *Geist und Tat* und *Voltaire – Goethe* wurden von der jungen Expressionistengeneration als Fanal verstanden und in der ›Aktion‹ Franz Pfemferts sowie den ›Ziel‹-Jahrbüchern Kurt Hillers nachgedruckt. Ihre Wirkung beruhte auf der entschiedenen Absage Heinrich Manns an den ästhetischen Individualismus der Jahrhundertwende, an den Kunstaristokratismus einer Kulturelite, der auch Manns eigenes Frühwerk geprägt hatte. Heinrich Mann rückte in den Rang eines Wortführers der linksbürgerlichen deutschen Intelligenz auf. Er teilte mit dem expressionistischen Aktivismus einen radikalen idealistischen Antimaterialismus, der sich um den Begriff des ›Geistes‹ und der ›Geistigen‹ zentrierte. ›Geist‹ war – negativ – zu verstehen als Oppositionsbegriff: als Verneinung jenes wirkungsmächtigen monistischen Evolutionsdenkens des späten 19. Jahrhunderts, das ›Materie‹ und ›Geist‹ lediglich als unterschiedliche Erscheinungsformen einer letztlich einheitlichen, in ewiger Um- und Fortbildung begriffenen Weltsubstanz auffaßte und so auch die menschliche Geschichte naturwissenschaftlich als strikt determiniert ansah (Ernst Haeckel). Gegen die positivistisch gedeutete ›Macht der Tatsachen‹, aus der politisch die Affirmation der bestehenden Herrschafts- und Sozialverhältnisse abgeleitet werden konnte, setzt Heinrich Mann: Geist »ist Revolte gegen dic Natur, gegen ihre Stumpfheit und Langsamkeit, Ungerechtigkeit und Härte« [S. 13], und der Aktivist Hiller wiederholt: Geist »ist die Verschwörung des Vernunftwesens wider die Natur«. Positiv gesehen, war das Spektrum des »Geist«-Begriffes bei Heinrich Mann und den Aktivisten eher diffus und semantisch offen. Für Heinrich Mann formulierte er in der Tradition des »art social« im Kern das sittlich-humane Fundament des Menschen als Sozialwesen, für die Aktivisten stellte er jene absolute Instanz dar, von der aus die bestehende Wirklichkeit immer wieder destruiert,

»zersprengt« werden müsse, um ihn als Kraft, wirkendes Prinzip, erfahren zu können. Entsprechend wird der ›Geistige‹ verstanden als ein ›Täter‹ im Namen der Vernunft oder der ›Geist‹-Utopie, vor allem aber als ein unerbittlicher Feind des Bestehenden. Den latenten Anarchismus der Aktivisten allerdings, einen bei ihnen sehr wohl erkennbaren Selbstkultus der Intellektuellen, wies Heinrich Mann zurück, wenn er ihm auch so fern nicht stand. Sein Plädoyer für eine Politisierung des ›Geistes‹ war ein Plädoyer für die Wiederherstellung jener klassischen literarischen Öffentlichkeit, die im 18. Jahrhundert idealtypisch als politische fungierte, obgleich deren Voraussetzungen genauerer Reflexion bedurft hätten [vgl. S. 247]. Es ging ihm nicht um »Logokratie« (Kurt Hiller), sondern um öffentliches Räsonnement: »Das Genie muß sich für den Bruder des letzten Reporters halten, damit Presse und öffentliche Meinung, als populärste Erscheinungen des Geistes, über Nutzen und Stoff zu stehen kommen, Idee und Höhe erlangen« [S. 18].

In diesem Sinne interpretiert Heinrich Mann 1915 das Handeln Zolas in der Affaire um den Hauptmann Alfred Dreyfus, die seit 1894 Frankreich in eine tiefe Staatskrise gestürzt hatte. Mit dem *Offenen Brief an den Präsidenten der Republik* (*J'Accuse*), veröffentlicht in ›L'Aurore‹ vom 13. Januar 1898, hatte Zola die falsche Anklage gegen Dreyfus als Verschwörung der Rechten im Bündnis mit dem Militär gegen die Fundamente der republikanischen Verfassung entlarvt. Sein Manifest »zog einen tiefen Graben zwischen den amoralischen, einer falschen Staatsräson verschriebenen Nationalisten und den Vorkämpfern für ein besseres Frankreich und eine bessere Menschheit« (Siegfried Thalheimer). Es wurde zum ›Credo‹ der »parti intellectuel« im Lager der republikanischen ›Dreyfusards‹.

Ein neues Schlagwort war im allgemeinen politischen

Sprachbewußtsein aufgetaucht: die Intellektuellen – ein von den ›Dreyfusards‹ positiv besetzter Selbstverständigungsbegriff, der unter anderem die Merkmalskomponenten ›demokratisch‹, ›moralisch‹ und ›wissenschaftlich‹ einschloß. Von den Nationalisten in Frankreich hingegen wurde der Begriff sofort negativ gewertet durch polemische Zuweisungen wie ›abstrakt‹, ›instinktlos‹, ›anti-national‹, ›jüdisch‹ oder ›dekadent‹. Es war dieser negative Kampfbegriff, der – vermittelt über die Berichterstattung der Dreyfus-Affaire – alsbald in Deutschland rezipiert wurde, wie Dietz Bering nachgewiesen hat. Nur wenige Intellektuelle in Deutschland wagten es, das ominöse Schlagwort auf sich selbst zu beziehen und positiv zu gebrauchen. Zu ihnen freilich gehörte Heinrich Mann. Schon 1910 formulierte er: »[...] der Typus des geistigen Menschen muß der herrschende werden in einem Volk, das jetzt noch empor will. [...] Der Faust- und Autoritätsmensch muß der Feind sein. Ein Intellektueller, der sich an die Herrenkaste heranmacht, begeht Verrat am Geist.« [S. 18]. Mit diesen Sätzen prägte er das oppositionelle Selbstverständnis der systemkritischen Literaten des Expressionismus mehr als durch seinen radikalen demokratischen Republikanismus. Franz Pfemfert schrieb 1911 in der ›Aktion‹: »Die Soldschreiber der Reaktion fühlen sich schlecht. Ihnen droht ein Gegner, dem sie nicht mit Kartätschen begegnen können: der Mensch des Geistes, der Literat. Unsere Besten werden zu Agitatoren und wirken, die dumpfen Bande der Reaktion zu lockern. Das macht den gewerbsmäßigen Unkulturvertretern, die noch in der Schnurrbartsbinde ein staatliches Hoheitszeichen erblickten, Sorge. Heinrich Manns Ruf: ›Der Faust- und Autoritätsmensch muß der Feind sein. Ein Intellektueller, der sich an die Herrenkaste heranmacht, begeht Verrat am Geist‹, versuchen sie noch mit einem kümmerlichen Lächeln zu überhören. Doch fühlen sie dunkel, daß der Ruf gefährlicher, drohender, revolutionärer wirken wird als alle Straßendemonstrationen.«

Diese Einschätzung der Macht der Intellektuellen mußte sich freilich als problematische Selbsttäuschung erweisen. Es gab im Kaiserreich keine Dreyfus-Affaire, es kam nie zu einer breitenwirksamen linksbürgerlichen beziehungsweise radikaldemokratischen politischen Protest- und Sammlungsbewegung. Die Reaktion der überwiegenden Mehrheit der deutschen Intelligenz auf den Ausbruch des Ersten Weltkrieges erwies vielmehr, daß selbst jene Intellektuellen nationalchauvinistischer Euphorie und patriotischen Erneuerungs- und Aufbruchs-Parolen erlagen, die die Wilhelminische Gesellschaft der Vorkriegs-Ära eher skeptisch und kritisch beobachtet hatten. »Wir waren nicht mehr, was wir so lange waren: Allein! – Der zerrissene Lebenskontakt zwischen den Reihen: Individuum – Volk – Nation – Welt – Gott wurde mit einem Male wieder geschlossen«, schrieb beispielsweise der Philosoph Max Scheler. Angesichts solcher Wunschbilder einer Restitution verlorener Totalität als Antwort auf intellektuell unbewältigte Krisenerfahrungen und reale Existenzbedrohungen gerieten diejenigen vollends ins Abseits, die als entschiedene Kriegsgegner Stellung bezogen. Der Erste Weltkrieg führte zu einer Polarisierung, in der Intellektuelle gegen Intellektuelle unter dem Vorzeichen antraten, den jeweils anderen als Intellektuellen entweder auszugrenzen oder zu denunzieren.

Heinrich Manns Essay *Zola* und seine Wirkung stellen dafür ein berühmtes Dokument dar. Der Text ist durchgängig doppelbodig angelegt: rekonstruiert der Essay auf einer ersten Bedeutungsebene Biographie und Werkbiographie Zolas im Spannungsfeld der thematischen Konzepte ›Geist‹ und ›Tat‹, so baut er auf einer zweiten, konnotativ realisierten Bedeutungsebene durch Zitate und Signalwörter einen Anspielungskontext auf, dessen unmittelbare (teilweise autobiographische) Gegenwartsbezüge nahezu unverschlüsselt erkennbar werden. Im Spiegel des krisengeschüttelten Frankreich der Dreyfus-Affaire rechnet der Essay mit dem Wilhelminischen Kaiserreich ab und prophezeit ihm den Untergang, im Modell Zola interpretiert Heinrich Mann sich selbst. Zola, so heißt es etwa, »erinnerte sich wohl, einst kritisch aufgestanden zu sein gegen die Tyrannei der vaterlandsseligen Nichtskönner, die auch in ruhigen Zeiten auf gewissen Bühnen sich austoben durften. Jetzt, in den aufgeregten, war das gesamte Land eine patriotische Schmiere. Kein Raum mehr für den, der nicht die ganze nationale Größe auf die Anbetung des Säbels beschränkt« [S. 110f.]. Und weiter: »Sie, die geistigen Mitläufer, sind schuldiger als selbst die Machthaber, die fälschen und das Recht brechen. [...] Ihr falschen Geistigen dreht Unrecht in Recht um, und gar in Sendung, wenn es durch das Volk geschieht, dessen Gewissen ihr sein solltet. Euer Volk hat den Auftrag von der Geschichte, aber an welche trostlose Geschichte glaubt ihr denn, da ihr nicht an den menschlichen Fortschritt glaubt? [...] Der ganze nationalistische Katechismus, angefüllt mit Irrsinn und Verbrechen, – und der ihn predigt, ist euer eigener Ehrgeiz, dürftiger noch eure Eitelkeit« [S. 113]. Solche Sätze (im Zusammenhang des Textes der Darstellung des Bewußtseins der Figur ›Zola‹ zuzuordnen) waren leicht isolierbar und als Angriff verständlich, wie die aggressive Antwort Thomas Manns zu Beginn des Jahres 1918 zeigt. Thomas Mann, der in seinen *Gedanken im Kriege* (1914) und in *Friedrich und die große Koalition* (1915) eine prekäre Kriegsapologetik entwickelt hatte, wenn er den Krieg als Entfaltung von »Deutschlands ganzer Tugend und Schönheit« pries, mußte sich zu Recht getroffen fühlen und setzte in seinen höchst politischen *Betrachtungen eines Unpolitischen* nach. Hier entwarf er das Bild einer Kunstfigur, der er den

Namen »Zivilisationsliterat« gab. Dieser, so Thomas Mann, denke »nicht nur in französischer Syntax und Grammatik«, sondern auch »in französischen Begriffen, französischen Antithesen, französischen Konflikten, französischen Affairen und Skandalen. Der Krieg, in dem wir stehen, erscheint ihm, völlig entente-korrekt, als ein Kampf zwischen ›Macht und Geist‹ – das ist seine oberste Antithese. [...] dieser Krieg stellt sich ihm als eine Wiederholung der Dreyfus-Affaire in kolossalisch vergrößertem Maßstab dar. [...] Ein Intellektueller ist, nach der Analogie jenes Prozesses, wer geistig auf Seiten der Zivilisations-Entente gegen den ›Säbel‹, gegen Deutschland ficht.« Daß die Kunstfigur des »Zivilisationsliteraten« hier auch ohne direkte Nennung den Namen Heinrich Mann trägt, ist deutlich, aber sie steht ebenso für jene Expressionisten und Aktivisten, die sich für ihr Konzept einer Politisierung der Literatur auf Heinrich Mann beriefen, ja für einen gesamteuropäischen Intellektuellentypus in der Tradition der Aufklärung, dem Thomas Manns ganzer Widerwille galt. »Rhetorbourgeois«, »belles-lettres-Politiker«, »Freiheitspfaffe« und »poetischer Volksverführer« waren noch die vergleichsweise harmlosesten Schimpfnamen, die er für diesen Typus erfand.

Die Brüder Heinrich und Thomas Mann haben damit in der Zeit des Ersten Weltkrieges exemplarisch eine Intellektuellen-Debatte geführt, die weit über den unmittelbaren Kontext hinaus gewirkt hat. Es war dann allerdings Thomas Mann, der sich zum Widerruf genötigt sah (*Von deutscher Republik*, 1922), doch konnte dieser Widerruf nicht verhindern, daß die Nationalkonservativen und Faschisten unter anderem aus seinen *Betrachtungen* das gedankliche und begriffliche Arsenal bezogen, mit dem sie das ›Undeutsche‹ mit dem ›Intellektuellen‹ zusammenkoppelten; die Epitheta ›volksfremd‹, ›steril‹, ›charakterlos‹, ›zersetzend‹, ›krank‹, ›jüdisch‹, ›bolschewistisch‹

und viele andere wurden zu Schlagwortwaffen, die nur wenige Jahre später die »Bücher des undeutschen Geistes« brennen ließen und tausende deutscher Intellektueller ins Exil trieben – unter ihnen Heinrich und Thomas Mann.

Unter der Überschrift »Auch ein Heinrich, vor dem uns graute« rief der ›Völkische Beobachter‹ vom 19./20. Februar 1933 zur »Ausschaltung« solcher »Barden des 9. November« wie Heinrich Mann auf: »Niemand hat selbstverständlich den Verrat der Novemberparteien so stürmisch begrüßt wie Heinrich. Schon im Dezember 1918 sprach er im ›Politischen Rat geistiger Arbeiter‹ über ›Sinn und Idee der Revolution‹; Januar 1919 verfaßte er auf Veranlassung des ›Reichsamtes für wirtschaftliche Demobilmachung‹ den Werberuf ›Wir wollen arbeiten‹ – und dieses Versprechen hat er [...] gehalten! Er hat jene Literatur [...] heraufbeschworen, mit der gründlich aufzuräumen erst jetzt die Stunde gekommen ist! Für die ›Gedenkrede auf Kurt Eisner‹ war er als passionierter Philosemit selbstverständlich auch wie geschaffen. [...] Kurzum ein Novemberling vom Scheitel bis zur Sohle, ein Paneuropäer par excellence.« In der Tat – solche Ehrentitel eines engagierten Demokraten hatte Heinrich Mann durch seine politische Publizistik während des Ersten Weltkrieges und in der Zeit der Weimarer Republik verdient. Er gehörte – neben Wilhelm Herzog, René Schickele und Kurt Eisner – zu den Mitgliedern des schon 1914 gegründeten »Bundes Neues Vaterland« (1916 verboten), der sich öffentliche pazifistische Aufklärungsarbeit zum Ziel gesetzt hatte. Publizistische Zentren des »Bundes« waren ›Das Forum‹ Wilhelm Herzogs (von den deutschen Zensurbehörden 1915 verboten) und ›Die Weissen Blätter‹ René Schickeles, die der Kriegszensur wegen seit 1916 im Schweizer Exil erschienen. Beide Zeitschriften veröffentlichten wichtige Essays Heinrich

Manns (darunter den Schlüsselessay *Zola*, 1915) und akzentuierten so auch im Ersten Weltkrieg dessen Rolle als Integrationsfigur im Spektrum der oppositionellen linksbürgerlichen bis revolutionär-sozialistischen Künstler und Intellektuellen.

Dies wurde zudem deutlich in Heinrich Manns Aktivitäten zur Zeit der Münchner Räterevolution. In einem historischen Moment, in dem noch unentschieden war, wie sich die Verfassungswirklichkeit Deutschlands nach dem Sturz der Monarchie gestalten würde – rätedemokratisch oder parlamentarisch – hatten sich im Zusammenhang mit der radikaldemokratischen Bewegung der Arbeiter- und Soldatenräte im November 1918 in Berlin, München, Leipzig, Dresden, Hamburg und Darmstadt »Räte geistiger Arbeiter« gebildet, die den revolutionären Umbruch aktiv publizistisch unterstützten. In München tagte am 13. November erstmals der »Politische Rat geistiger Arbeiter«, der Heinrich Mann zu seinem Vorsitzenden wählte und am 15. November einen *Aufruf* an »alle Gleichgesinnten aus allen geistigen Berufen« veröffentlichte. Programmatisch heißt es in diesem von Heinrich Mann verfaßten Manifest: »Wir sind deutsche Demokraten; unser Stolz ist die Ueberlieferung des Jahres 1848, unsere Welt ist die des deutschen Idealismus, nicht die geistige Welt Bismarcks und Treitschkes. Bei all unserem Deutschtum aber sind wir uns bewußt, daß die jetzt sich durchringende Idee der Freiheit nicht, wie leichtsinnige Umlerner plötzlich entdecken, ›urdeutsch‹, sondern daß sie die leitende Idee unseres Erdteils selbst ist. Die europäische Menschheit lebt von je im Licht dieser Idee, mag es zeitweilig auch verdunkelt gewesen sein. [...] Wir sind deutsch, demokratisch und europäisch. Aus alledem ergibt sich unser Wille, dem staatlichen Leben eine allumfassende Gerechtigkeit zu verleihen. Alle sollen sobald als möglich am Staat beteiligt sein.« In seinem Rückgriff auf die demokratische Tradition der Revolution von 1848 und in seinen weltbürgerlich-europäischen Perspektiven erweist sich der *Aufruf* als gemäßigt, bürgerlich und kompromißfähig – im Gegensatz etwa zu den ›logokratischen‹ Utopie-Konzepten, wie sie beispielsweise in dem von Kurt Hiller inspirierten Berliner »Rat« vertreten wurden. Heinrich Mann unterstützt die Regierung und das politische Programm Kurt Eisners (USPD), der das basisdemokratische Rätekonzept mit einem parlamentarischen Verfassungsmodell zu verbinden suchte. Eisner, der erste demokratische Ministerpräsident Bayerns, wurde am 21. Februar 1919 durch den Grafen Arco-Valley ermordet, die USPD in Bayern verlor ihren geistigen Kopf. Dem Freund hielt Heinrich Mann am 16. März im Münchner »Odeon« die Gedächtnisrede. Er sieht in Eisner den Intellektuellen an der ›Macht‹, den ›Geistigen‹ im Dienst sozialer Umgestaltung: »In jeder Handlung sah er, neben ihrer praktischen Wirkung, ihr geistiges Gepräge. Achtstundentag, Demokratisierung des Heeres, eine befreite Schule, die wirtschaftliche Erfüllung der politischen Revolution: durch solche Taten dachte er, gleichwie in seinen Reden, die bis dahin verfemten Wahrheiten zu bezeugen« [S. 167f.].

Es sind, wie auch sonst in seiner politischen Publizistik, Kategorien ohne praktisch-politische Differenzierung, mit denen Heinrich Mann operiert, bedeutsam aber – und vorwärtsweisend – ist hier das Zusammendenken von idealistischen Zielvorstellungen und konkret-politischer Arbeit. Das ist auch der Grund dafür, weshalb er die junge literarische Generation bereits früh vor abstrakten Utopien und revolutionären Ekstasen warnt: »Nur Vernichtung des Überlebten kann euch noch helfen [...] So fühlt vor allem der junge Mensch, der schon vor dem Anfang des Krieges in seinen der Zeit vorausschwingenden Nerven das Ende hatte [...]. Solche Jugend hat jetzt in die Politik eingegriffen; und wie in den Künsten sieht sie vielleicht auch hier zu sehr von der Wirklichkeit der Welt ab. [...] Wollet doch erkennen, daß die arme Mehrheit, die ihr verachtet [...] von euch redlich und geduldig noch erst gewonnen werden muß« [S. 212f.]. Später wurde er in seiner Kritik am revolutionären Aktivismus noch deutlicher: »Angezogen wurden sie vom Grenzenlosen, Endgültigen, Absoluten. Eine unbestimmte Befreiung der ganzen Menschheit mußte es sein, anstatt einer um einiges besseren Ordnung ihres Landes« [*Deutsche Literatur um 1920*].

Heinrich Mann dagegen plädiert 1918/19 für demokratische Konsensbildung durch ein Rätesystem, das die alten Klassenkonstellationen aufhebt [S. 224f.]. Er warnt vor einer Revolution, die eine neue Gewaltherrschaft etabliert [S. 203f.] und sieht in der Russischen Revolution kein einfach auf die deutschen Verhältnisse übertragbares Modell [S. 205f.]. Er fordert den Sozialausgleich durch eine Wirtschaftsverfassung, die nicht länger »die Mehrheit zur Armut verurteilt« [S. 207], wirtschaftliche Entflechtung und Entmonopolisierung in »gemischtwirtschaftlichen Betrieben« [S. 165], die Beteiligung der Arbeiter an den Produktionsmitteln [S. 164], und er appelliert schließlich an die Mitverantwortung aller Bürger für den neuen »Volksstaat« [S. 162]. Zudem propagiert er schon 1916 den Gedanken einer »europäischen Gemeinbürgschaft« [S. 133] und tritt für die Versöhnung mit Frankreich ein [S. 228f.].

Die Demokratie war für den Heinrich Mann der Jahre 1918/19, wie an solchen Konzepten ablesbar ist, kein bloßes Abstraktum. Er ging von einem dynamischen Demokratieverstandnis aus: für ihn war die Republik etwas je konkret Herzustellendes, zu Erkämpfendes. Dabei orientierte Heinrich Mann sich freilich eher an idealistischen Handlungsmaximen, denn an gesellschaftspolitisch-konkreter Reflexion. Er war weder ein Pragmatiker, noch ein politischer Theoretiker. Vielmehr arbeitete er als Schriftsteller an der Aufhebung des Antagonismus von Kunst und Politik, als politischer Denker an der Aufhebung des Antagonismus von Politik und Demokratie, den Thomas Mann in der Zeit des Ersten Weltkrieges mit solcher Vehemenz vertreten hatte. Sein Ziel war eine demokratische Kultur.

Heinrich Mann beantwortet die Legitimations- und Publikumskrise, in die Kunst und Literatur am Ende des 19. Jahrhunderts geraten waren, durch seine Absage an ästhetizistisch radikalisierte Autonomiekonzepte: er begreift Literatur als Erkenntnismedium, Mittel einer ästhetischen Erziehung, Teil einer politischen Öffentlichkeit. »Ich aber glaube«, so schrieb er schon 1907, »daß in diesem demokratischen Zeitalter nur Jemand, dem am endgültigen Sieg der Demokratie gelegen ist, wirkliche Schönheit hervorbringen kann. Jedenfalls ist der geistige Radikalismus meiner Bücher untrennbar von dem politischen« (an J. N. van Hall, 1. 10. 1907). Seine bevorzugten Gattungen werden in dieser Phase seines Schaffens Parabel (*Die kleine Stadt*) und Satire (*Professor Unrat / Der Untertan*), sowie schließlich der Essay als offene Form zwischen parteilich-appellativer Rhetorik und historischer Reflexion.

Als Essayist arbeitet Heinrich Mann mit expressiven Stilmitteln wie Raffung und starken Oppositionen, Wiederholungen und Wertformeln, Ellipsen, Amplifikationen, Exklamationen und Interjektionen, persuasiven Techniken wie rhetorischen Fragen und Leseranreden. Er entwickelt eine Form der essayistischen Darstellung, die erzählerische Mittel mit einbezieht – bis hin zur Personenrede, zur erlebten Rede, zum Inneren Monolog und damit zur Perspektivendifferenzierung. Wer – im *Zola*-Essay – »an der einzelnen Stelle spricht, denkt, träumt, das ist nicht auszumachen: Zola, eine Romanfigur, der Zeitgeist, der Geist der Erzählung, Zolas Freunde, Gegner und Richter, Heinrich Mann? (Ohne Sinnverschiebung stehen: er, man, wir, ihr)« (Ludwig Rohner): »den Sieg, wir wissen es, erlebt man nicht. Wir können ihm nur entgegenträumen, wenn wir endlich ruhen vom Kampf« [S. 124].

Heinrich Manns Essayistik ist wirkungsbezogen, tritt in den Dienst ästhetisch-moralischer Überzeugungsabsichten, ihre Tendenz ist proklamatorisch, rhetorisch und subjektiv. Sie hat wesentlich dazu beigetragen, in Deutschland die Tradition des politischen Essays zu erneuern, die in der zweiten Hälfte des 19. Jahrhunderts verloren gegangen war. Darin liegt – nicht zuletzt – ihre literarhistorische Bedeutsamkeit.

Ihr Stellenwert für eine Ästhetik der Moderne mag dabei durchaus in Frage stehen. Heinrich Mann hält an einem »Projekt der Aufklärung« (J. Habermas) fest, das ins 18. Jahrhundert verweist. Die Selbstkritik der Aufklärung hat er freilich nicht mitbedacht – legitim vielleicht in einem historischen Moment, in dem Vernunft – politisch heruntergekommen zur Zweckrationalität – sich mit Macht und Herrschaft unauflöslich amalgamiert zu haben schien. Doch das idealistische Geschichtsverständnis Heinrich Manns, sein Denken in ausgreifenden geistesgeschichtlichen Kategorien, die Unbeirrbarkeit, mit der er an wenigen Leitbegriffen festgehalten hat, seine Überschätzung der faktischen Wirksamkeit des parteiergreifenden Intellektuellen, enthalten ohne Zweifel voluntaristisch-dezisionistische Aspekte. Denn die Auflösung eines (bereits zum Zeitpunkt seiner Entstehung im 18. Jahrhundert niemals wirklich allgemeinen) bürgerlichen Kommunikationsraumes öffentlichen Räsonnements, das Auseinandertreten von Elitekultur und Massenkultur, der reale gesellschaftliche Funktionsverlust und die Marginalisierung von Künstlern und Intellektuellen, die Etablierung von Massenmedien und deren Verwertung in der modernen Kulturindustrie – all dies ließ sich nicht einfach durch den individuellen Akt, literarische Praxis als politisches Handeln zu begreifen, wieder aufheben.

Heinrich Manns Versuch, die Trennung von Kunst und Lebenspraxis, die sich seit dem Ende des 18. Jahrhunderts ausgebildet hatte, rückgängig zu machen, erfolgt historisch in eben dem Augenblick, in dem auch die europäischen Avantgardebewegungen (Dada und Surrealismus) gegen die »bürgerliche Institution Kunst« (Peter Bürger) rebellieren und die Selbstkritik der Kunst einleiten. Heinrich Manns »art social«-Konzept allerdings ist vor-avantgardistisch und schließt an einen Kunst-Typus an, dessen Traditionslinien in Deutschland auf Heinrich Heine, in Frankreich auf den romantischen Sozialismus zurückführen. Für einen deutschen Schriftsteller und Intellektuellen keine schlechte Tradition!

Zur Entstehungs- und Überlieferungsgeschichte

Als Heinrich Mann im Herbst 1919 seine erste Essay-Sammlung *Macht und Mensch* für den Druck zusammenstellte, waren fast alle Essays daraus bereits seit 1910 in Zeitungen und Zeitschriften erschienen. Lediglich *Kaiserreich und Republik* wurde zum ersten Mal in *Macht und Mensch* gedruckt. Bei der Komposition des Bandes hielt sich der Autor an die Chronologie der Erstveröffentlichungs- bzw. Entstehungsdaten der einzelnen Essays, mit einer Ausnahme: Den Essay *Geist und Tat* bestimmte er als machtvolle Introduktion der Sammlung, indem er ihn dem zeitlich früher erschienenen Essay *Voltaire – Goethe* voranstellte. Von der Entstehungsgeschichte dieser Essay-Sammlung ist im einzelnen wenig bekannt; für die Textfassung der einzelnen Aufsätze ist allerdings interessant, daß Heinrich Mann die Erstdrucke, die er – soweit sie vorlagen – handschriftlich nochmals bearbeitete, als Satzvorlagen verwendet hat [vgl. die Abbildungen bei einzelnen Essays in diesem Band]. Zu verschiedenen Essays haben sich in Heinrich Manns Nachlaß im Heinrich-Mann-Archiv der Akademie der Künste der DDR, Berlin / DDR [im folgenden mit der Sigle HMA bezeichnet] Konzept-Notizen oder Entwürfe erhalten. Im folgenden sind zu den einzelnen Essays die Überlieferungen im Nachlaß und die Orte des Erstdrucks zusammengestellt:

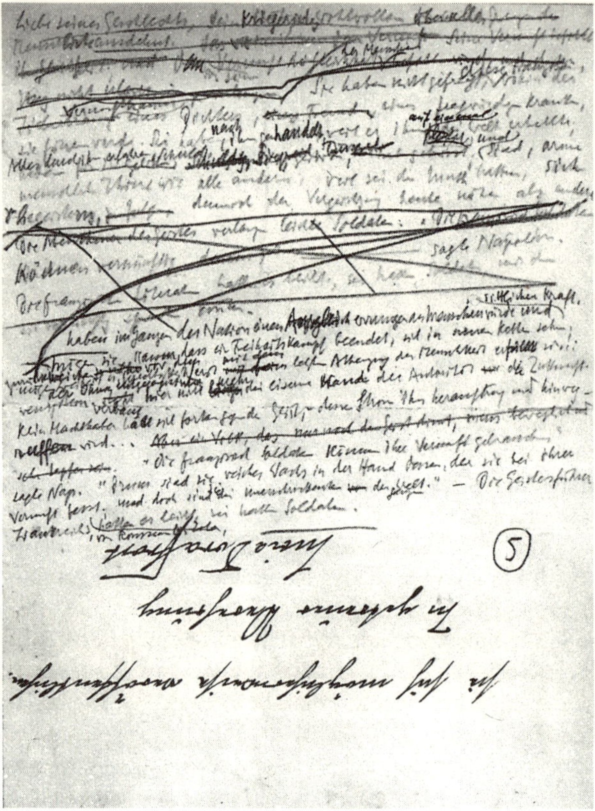

Notizen zu *Geist und Tat*
in der Handschrift Heinrich Manns
auf der letzten Seite eines Briefes
von Lucia Dora Frost vom 22. November 1910
[vgl. S. 13 f.]

Geist und Tat

Handschriftlich korrigierter Erstdruck [HMA 345] und eine Seite handschriftliche Notizen [HMA, in: 325[1]; vgl. Abb., S. 250] Erstdruck: ›Pan‹. Berlin. Jg. 1 (1910/11), Nr. 5 vom 1. Januar 1911, S. 137–143.

Voltaire – Goethe

Dieser Essay trug zunächst den Titel *Französischer Geist*, den Heinrich Mann für den Abdruck in *Macht und Mensch* in *Voltaire – Goethe* änderte [vgl. Abb., S. 20].

Handschriftlich korrigierter Druck [HMA 302] und Notizen (3 Seiten) im Notizbuch (1907–1910) [HMA, in: 469].

Erstdruck: ›Der Sozialist. Organ des Sozialistischen Bundes‹. Berlin. Jg. 2, Nr. 11 vom 1. Juni 1910, S. 84-87.

Weiterer Druck: ›Die Aktion‹. Berlin. Jg. 2, Nr. 51 vom 18. Dezember 1912, Sp. 1607–1611. – Dieser Druck diente als Satzvorlage in *Macht und Mensch*.

Reichstag

Handschriftlich korrigierter Erstdruck [HMA 384; vgl. Abb., S. 27].

Erstdruck: ›Pan‹. Berlin. Jg. 2 (1911/12), Nr. 5 vom 1. Januar 1912, S. 133–136.

1 Zur Numerierung vgl.: *Vorläufiges Findbuch der Werkmanuskripte von Heinrich Mann.* Bearbeitet von Rosemarie Eggert. Berlin (Ost) 1963 (–Deutsche Akademie der Künste zu Berlin, Schriftenreihe der Literatur-Archive, Heft 11) (hektograph. Typoskript).

Der Bauer in der Touraine

Handschriftlich korrigierter Erstdruck [HMA 300].

Erstdruck: ›Das Forum‹. Berlin. Jg. 1 (1914/15), Heft 2, Mai 1914, S. 70–79.

Zola

Handschriftlich korrigierter Erstdruck [HMA 420] und Notizen (7 Seiten) in zwei Büchern von bzw. über Émile Zola in Heinrich Manns Bibliothek [HMA 421 (vgl. Abb., S. 257) und: nach 280].

Erstdruck: ›Die Weißen Blätter‹. Leipzig. Jg. 2, Heft 11, November 1915, S. 1312–1382.

Der Europäer

Handschriftlich korrigierter Erstdruck [HMA 419]; dort der ursprüngliche Titel *Wir Europäer* korrigiert.

Erstdruck: ›Europäische Zeitung‹. Berlin/München. Jg. 1, Nr. 29 vom 23. Oktober 1916, S. 1376–1378.

Das junge Geschlecht

Handschriftlich korrigierter Erstdruck [HMA 297] und handschriftliches Konzept (12 Seiten), datiert: 14./16.5.1917, auf den Rückseiten von Briefen an Heinrich Mann vom 17. April 1917 und 10. Mai 1917 [HMA 296; vgl. Abb., S. 137].

Erstdruck: ›Berliner Tageblatt‹. Jg. 46, Nr. 267 vom 27. Mai 1917, 2. Beiblatt.

Die Bücher und die Taten

Handschriftlich korrigierte Druckfahnen [HMA 316]; unter dem Titel die Zufügung: »1918«.

Erstdruck: [bislang nicht nachgewiesen]

Gespräch mit Talleyrand

Handschriftlich korrigierter Erstdruck [HMA 347] und Konzept (6 Seiten), datiert: 2./3. Juli 1918, auf den Rückseiten von zwei Briefen an Heinrich Mann vom 1. und 27. Mai 1918 [HMA 346; vgl. Abb., S. 146].

Erstdruck: ›Berliner Tageblatt‹. Jg. 47, Nr. 394 vom 4. August 1918, Morgen-Ausgabe.

Der Marquis von Keith

Handschriftlich korrigierter Erstdruck [HMA 309], handschriftliche Reinschrift (6 Seiten) ohne Titel [HMA 307] und handschriftliches Konzept (3 Seiten), datiert: München, 4. 10. 1918, auf den Rückseiten von zwei Bankmitteilungen vom 1. und 2. Oktober 1918. Auf diesem Konzept Heinrich Manns Vermerk: »Sollte gesprochen werden am 10. Okt. 1918 vor dem Marquis von Keith, im Lessingtheater.« [HMA 308; vgl. Abb., S. 155].

Erstdruck: ›Berliner Tageblatt‹. Jg. 47, Nr. 544 vom 24. Oktober 1918, Morgen-Ausgabe, mit dem Untertitel »Eine Ansprache, die nicht gehalten wurde« und einer Vorbemerkung der Redaktion.

Sinn und Idee der Revolution

Handschriftlich korrigierter Erstdruck [HMA 396].

Erstdruck: ›Berliner Tageblatt‹. Jg. 47, Nr. 614 vom 1. Dezember 1918, Morgen-Ausgabe.

Wir wollen arbeiten

Handschriftlich korrigierte Druckfahne [HMA 418] mit dem Zusatz: »Auf Veranlassung des Reichsamtes für wirtschaftliche Demobilmachung, Januar 1919« und handschriftliches Konzept (5 Seiten), datiert: 24. 1. 1919, auf den Rückseiten von zwei Briefen an Heinrich Mann vom 16. Januar 1919 und ohne Datum. [HMA 417; vgl. Abb., S. 163].

Erstdruck: [bislang nicht nachgewiesen]

Kurt Eisner

Handschriftlich korrigierter Erstdruck [HMA 383] mit dem für *Macht und Mensch* abgeänderten Titel und handschriftliches Manuskript (11 Seiten) [HMA 382; vgl. Abb., S. 168].

Erstdruck: ›Neue Zeitung‹. München. Jg. 1, Nr. 71 vom 17. März 1919, unter dem Titel: »Rede bei der Gedenkfeier für Kurt Eisner am 16. März im Odeon«.

Kaiserreich und Republik

Satzmanuskript (73 Seiten) mit dem Titel *Der Weg und die Wahrheit*; dort gestrichen, neuer Titel von fremder Hand *Kaiserreich und Republik*. Auf der letzten Seite Mitteilung von Heinrich Mann an den Setzer [HMA 364; vgl. Abb., S. 174].

Handschriftliches Konzept (101 Seiten) mit früherem Titel *Verfall und Erneuerung*, der dort von Heinrich Mann bereits gestrichen wurde. Dieses Konzept ist auf die Vorder- und Rückseiten von Briefen und Telegrammen an Heinrich Mann aus dem Zeitraum vom 26. Oktober 1918 bis 9. Mai 1919 geschrieben [HMA 365].

Handschriftlicher Entwurf (44 Seiten) mit der Bemerkung auf der ersten Seite »Abgelegt«. Dieser Entwurf ist auf die Vorder- und Rückseiten von Briefen an Heinrich Mann aus dem Zeitraum vom 26. Oktober 1918 bis 31. Mai 1919 geschrieben [HMA 366].

Handschriftliche Notizen (4 Seiten) [HMA 367] und Reinschrift (1 Seite) vom Schluß des ersten Abschnittes »Der Sieger« [HMA 368].

Macht und Mensch erschien 1919 in zwei Auflagen: Das erste bis fünfte Tausend als »Luxusausgabe« in Groß-Oktav mit 238 Seiten im Dezember 1919 [vgl. Materialien, Nr. 31] und das sechste bis zehnte Tausend in Oktav mit 277 Seiten. Eine Bearbeitung der zweiten Auflage durch Heinrich Mann ist nicht bekannt. 1921 erschien bereits die erste russische Übersetzung von *Macht und Mensch* (*Sila i Čelovek*) in Dresden. Einzelne Essays aus dieser Sammlung wurden in verschiedene Sprachen übersetzt.

Heinrich Manns Korrekturen der Erstdrucke einzelner Essays für den Wiederabdruck in *Macht und Mensch* sind überwiegend stilistischer Art. Veränderungen der Aussage kommen selten vor; ein Beispiel für eine solche Veränderung ist die Charakterisierung Matthias Erzbergers im Essay *Reichstag* [vgl. Materialien, Nr. 1]. Nach dem Druck in *Macht und Mensch* sollte eine Änderung im *Zola*-Essay noch berühmt werden: Beim Abdruck in der Essay-

Sammlung *Geist und Tat* (1931) ließ Heinrich Mann unter anderem den zweiten Satz dieses Essays aus, den Thomas Mann, auf sich bezogen, in seinem Brief vom 3. Januar 1918 [vgl. Materialien, Nr. 13] einen »unmenschlichen Exzeß« genannt hatte: »Sache derer, die früh vertrocknen sollen, ist es, schon zu Anfang ihrer zwanzig Jahre bewußt und weltgerecht hinzutreten.« [S. 43]

Der Abdruck der Essays in dieser Ausgabe folgt ausschließlich der Sammlung *Macht und Mensch* in ihrer ersten Auflage.

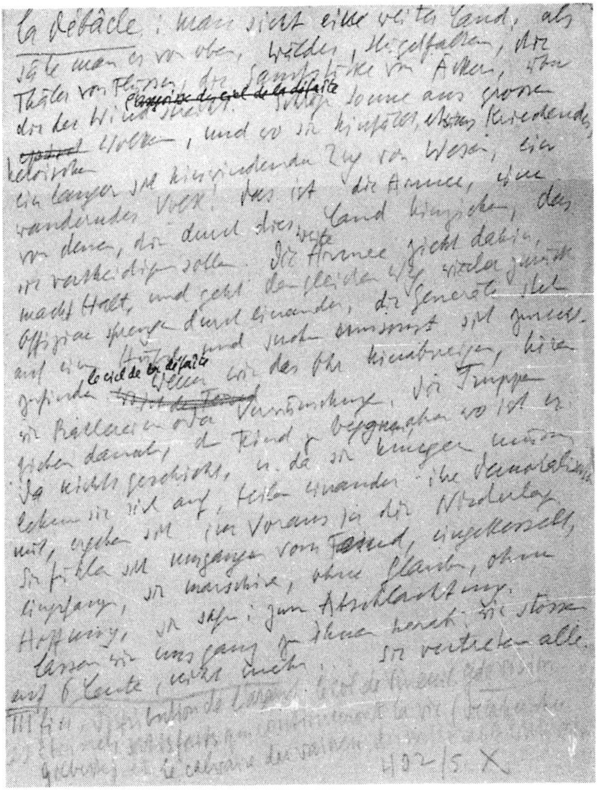

Notizen zu *Zola*
in der Handschrift Heinrich Manns
in dem Buch Émile Zola: *La débâcle*
[vgl. S. 80f. und 252]

Materialien

1 Heinrich Mann an René Schickele,
Nizza, 27. Dezember 1909:

Lieber Herr Schickele,
Ihr Brief ist mir, nach einigen Umwegen, erst heute zugegangen. Er interessirt mich aufs Äußerste. Über Alles Dies spreche ich, sooft ich mit Literaten zusammenkomme, und nie ganz umsonst. Der Haß des Geistes auf den infamen Materialismus dieses »Deutschen Reiches« ist beträchtlich. Aber wie soll er eine Macht werden? Das ist die schwere Frage. Wedekind, der so voll leidenschaftlichen Menschenthums ist, wird vom Berliner Tageblatt, einem demokratischen Blatt, das ihn auf Händen tragen müßte, gemaßregelt wie ein Schüler. Meine Romane werden besprochen wie die eines talentvollen jungen Mannes. Die demokratische Presse ist groß in der Verkennung ihrer natürlichsten und werthvollsten Bundesgenossen. Die Feuilletonisten, die dem toten Barden Wildenbruch Hymnen singen, merken nicht, daß sie mit dem Theil überm Strich gar nicht mehr zusammenhängen... Aber Deutschland ist noch immer seine eigenen winkligen Wege gegangen. Das deutsche Reich ist ohne Geist, sogar unter Keulenschlägen gegen den Geist, gegründet worden; möglichenfalls politisirt sich dies Volk auch unter Ausschluß des Geistes; was wissen davon wir Fremden?

Was wir können, ist: unser Ideal aufstellen, es so glänzend, rein und unerschütterlich aufstellen, daß die Besseren erschrecken und Sehnsucht bekommen. Ich arbeite längst daran. Mein Roman *Die kleine Stadt* ist politisch zu verstehen, als das Hohe Lied der Demokratie; aber natürlich merkt kein Mensch es. Sie scheinen ihn noch nicht bekommen zu haben? Er ist, schon vor Wochen, an Ihre frühere Pariser Adresse gegangen. – Seitdem trage ich die Sätze zu einem Essai über Frankreich zusammen: wohl das Äußerste, was ich in dieser Beziehung sagen kann. Wenn ich nicht krank wäre, wäre er fertig. Dann wäre ich wohl auch in Paris. So heißt es warten und hoffen. Um Ihrem Unternehmen nicht ohnmächtig zuzusehen, werde ich aus meinem Essai gern Einiges beisteuern; nur müssen Sie mir sagen, ob Ihre Enquête in einer Zeitung oder als Buch erscheint, und wie es mit der Bezahlung steht. Denn meine Geschäfte gehen schlecht, umsonst kann ich nichts hergeben.

Seien Sie, mit Ihrer Gattin, herzlich begrüßt von Ihrem ergebenen

Heinrich Mann

Die Straßburger Neue Z[ei]t[un]g und Ihre Artikel erwarte ich mit Freuden.

Original: Deutsches Literaturarchiv / Schiller-Nationalmuseum, Marbach am Neckar (A: Schickele; 60.667/12) – Druck: *Heinrich Mann 1871–1950. Werk und Leben in Dokumenten und Bildern.* Mit unveröffentlichten Manuskripten und Briefen aus dem Nachlaß. Hg. von der Akademie der Künste zu Berlin anläßlich der Ausstellung zu seinem 100. Geburtstag. Austellung und Katalog: Sigrid Anger unter Mitarbeit von Rosemarie Eggert und Gerda Weißenfels. Berlin und Weimar: Aufbau-Verlag 1971, S. 121 f.
[Im folgenden zit.: *Dok.*]

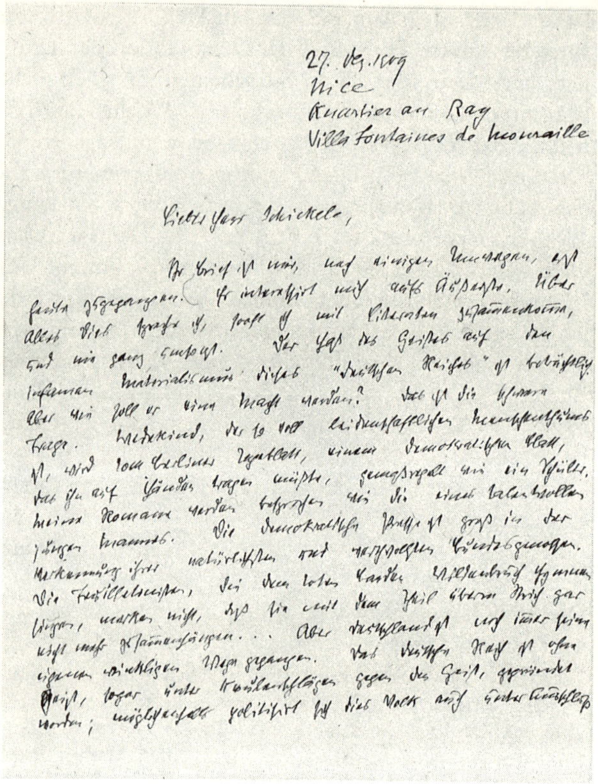
27. Dez. 1909
Nice
Quartier au Ray
Villa Fontaines de ...

Lieber Herr Schickele,

Ihr Brief ist mir, nach einigen Umwegen, erst heute zugegangen. Er interessirt mich aufs Äußerste. ...

Heinrich Mann an Réne Schickele vom 27. Dezember 1909
[vgl. Materialien, Nr. 1]

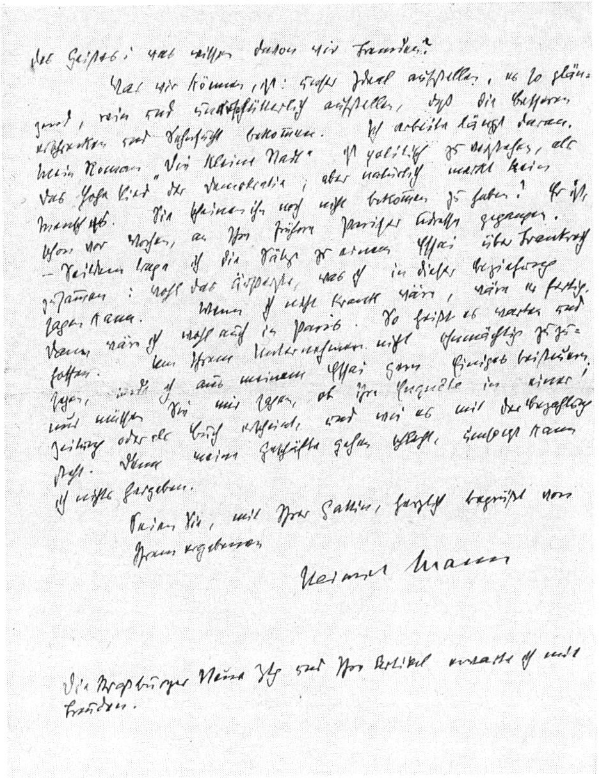

des Geistes: was wissen davon die Franzosen?

Was wir können, ist: solche Ideal aufstellen, es so glänzend, rein und unerschütterlich aufstellen, daß die Besseren erschrecken und Sehnsucht bekommen. Ich arbeite längst daran. Mein Roman „Die kleine Stadt" ist politisch zu verstehen, als das „Hohe Lied" der Demokratie; aber natürlich merkt kein Mensch etwas. Sie scheinen ihn noch nicht bekommen zu haben? Er ist schon vor Wochen, an Ihre frühere Pariser Adresse gegangen. – Zu einem Essai über Frankreich – Deutschland lege ich die Sätze zusammen: meist das Äußerste, was ich in dieser Beziehung sagen kann. Wenn ich nicht krank wäre, wäre er fertig. Dann wäre ich wohl auch in Paris. So heißt es warten und hoffen. Um Ihrem Unternehmen nicht ohnmächtig zuzusehen, würde ich aus meinem Essai gern Einiges beisteuern; nur müßten Sie mir sagen, ob Ihre Zeitschrift in einer Zeitung oder als Buch erscheint, und wie es mit der Bezahlung steht. Denn meine Geschäfte gehen schlecht, umsonst kann ich nichts hergeben.

Seien Sie, mit Ihrer Gattin, herzlich begrüßt von

Ihrem ergebenen

Heinrich Mann

Die Straßburger Neue Ztg und Ihren Artikel erwarte ich mit Freuden.

2 Heinrich Mann: *Reichstag*. Änderungen des Essays in *Macht und Mensch* gegenüber dem Erstdruck in der Zeitschrift ›Pan‹:

›Pan‹, S. 133

Da bis auf kurze Zwischenfälle den ganzen Tag nur der Abgeordnete Erzberger redet, ist das Zentrum vollauf beschäftigt. Es lacht, wo immer es einen Witz argwöhnt. So oft nötig, inszeniert es dumpfes Entrüstungsgepolter. Und immer ist es zur Stelle, wenn von links ein Zwischenruf droht: dann schnappt es zu, mit Stimmen, wie fette Hände, die abwehren, wenn eine Fliege ins Bier fällt. Denn den christlichen Gesässen, die sich vor diesen Tischen auftürmen, fehlt wirklich, um sie heimisch zu machen wie in ihrer Dorfschenke, nur noch der Masskrug. Manchmal schleppt einer seinen Bauch hinaus: ein Geistlicher. Er heisst Geistlicher, weil, was er vertritt, vor tausend Jahren wirklich Geist war. Heute ist es die erstarrteste,

Macht und Mensch, S. 26

Da bis auf kurze Zwischenfälle den ganzen Tag nur ein Abgeordneter aus der Mitte des Hauses redet, ist das Zentrum vollauf beschäftigt. Es lacht, wo immer es einen Witz argwöhnt. So oft nötig, inszeniert es dumpfes Entrüstungsgepolter. Und pünktlich ist es zur Stelle, wenn von links ein Zwischenruf droht: mit Stimmen, wie fette Hände, die abwehren, weil eine Fliege ins Bier fällt. Es scheint, daß die tausendjährige Seele des katholischen Christentumes grade hier nur wenig vertreten ist; vertreten sind Lebensformen und Interessen ganz materieller Art. Geistliche – diese schwer an ihren Leibern Tragenden? Diese schlauen und plumpen Gesichter, ohne Menschengläubigkeit? Aber hier, unter den Vierhundert, die

dumpfeste Materie, wie
sein Gesicht: dies Gesicht
von engstirniger Bestialität,
zwinkernder Frechheit,
stierer Verachtung aller
Menschlichkeit, alles bes-
seren Wollens, aller Hoff-
nungen auf später ... Aber
hier, unter den Vierhun-
dert, die die Nation selbst
sind, füllt er die breite
Mitte; sein Beauftragter
Erzberger redet tagelang.

die Nation selbst sind, fül-
len sie die breite Mitte: ihr
Beauftragter redet tage-
lang.

Er redet unabänderlich
vom Rednerpult aus, denn
er muss seine Akten aus-
breiten können. Er ist ein
Aktuar, mit weichem Jak-
kettanzug, breiter schwar-
zer Krawatte, die staats-
männische Ambitionen
verrät, und mit einer trok-
kenen Knarrstimme, die
gar nichts verrät. Er ist der
subalterne Ehrgeiz, der
keine Geste hat, denn die
Hände sind immer in den
Akten; der einfach arbeit-
sam ausführt, was im geist-
lichen Rat beschlossen
ward; und dessen kühnster
Traum erledigt wäre, wenn
er eines Tages bei Hoch-
konjunktur als Marionette,

Er hat gewiß alles im deut-
schen Parlament erlang-
bare Können, hat den in
dieser Mitte erlaubten Ehr-
geiz und so viel Tempera-
ment, als hier gedeiht. Ein
arbeitsamer Redner ohne
Geste, seine Hände sind
immer in den Akten.

mit Fäden an allen Gliedmassen, auf irgend einen dürftigen Regierungsposten gesenkt werden würde.

Dann und wann betritt, die Hände in den Hosentaschen, ein Konservativer den Saal und überzeugt sich, dass der Erzberger die Sache macht. Er macht sie. Nach dem gestrigen Zusammenstoss mit

Dann und wann betritt, die Hände in den Hosentaschen, ein Konservativer den Saal und überzeugt sich, daß die Sache gemacht wird. Sie wird gemacht. Nach dem gestrigen Zusammenstoß mit

›Pan‹, S. 134

behält den Mund offen, denn der Redner ist nicht mehr Erzberger. Einer der Zwischenfälle ist eingetreten, die zwei Reden des Erzberger miteinander verbinden, und droben steht ein Freisinniger und beweist den

Macht und Mensch, S. 28

behält den Mund offen, denn droben steht jetzt ein Freisinniger und beweist den

›Pan‹, S. 135

damit der liberale Bürger dem Zentrumsaktuar auf seinen ordinären Trick hineinfallen

Macht und Mensch, S. 29

damit der liberale Bürger dem Zentrumsredner auf seinen ordinären Trick hineinfallen

›Pan‹, S. 135	*Macht und Mensch*, S. 29
als Antwort einen Witz setzt, einen Witz, nicht dümmer und nicht ordinärer als der Trick des Zentrumsaktuars. Warum sollte der Staatssekretär es	als Antwort einen Witz setzt. Warum sollte der Staatssekretär es

Dieser polemische Essay gibt eine fast in allen Fakten zutreffende Schilderung des dritten und letzten Tages der vom 9. bis 11. November 1911 dauernden Marokko-Debatte des Deutschen Reichstages, nachdem am 4. November 1911 die Reichsregierung mit Frankreich das höchst umstrittene Marokko-Abkommen geschlossen hatte. Der »freisinnige Abgeordnete« war Dr. med. Otto Mugdan, dessen Kritik an der Reichsregierung nach dem Protokoll dieser Sitzung vom Staatssekretär des Äußeren, Alfred von Kiderlen-Wächter, nur mit einem Witz quittiert wurde. Es ist nicht auszuschließen, daß Heinrich Mann selbst diesen Debatten-Tag im Reichstag verfolgte, da er sich in dieser Zeit besuchsweise in Berlin aufhielt. Als Heinrich Mann im Herbst 1919 *Macht und Mensch* zusammenstellte, hatte sich die politische Situation gegenüber 1911 völlig verändert. Matthias Erzberger, der sich während des Krieges entschieden gewandelt hatte, war in nationalistischen Kreisen besonders verhaßt, da er nicht nur maßgeblich an der Friedensresolution des Reichstages vom Juli 1917 beteiligt war, sondern auch als Regierungsmitglied am 11. November 1918 den Waffenstillstand unterschrieben hatte. Am 26. August 1921 wurde er von nationalistischen Fanatikern ermordet. Heinrich Mann schien die persönliche Polemik gegenüber Erzberger im Herbst 1919 nicht mehr vertretbar zu sein, während er an der Kritik der bürgerlichen Parteien kaum Abstriche machte.

3 Heinrich Mann an Thomas Mann,
(München, September 1914) [Entwurf]:

Lieber Tommy
Sobald das Geld aus Dresden kommt, schicke ich Dir 1000 Mk. Ganz entblössen darf ich mich nicht, diese 2000 Mk wurden, als wir neulich die Nachricht bekamen, von meiner Frau u. mir mit einem Aufatmen begrüsst. Denn ich sehe wohl Deine Lage, aber Du siehst, glaube ich, meine nicht.

Mit Zuschüssen, die gekürzt werden könnten, habe ich nicht zu rechnen, und was mir geschuldet wird, zahlt jetzt niemand. Cassirer, dessen Vermögen »beinahe zerrüttet« ist, zahlt seit dem Kriege nur mehr eine Kleinigkeit – solange er wenigstens diese zahlt, leben wir davon und von Mamas Quartalsgeld. Wenige tausend Mark auf der Bank sind der Rückhalt, der uns in jedem Fall noch einige Zeit vor Sorge bewahren soll. Meine Produktion wird nach dem Kriege so unverwendbar sein wie jetzt. So wirst Du hoffentlich nicht zweifeln, dass ich hiermit thue, was möglich ist.

In: Thomas Mann / Heinrich Mann: *Briefwechsel 1900 bis 1949*. Hg. von Hans Wysling. Erweiterte Neuausgabe. Frankfurt am Main: S. Fischer 1984, S. 133.
[Im folgenden zit.: *TM/HM*]
Thomas Mann bat den Bruder in seinem Brief vom 13. September 1914, auf dessen Rückseite Heinrich Mann diesen handschriftlichen Entwurf seiner Antwort notierte, um die Rückgabe von 2000 Mark, die er dem Bruder eigentlich »auf beliebig lange Zeit« überlassen hatte. Mit Ausbruch des Krieges (1. August 1914) war Thomas Mann angesichts der finanziellen Verpflichtungen, die er mit dem gerade in der Münchener Poschinger Straße gebauten und bezogenen Haus eingegangen war, vorübergehend in wirtschaftliche Schwierigkeiten geraten.

Thomas Mann an Heinrich Mann, 4
München, 18. September 1914:

Lieber Heinrich:
Auch die Hälfte wird eine gewisse Erleichterung für mich bedeuten. Ich möchte nur noch einmal versichern, daß ich die Bitte nicht ohne Rücksicht auf Deine Lage gethan habe. Aber ganz zuletzt: was kann Dir passieren. Du hast keine Kinder, keine Verpflichtungen. Es läuft bei Dir schlimmsten Falls auf aeußerste Einschränkung hinaus. Die üben wir schon – innerhalb des leider bestehenden Rahmens. Aber sie hat bei uns mehr moralische als praktische Bedeutung, sie macht nicht viel aus, und wenn wir nicht zahlen können, so erleben wir die abenteuerlichsten Dinge. Auch das läge ja in der Zeit; aber schon aus ökonomischen Gründen, weil bei einem Krach Alles draufginge, muß man doch zusehen, daß man es vermeidet.

Jedenfalls besten Dank dafür, daß Du thust, was du kannst.

Deinen Pessimismus in Betreff Deiner Produktion und ihrer Zukunft in Deutschland teile ich nicht, sondern glaube, daß Du der deutschen Bildung Unrecht damit thust. Dein Ruhm war in steilem Aufstieg während der letzten 10 Jahre. Kannst du wirklich glauben, daß durch diesen großen, grundanständigen, ja feierlichen Volkskrieg Deutschland in seiner Kultur und Gesittung so sollte zurückgeworfen werden, daß es Deine Gaben dauernd abweisen könnte?

Herzliche Grüße! T.

In: *TM/HM*, S. 133f.
Dieser Brief ist zugleich bis Ende 1917 der letzte, der vor dem Aufbrechen des Konflikts zwischen den Brüdern in ihrer Korrespondenz – soweit sie bis heute bekannt ist – steht. In den folgenden Jahren bis Frühjahr 1921 scheinen sich die Brüder nur dreimal gesehen zu haben, 1917 anläßlich eines Vortrages

von Karl Kraus, im März 1918, als Heinrich Mann die Grabrede auf Frank Wedekind hielt, und im Februar 1920 bei einer Lesung von Kurt Martens in der Buchhandlung Steinicke.

5 Frank Wedekind an Heinrich Mann,
München, 1. Dezember 1915:

Sehr verehrter Herr Heinrich Mann!
Wollen Sie mir erlauben, Sie zu dem prachtvollen Denkmal, das Sie in Ihrem Werk über Zola errichtet haben, von ganzem Herzen zu beglückwünschen. Die Form des Ganzen finde ich ebenso gewaltig und geschlossen wie die Form der Sprache, mit der es aufgebaut ist. Wenn Frankreich stolz auf Zola sein kann, so kann Deutschland meinem Gefühl nach in weit höherem Maße darauf stolz sein, daß dieses Buch von einem Deutschen in dieser Zeit geschrieben wurde. Ihre Arbeit verkörpert die Überlegenheit deutschen Geistes, nicht dem Geiste anderer Völker, sondern der ganzen Weltlage gegenüber. Außerdem erscheint mir Ihr Werk als eine That des Friedens, für die Ihnen jeder, dem das Glück seiner Mitmenschen am Herzen liegt, nicht dankbar genug sein kann.
Mit herzlichen Grüßen Ihr ergebener Frank Wedekind.

In: Frank Wedekind: *Gesammelte Briefe*. Bd. 2. München: Georg Müller 1924, S. 325.

6 Thomas Mann an Maximilian Brantl,
München, 31. 12. 1915:

Lieber Herr Doctor:
Ich vergaß heute, Sie um etwas zu bitten. Sie besitzen doch die Hefte der ›Weißen Blätter‹, die den Zola-Aufsatz meines Bruders enthalten. Wollen Sie sie mir auf eine Weile

leihen? Dann schicken Sie sie. Doch noch, bevor Sie einrücken.
Herzlich Ihr Thomas Mann.

In: Thomas Mann: *Briefe 1889–1936.* (= Bd. I) Hg. von Erika Mann. Frankfurt am Main: Fischer Taschenbuch Verlag 1979 (= Fischer Taschenbuch Nr. 2136), S. 124.
[Im folgenden zit.: *TM-Briefe I*]
Maximilian Brantl (1881–1951) war mit beiden Brüdern befreundet und zudem beider Rechtsanwalt in München.

7

Thomas Mann an Ernst Bertram,
München, 15. Januar 1916 [Auszug]:

Lieber Herr Doctor,
vielen herzlichen Dank. Ich habe gelesen u[nd] bin selbst dadurch kaum überrascht, daß es ja fast mehr noch gegen mich, als gegen Deutschland geht. Was den »Säbel« und die »Gerechtigkeit« betrifft, so hat Kammerpräsident Deschanel jetzt wieder wörtlich so darüber gesprochen. Es sind also weniger einsame als ausländische Gedanken – sollte ich denken. Beim deutschen Kosmopolitismus kommt es doch auch ein wenig auf das Niveau an. Und kühn? Kühn ist es auch nicht weiter, einen politischen Artikel zu schreiben, gegen den jede Polemik – Denunziation wäre.

Original: Deutsches Literaturarchiv / Schiller-Nationalmuseum, Marbach am Neckar (A: Bertram) (2 Ansichtskarten). – Druck: *Thomas Mann an Ernst Bertram. Briefe aus den Jahren 1910–1955.* Hg. von Inge Jens. Pfullingen: Neske 1960, S. 28.
Thomas Mann hatte von Maximilian Brantl erfahren, daß Brantl sein Exemplar der ›Weißen Blätter‹ an Ernst Bertram gegeben hatte. Mit einer Ansichtskarte vom 5. Januar 1916 bat Thomas Mann Ernst Bertram um dieses Exemplar, für dessen Übersendung er sich bedankt.

8 Thomas Mann an Korfiz Holm,
München, 17. Juni 1916 [Auszug]:

Ich schreibe an einem kleinen selbst- und zeitkritischen Buch, das von Kunst und Politik handelt und hauptsächlich gegen den detestablen Typus gerichtet ist, den ich den »Civilisationsliteraten« nenne. Ich denke, es wird Ihren Beifall haben.

In: *TM-Briefe I*, S. 127.
Korfiz Holm (1872–1942), Lektor, Leiter und seit 1918 Teilhaber des Albert Langen Verlags in München, war ein Schulfreund Thomas Manns vom Lübecker Katharineum; Holm hatte auch die frühen Romane Heinrich Manns im Langen Verlag betreut.

9 Thomas Mann an Maximilian Brantl,
München, 18. Juni 1916:

Lieber Herr Doctor:
Ich schicke Ihnen endlich die Weißen Blätter zurück und bitte tausend mal um Entschuldigung wegen der Bleistiftstriche. Ich habe angefangen zu radieren, füchtete aber, die Sache dadurch zu verschlimmern. Übrigens gehören Bleistiftstriche beinahe zu diesem Artikel; es scheint, daß die trefflichsten Doppelsinnigkeiten von den meisten Lesern nicht bemerkt werden. – Auf Wiedersehn.

Ihr Thomas Mann.

In: *TM-Briefe I*, S. 127.
Dieses Exemplar der ›Weißen Blätter‹ ist aus Brantls Nachlaß heute im Thomas-Mann-Archiv in Zürich noch vorhanden und weist neben Anstreichungen und Randglossen auch jene heftigen Radierungen, besonders neben dem berühmten zweiten Satz, auf, für die Thomas Mann sich hier bei Maximilian Brantl entschuldigt.

Thomas Mann: *Betrachtungen eines Unpolitischen* (1918) 10
[Auszüge]:

[Aus dem Kapitel »Der Zivilisationsliterat«:]
Der Typus [des] deutschen Anhängers der literarischen Zivilisation ist, wie sich versteht, unser *radikaler Literat*, er, den ich den ›Zivilisationsliteraten‹ zu nennen mich gewöhnt habe, – und es versteht sich deshalb, weil der radikale Literat, der Vertreter des literarisierten und politisierten, kurz, des demokratischen Geistes, ein Sohn der Revolution, in ihrer Sphäre, ihrem Lande geistig beheimatet ist. In der Tat ist das Wort ›Zivilisationsliterat‹ wohl ein Pleonasmus. Denn ich sagte ja schon, daß Zivilisation und Literatur ganz ein und dasselbe sind. Man ist nicht Literat, ohne von Instinkt die »Besonderheit« Deutschlands zu verabscheuen und sich dem Zivilisationsimperium verbunden zu fühlen; genauer: man ist beinahe schon Franzose, indem man Literat ist, und zwar klassischer Franzose, Revolutionsfranzose: denn aus dem Frankreich der Revolution empfängt der Literat seine großen Überlieferungen, dort liegt sein Paradies, sein goldenes Zeitalter, Frankreich ist sein Land, die Revolution seine große Zeit, es ging ihm gut damals, als er noch ›Philosoph‹ hieß und in der Tat die neue Philosophie, nämlich die der Humanität, Freiheit, Vernunft vermittelte, verbreitete, politisch zubereitete...

Indem ich vom deutschen Zivilisationsliteraten spreche, dem sein nationales Beiwort so sonderbar zu Gesichte steht, spreche ich nicht vom Gesinde und Gesindel, dem mit irgendwelchem Studium, das man ihm widmete, allzu viel Ehre geschähe; nicht also von jenem schreibenden, agitierenden, die internationale Zivilisation propagierenden Lumpenpack, dessen Radikalismus Lausbüberei, dessen Literatentum Wurzel- und Wesenlosigkeit ist, – jener Hefe der Literatur, die *als* Hefe und nationaler Gärstoff dem Fortschritt von einigem Nutzen sein mag, in der es aber an persönlichem Range oder einer Menschlichkeit, die anders als mit der Feuerzange anzufassen wäre, *fehlt*. Ich spreche von den *edlen* Vertretern des Typus, – denn solche gibt es. Es gibt, allgemein gesprochen, ohne Zweifel ein Maß von angeborenem Verdienst, von Geist und Kunst, mit dem man einer Kritik durch den nationalen Begriff nicht mehr unterliegt, vielmehr: mit dem man diesen Begriff selbst bestimmt, vielleicht neu bestimmt, korrigiert, – ich vergesse das nicht. Ich lasse nicht außer acht, daß man mit solchem Range ein Faktor und Element des nationalen Schicksals ist, – ein unseliger Faktor möglicherweise, – desto schlimmer für die Nation! Desto schlimmer, sage ich, für sie, – es ist ihr Unglück, es liegt an ihr, in ihr, in ihrem Wesen, wenn sie in ihrer schwersten Stunde von etwelchen ihrer besten Geister im Stiche gelassen und nicht nur im Stiche gelassen wird. Indem man solche Geister bekämpft, ihre Tendenz trotz ihres Ranges bekämpft, hört man auf, Künstler zu sein: als welcher man gewohnt war, des Ranges zu achten und sich um die Tendenz nicht sonderlich zu kümmern. Man wird vorübergehend zum Politiker – und hat sich desto sorgsamer vor politischen Lastern zu hüten, wie zum Beispiel davor, dem Widersacher ungeistige, das heißt: gemeine Motive unterzuschieben, selbst wenn das Umgekehrte bereits der Fall gewesen sein sollte. Das Bewußtsein, den ›Fortschritt‹ für sich zu haben, zeitigt offenbar eine sittliche Sicherheit und Selbstgewißheit, die der Verhärtung nahekommt und schließlich das Gemeine zu adeln glaubt, einfach dadurch, daß sie sich seiner bedient. Das ist eine Entschuldigung. Wir, die wir uns moralisch weniger geborgen fühlen, sind notwendig furchtsamer... Aber kommen wir zur Sache!

Der radikale Literat Deutschlands also gehört mit Leib und Seele zur Entente, zum Imperium der Zivilisation. Nicht, daß er mit sich zu kämpfen gehabt, daß die Zeit ihn in schmerzlichen, seelischen Widerstreit gerissen hätte;

nicht, daß sein Herz hier *und* dort gebunden wäre, daß es mahnend, strafend, begütigend nach beiden Seiten zu predigen und sich, wie der sanfte Romain Rolland, über das Getümmel zu stellen versuchte: er stellt sich mit voller Leidenschaft *in* das Getümmel, – aber auf die feindliche Seite. Vom ersten Augenblick an nahm er automatisch den Standpunkt der Entente ein, – natürlich, denn es war schon immer der seine gewesen. Mit unfehlbarer Treffsicherheit fühlte, dachte und sagte er genau das, was gleichzeitig oder später Entente-Journalisten oder Entente-Minister sagten. Er war kühn, er war original, aber nur für deutsche Begriffe, nur relativ. Ich glaube, er machte Miene, seine Isoliertheit für tragisch auszugeben, – nicht ganz mit Recht, denn sie bestand nur innerhalb Deutschlands, er dachte nicht eigentlich einsame Gedanken; was er dachte, war nicht weiter erhaben, überlegen, liebevoll umfassend: es hätte in jedem Entente-Blatt stehen können, und es stand darin; kurzum, er dachte, wie im feindlichen Ausland Johann und jedermann, und das nenne ich nicht tragische Isoliertheit. Man darf sagen: er hatte es gut während jener ersten Wochen und Monate des Krieges, an die seine nicht zivilisations-literarischen Landsleute zeit ihres Lebens denken werden, – damals, als die Welt, die demokratische öffentliche Meinung der Welt, gegen Deutschland losgelassen war, und als es Kot regnete: er hatte es recht gut, sage ich, denn alles, was damals und späterhin dieses »große, stolze und besondere« Volk sich hat sagen und antun lassen müssen, – ihm machte es weder heiß noch kalt, ihn berührte, ihn traf es nicht, – er nahm sich ja aus, er gab den anderen recht; was sie sagten, hatte er wörtlich schon längst gesagt. Undeutsch? Aus allen meinen Kräften wehre ich mich dagegen, ihn undeutsch zu nennen, und werde nicht aufhören, mich dagegen zu wehren, solange die Kräfte mir nicht versagen. Man kann höchst deutsch sein und dabei höchst antideutsch. Das Deutsche ist ein Abgrund, halten wir fest daran. Nein denn! er ist nicht undeutsch, er ist nur ein erstaunliches, sehenswürdiges Beispiel dafür, wie weit der Deutsche es in Selbstekel und Einfremdung, in kosmopolitischer Hingebung und Selbstentäußerung heute noch, im nachbismärckischen Deutschland, bringen kann. Zu sagen, daß die Struktur seines Geistes *unnational* ist, mag statthaft sein. Sie ist es jedoch nur insofern, als – oder vielmehr, in dem Grade, daß – sie nicht deutsch-national, sondern national französisch ist: und zwar so vollkommen, daß es zu ruhigerer Zeit ein wahres Vergnügen wäre, alle Hochherzigkeiten, Empfindsamkeiten, Kindlichkeiten und Bösartigkeiten des noch zu keiner kritischen Selbstbestimmung, keiner Resignation gelangten, des klassisch-ungebrochenen französischen Nationalcharakters an ihm zu studieren. Er ist einer der besten französischen Patrioten. Der Glaube trägt ihn und verleiht seinem Stile zuweilen ein herrliches Tremolo, einen bewunderungswürdigen Schwung: der Glaube an die Ruhmes- und Missionsidee seines – des französischen – Volkes und daß es ein für allemal zum Lehrer der Menschheit berufen sei, berufen, ihr ›die Gerechtigkeit‹ zu bringen, nachdem es ihr ›die Freiheit‹ gebracht hat (welche aber aus England stammt). Er denkt nicht nur in französischer Syntax und Grammatik, er denkt in französischen Begriffen, französischen Antithesen, französischen Konflikten, französischen Affären und Skandalen. Der Krieg, in dem wir stehen, erscheint ihm, völlig entente-korrekt, als ein Kampf zwischen ›Macht und Geist‹ – das ist seine oberste Antithese! –, zwischen dem ›Säbel‹ und dem Gedanken, der Lüge und der Wahrheit, der Roheit und dem Recht. (Ich brauche nicht hinzuzufügen, auf welcher Seite nach seiner Ansicht sich Säbel, Roheit und Lüge, auf welcher Seite sich die antithetisch entsprechenden Ideale befinden.) Mit einem Worte: dieser Krieg stellt sich ihm als eine Wiederholung der

Dreyfus-Affäre in kolossalisch vergrößertem Maßstabe dar, – wer es nicht glaubt, dem will ich Dokumente unterbreiten, die ihn vollkommen überzeugen werden. Ein Intellektueller ist, nach Analogie jenes Prozesses, wer geistig auf seiten der Zivilisations-Entente gegen den ›Säbel‹, gegen Deutschland ficht. Wem es anders ums Herz ist, wer irgendwelchen trüben Instinkten folgend in diesem gewaltigen Streitfall zu Deutschland hält, der ist ein Verlorener, ein Verräter am Geist, der steht gegen Recht und Wahrheit – ob nun in eleganter oder in schlottrichter Haltung, das gilt, mit Recht, dem Moralisten gleichviel – er steht gegen sie, und jede Verdächtigung seiner Motive ist fortan nicht nur statthaft, nein, auch geboten: Applaussucht, Erwerbssinn, die nette Gabe, von den Verhältnissen zu profitieren, die nichts als menschliche Absicht auch wohl, den zum Schweigen oder zur Intrige, zum Doppelsinn verurteilten Konkurrenten bei dieser Gelegenheit auszustechen und in Vergessenheit zu bringen, – es gibt keine Treuherzigkeit, auf die der Zivilisationsliterat nicht mit verzerrter Miene verfiele, um die Parteinahme für ›den Säbel‹ in das rechte psychologische Licht zu setzen. Da es aber (gewiß ein Indizium gegen Deutschland!) eine beträchtlich heiklere und verwickeltere Sache ist, für Deutschland zu sprechen, als für die ›Zivilisation‹, wozu nur ziemlich viel Schmiß und Tremolo gehört und man ist fertig, – da man, um für Deutschland zu sprechen, versuchen muß, so gut und schlecht es nun gehen will, ein wenig in die Tiefe zu dringen, so spricht der Zivilisationsliterat in solchem Falle auch noch mit klarer Verachtung von »Tiefschwätzerei«.

[...]

Ich wünschte, wie gesagt, mich wissenschaftlich und informativ zu verhalten. Dennoch geht wohl aus meiner Skizze des zivilisationsliterarischen Typs hervor, daß ich nicht recht mit ihm übereinstimme. Meine Stellung zu den Ereignissen – eine Stellung, die ich gewiß nicht ›wählte‹, eine zunächst sehr unreflektierte und simpel-selbstverständliche Stellung – alles, was ich von Anfang an dazu äußerte, hat ihn erbittert, ich habe es, soweit ich das nicht vorher getan hatte, auf immer dadurch mit ihm verdorben. »Mit Schmerz und Zorn«, sagt er, hat er sich von mir gewandt, wobei sein Schmerz seinen Zorn nicht hinderte, mir doppelsinnig-halböffentlich Dinge zu sagen, die in politischem Betrachte vorzüglich sein mögen, menschlich genommen aber einfach tüchtige Gemeinheiten sind, – ein Wink offenbar, daß auch die ›Politik der Menschlichkeit‹ eben Politik bleibt und dem Menschlichen nicht eben zuträglich ist. Allein diese äußere Entfremdung ist um so bedauerlicher, als wir im Grunde ganz einer Meinung sind, – nicht eines Sinnes, aber einer Meinung über diesen Krieg, von dem auch er die Dostojewskij'sche Auffassung hat. Auch er erkennt darin die uralte Auflehnung Deutschlands gegen den westlichen Geist, gegen seinen, des Zivilisationsliteraten, Geist – und ein Einschreiten Roms (Westroms, verbunden mit Ostrom) gegen diese Auflehnung; einen Interventionskrieg also der europäischen Zivilisation gegen das renitente Deutschland: denn wenn die Londoner ›Times‹ eines Tages erklärten, dieser Krieg werde von den Verbündeten »aus Interesse an Deutschlands inneren Zuständen« geführt, so war das wohl freilich ziemlich genau das, was man unter einer shameless audacity zu verstehen hat, aber es war völlig im Sinne des Zivilisationsliteraten gesprochen, der ihn ebenfalls aus europäischem Interesse an den inneren »Zuständen« seines Landes führt und, nachdem er während der ersten Kriegswochen, wie jeder Franzose, einer gewissen Demoralisierung unterlegen war, seit dem Marne-Mirakel vom Endsiege überzeugt ist. »Deutschland wird sich schicken müssen«, sagte er damals, und seine Augen glommen. Deutschland wird endlich artig sein müssen, sagte er, und es wird dann glücklich sein wie ein Kind, das nach Schlägen schrie und, wenn es welche bekommen hat, dankbar ist, daß man seinen Trotz gebrochen, ihm über seine Hemmungen hinweggeholfen, es erlöst, es befreit hat. Wir erlösen und befreien Deutschland, indem wir es schlagen, es auf die Knie werfen, seine böse Renitenz, ihm selbst zur Wohltat, brechen und es zwingen, Vernunft anzunehmen und ein ehrenwertes Mitglied der demokratischen Staatengesellschaft zu werden.

Ich gab schon zu, daß ich solchem Gedankengange nicht recht zu folgen vermag; ich gehe weiter und gestehe, daß er mich sehr unliebsam berührt, mich irgendwie *persönlich* beleidigt und empört, meine innerste Ehre antastet, ja, als ich ihn zuerst kennenlernte, recht eigentlich wie Gift und Operment auf mich wirkte.

[Aus dem Kapitel »›Gegen Recht und Wahrheit‹«:]
Man versetze sich nun aber überdies in die Lage jemandes, für den jener Zustand der Abwehr und notgedrungenen national-geistigen Selbstbeherrschung nicht erst, wie für die meisten, im August 1914 sich herstellte; der vielmehr lange in brüderlicher Nähe einer bedeutenden und im naiv französischen Stile aggressiven Geistigkeit gelebt hatte, welche ihrerseits bei Kriegsausbruch nur darum ihr Wort und Gefühl sofort mit dem der wider Deutschland geifernden Welt hatte vereinigen können, weil keine Ausschreitung fremden Hasses ihre eigene hemmungslose, sympathielose und niederdrückende Wut gegen das Sein und Wesen, das geschichtliche Erleben und die Wirklichkeitsform dieses Landes überbieten oder auch nur erreichen konnte: einer Geistigkeit, die längst mit schneidend unduldsamster Schärfe darauf bestanden hatte, daß man Deutschland, ausgemacht Deutschland! als den moralischen Schandfleck der Menschenerde erkenne oder auf

den Anspruch verzichte, ein Mann des Gedankens zu heißen; einer Geistigkeit, die mit dem Namen des Deutschen Reiches durchaus die Vorstellung einer Prunk- und Reklamefassade hatte verbinden wollen, hinter der es nichts als Fäulnis und Moder, Brutalität und Sklavenmisere gäbe; einer Geistigkeit, welche, die tiefe Anständigkeit deutschen Selbstekels zur Fratze travestierend, das Deutschland der letzten vierzig Jahre zu einem Second empire à la Offenbach satirisch talentvoll hatte umfälschen wollen, das einer schmählichen débâcle entgegencancanierte: und alles dies aus dem einzigen Grunde, weil Deutschland keine Demokratie im herzerhebend-westlichen ›Menschlichkeits‹-Geiste gewesen war! Wie hätte ich, der so verbissen irrtümliche Lehrmeinungen zu teilen aus einfacher Billigkeit mich geweigert hatte – wie hätte ich nicht tiefste Genugtuung empfinden sollen darüber, daß sie sich als Irrtümer nun so lächerlich offenbarten: darüber, daß Deutschland sich im Wetter nun immerhin ein wenig anders bewährte als irgendein wurmstichiges Prestige-Empire im Jahre 1870! Vor Rechthaberei, Rechtbehalterei bewahre mich Gott! Wer sich des Rechtbehaltens im Wortstreit nicht schämt, wer es nicht schleunigst zu vertuschen sucht, daß er recht behielt, den verachte ich als roh im menschlichen und geistigen Sinn. Hier aber, dies eine und große Mal, ist Rechtbehalten süß, brauche ich mich seiner nicht zu schämen, da es kein eitler Diskussionstriumph, sondern eine erschütternde Selbstoffenbarung der Wahrheit ist, – nicht mich betrifft, sondern ein großes und besonderes Volkswesen außer mir.

[...]

Mich befremdet ein Moralismus, der mit aufgerichtetem Magisterfinger dem gestellten Deutschland bedeutete, erst wenn es sich durch ›innere Politik‹, durch eine oder die andere Dreyfusaffäre sittlich geläutert habe, werde es berechtigt sein, sich irgend nach außen zu wenden, – als ob der gewaltige und schwärmerische Zusammenschluß der Nation in der Bereitschaft zu strengster Prüfung, in der hohen und freudig ernsten, von Leichtsinn und Übermut reinen Bereitschaft auch, ihre Weltstunde zu schauen, den »Tag des Ruhmes«, den Goethe ihr 1813, in jenem Gespräche mit Luden, verkündigt, – als ob das alles mit Moral nicht vielleicht von weitem allerlei zu tun gehabt hätte. Ich beargwöhne die steif ablehnende Kälte einer ›Vergeistigung‹, die sich zu vornehm dünkte, den Traum eines Volkes von Heimsuchung und notgeborener Tat einen Tag auch nur, eine Stunde lang mitzuträumen und sich den in aller Geschichte unerhörten, auch von sehenden Feinden als beispiellos bestaunten Leistungen dieses Volkes hämisch-hartnäckig verschließt, – nur weil sie sonst nicht ›recht behielte‹, weil es sonst die Frage zu beantworten gälte, ob ein niedrig denkendes und sklavisches Volk dieser Leistungen fähig sein würde, – und die sich, ihre verstockte Haltung zu rechtfertigen, am Ende wohl gar auf die des sonst als Ästheten, Quietisten und Fürstenknecht verpönten Goethe, des Goethe von 1813, berufen zu dürfen meint: gerade als ob Goethe, der auf der Gegenseite nicht, wie wir, die Herren Asquith und Poincaré, sondern Napoleon Bonaparte erblickte, ein Zivilisationsliterat und albern genug gewesen wäre, auf die humanitäre Lügenphrase des demokratischen Imperialismus gehobenen Busens hineinzufallen, – er, der über Deutschlands »Besonderheit« ganz sicher nicht schlechter als Dostojewskij Bescheid wußte, der es seinem Kaiser nachsprach, daß »das Schicksal der Deutschen noch nicht erfüllt« sei und daß sie, hätten sie keine andere Aufgabe zu erfüllen gehabt, als das römische Reich zu zerbrechen und eine neue Welt zu schaffen und zu ordnen, längst würden zugrunde gegangen sein. Zuletzt ist es müßig bis zur Insipidität, den spirit des Beherrschers einer versunkenen nationalen Epoche zu zitieren, um ihm seine Meinung über die derzeitige Weltlage abzufragen; denn was man bei einem so kindlichen Experiment vernimmt, ist nicht Goethe's Wort, sondern eine hohle und nichtige Geisterstimme, die aus uns selber kommt, während wir uns bereden möchten, sie töne aus der Ewigkeit.

[...] ich habe diesem Kapitel die Überschrift ›Gegen Recht und Wahrheit‹ gegeben, und das kann nur *eine* Bedeutung haben: ich wünsche hier einen Augenblick von meinen Beiträgen zur öffentlichen Kriegsdiskussion zu reden, jenen zwei, drei felddienstmäßig gerüsteten Artikeln, die zu dem Büchlein ›Friedrich und die große Koalition‹ vereinigt wurden, – und in denen nun freilich von kleistischer Leidenschaft wenig zu spüren war. Denn wenn ich Zweifel hege, ob einer Existenz wie der meinen Patriotismus ›zukommt‹, so weiß ich von einigen Dingen mit Sicherheit, ob sie mir zukommen oder nicht. *Donnerworte* kommen mir *nicht* zu. Und ich glaube nicht, daß sie heute irgend jemandem anstünden. Wahrscheinlich sind sie Sache der Kanonen. Die Literatur ist heute von demokratischer Verfassung: kein Wunder, daß die Literaten auch sonst nach der Demokratie verlangen. – Nein, eine andere Art und Weise, anderes als Donnerworte, war mir angemessen, um den geistreichen Beschimpfungen, mit denen die literarische Zivilisation Deutschland überschüttete, der Boulevard-Psychologie, womit dies Volk, das so gar kein Volk des Wortes ist, das auch jetzt wieder sein Wort, sein eigenes Wort nicht in Bereitschaft hatte und also einen Anblick literarischer Hilflosigkeit bot, von seinen frech beredten Feinden besudelt wurde, die Spitze zu bieten. Ich erinnerte mich des europäischen Literaten in mir, den ich freilich nicht sehr hoch achte; mir fiel ein, daß ich das, was die Bourgeois-Rhetoren drüben können, *auch noch könne,* daß ich zu schreiben gelernt habe, ebenso gut schließlich wie sie, – und daß dieser Fall, mein Fall, in welchem eine lateinische Esprit-Mitgift mit herzlicher, ganz undifferenzierter Parteinahme für Deutschland zusammenfalle, eine Seltenheit sei, ein Ausnahmefall, gewissermaßen ein Glücksfall, der manifest werden müsse... Ich dachte, daß man denen dort drüben mit ihren eigenen Waffen begegnen müsse, mit Advokatenkunst, Geist, Antithesen, Witz, Verve, Eleganz, dialektischen Paraden... Glänzen? nein, der Zivilisationsliterat irrt, wenn er sagt, daß ich glänzen wollte. Ich wollte dienen, wollte helfen. Oder vielmehr, weit entfernt zu glauben, daß ich wirklich dienen und helfen könne, wünschte ich, mein *Verlangen* danach eilends zu verdeutlichen, darüber, wo mein Herz war, keinen Zweifel zu lassen: und so entstand jene frühe und rasche Improvisation, die ›Gedanken im Kriege‹ überschrieben war und in der manches, was in der Folge besser, gültiger, haltbarer gesagt worden ist, mit ungewohnter Geistesgegenwart vorweggenommen wurde; jener dem »bösen« König gewidmete Essay sodann, dessen glücklich-leichte Eigenschaften daher rühren, daß ich von langer Hand her auf ihn vorbereitet war, und der ›Patriotismus‹ wirklich beinahe literarisch annehmbar zu machen wußte: und auch der Brief an das ›Schwedische Tagblatt‹, – diese erste und wohl auf immer einzige kleine politische Aktion meines Lebens, ein Ding, wahrhaftig, wie man es nicht schreibt, wenn man glänzen, sondern wenn man nützen möchte... Irre ich mich, wenn ich zu wissen glaube, daß es weniger die patriotische Tendenz dieser Artikel, als ihre westlich-literarische Form war, was unserem Literatentum böses Blut machte? Der zweifellose und manchen falsch anmutende Kontrast zwischen ihrer Parteinahme und der Art und Weise, auf welche darin Partei genommen wurde? »In eleganter Herrichtung«, klagte der Zivilisationsliterat, hätte ich »gegen Wahrheit und Gerechtigkeit gestanden«, und gab mit eben diesem Worte

»Herrichtung« zu verstehen, daß die »Eleganz« in solchem Falle auf Lug und Trug beruhen müsse; denn er lebt der – nicht völlig unbegründeten – Überzeugung, daß ›Patriotismus‹ und der Stil eines Schusters Dinge sind, die einander von Natur und Rechts wegen notwendig bedingen. Daß aber jener Kontrast auch von solchen empfunden und bemerkt wurde, die sich nicht sittlich entrüstet, sondern nur beobachtend und feststellend dazu verhielten, zeigte mir mancher Brief, den ich damals erhielt. »Eine Polemik gegen die Zivilisation«, hörte ich da; »aber in einer Form, die Inhalte aus dem Gebiete der Zivilisation erwarten ließe... Darf ich Sie bitten, sich diesen Satz anzusehen? Und in diesem Satz die Herkunft aller Nachdrucksworte zu prüfen? Gedanken und Wörter sind französisch. Diese andere Partie zeigt englische Sprachverhältnisse. Dort wieder ist ein Nerventrakt von vollkommen französischem Stil.« Aber mir schien, eben das war der Witz, die eigentliche Pointe des Ganzen. Und wenn ein deutscher Gelehrter und Soldat mir später schrieb: »Für Sie persönlich liegt das Problematische der Situation darin, daß Ihr eigenstes Mittel, das Wort, durch jene anderen usurpiert ist«, – so schien mir vielmehr, daß ich das eigenste Mittel der anderen usurpiert und gegen sie gewandt hätte...

[...]

Mehr als befreundet, weniger als Freund... Nicht der Fremde, nicht der ›Feind‹ war es, der gegen die Position, in welche die Zeitereignisse mich drängten, diese Gefühlshaltung, die zu erklären – nicht zu rechtfertigen, denn das Gefühl ist frei – dies Buch mir dienen muß, die wütendsten Angriffe gerichtet hat. Rolland schalt und klagte mit heftigen Worten, aber er zischte nicht. Er glaubte zur Abschreckung aufzeigen zu müssen, was ihm fiebrische Verirrung schien; seine Absicht war nicht, zu entehren, zu töten – und statt des Entehrten und Getöteten sich zu insinuieren, mit dem Empfehlungsrufe: »Man achte auf den, der liebt!« Ein solcher Wille und Haß war einem viel Näheren vorbehalten. Es war der deutsche Zivilisationsliterat, der mir das Giftigste und Erniedrigendste gesagt hat... War es Gift nur für mich? erniedrigend nur für mich? Es ist seine Sache, darüber nachzudenken, – Sache desjenigen, durch dessen lateinisch beredten Mund der Zivilisationsliterat zu mir sprach.

Anzugeben, welcher Mund das war, lehne ich ab; denn es hat eine melancholische und blamable Bewandtnis damit. Der Krieg währte noch nicht lange, als in einer Zeitschrift eine politische Dichtung von höchsten literarischen Eigenschaften erschien, die insofern eine gewisse Familienähnlichkeit mit meinem Friedrich-Versuch besaß, als auch sie ihren Zauber, ihre Tiefe darin suchte und fand, das Gegenwärtige und das Vergangene sich ineinander spiegeln zu lassen. Die Rolle etwa, die in meinem Artikel der Siebenjährige Krieg gespielt hatte, spielte hier die Dreyfus-Affäre; als Gegenfigur zu König Friedrich erschien hier der französische Schriftsteller, welcher der handelnde Held jener forensischen Historie war. Der Unterschied aber war der, daß, während ich meinen König so naturalistisch schlechtgemacht hatte, daß die Charakterstudie auf einfältigere Leser als Pasquill wirken konnte, ja, daß sie entrüstete Gegenschriften hervorrief, – jene Dichtung ihren Helden, Emile Zola also, den wuchtigsten Faust- und Machtmenschen der Kunstgeschichte, einen epischen Giganten von viehischer Sinnlichkeit, stinkender Übertriebenheit, unflätiger Kraft, als »weitesten Geist«, Gerechtigkeitsheiligen und verklärten Lehrer der Demokratie (»die Haare im Nacken halb lang«) in die politische Bürgerglorie erhöhte. Sie war »Dichtung« leider eben damit, daß sie von *Wahrheit*, von jenem Willen und Versuch, ihre Liebe in ironische Zucht zu nehmen, von jeder tieferen, strengeren und menschlicheren Gerechtigkeit also schrecklich weit entfernt war; ihr Wahrheits- und Gerechtigkeitsbegriff war forensisch beschränkt, denn der forensischen Wahrheit und Gerechtigkeit kam in dem Prozeß, den sie besang, symbolisch-politische und zivlisatorische Bedeutung zu; kurzum, sie war ›Neues Pathos‹, politisches Pathos, und man erinnerte sich dabei des Zurufs, den Strindberg an Björnson richtete: »Sei wahr, Björnson! Du bist unwahr wie ein Festredner!«

Weder eine politische noch eine ästhetische Kritik des bedeutenden Werks soll versucht werden. Es ist nicht der Ort, und es kann zuletzt nicht ausgemacht meine Aufgabe sein, den Glanz und die Geste, den steilen Dünkel, den hochhysterischen Haß und die harte ›Menschenliebe‹ dieser doppelsinnigen Biographie zu würdigen. Durchaus persönlich, durchaus menschlich habe ich mich gegen sie meiner Haut zu wehren, habe die genialischen Albernheiten und rasenden Niedrigkeiten zurückzuweisen, die sie mir nachsagt, oder ins Gesicht sagt: Denn daß es, um ein vergleichsweise harmloses Beispiel zu nennen, ein rhetorischer Plural ist, wenn darin von »jenen Tiefschwätzern« die Rede geht, »die gedankliche Stützen liefern für den Ungeist«, darüber wird jeder Zweifel beseitigt durch den Zusatz, »jene Tiefschwätzer« bildeten sich ein, »Erkenntnisse zu haben, und jenseits aller Erkenntnisse könnten sie die Ruhmredner der ruchlosen Gewalt sein«. Das ist dick und deutlich. Denn an irgendeiner Stelle meines Kriegsbüchleins habe ich mir den Satz zuschulden kommen lassen: »Deutsch ist der kategorische Imperativ jenseits der abgründigsten Skepsis.« Nun leugne ich nicht, daß solche Gedanken und Dikta, die typisch sind für die hastige Schanzarbeit unserer geistigen Defensive vom Anfang des Krieges, mich heute schon ein wenig abgeschmackt anmuten. Ist gleichwohl etwas daran? Doch, manches. Ich dachte *so* damals, und ich kann ganz leicht noch heute so denken:

Nietzsche's Moralkritik im Zeichen des *Lebens*, dachte ich, ist wesentlich gar nichts anderes als Kants »praktische Vernunft«. Auch in Kants praktischer Philosophie, die nach der theoretischen, radikalen und alles zermalmenden kam, handelt es sich nicht mehr um ›Wahrheit‹, sondern um praktische ethische Postulate, – um ›das Leben‹. Dieser Wille zur Praxis, zur Ethik, zum Imperativ, zum Leben jenseits der tiefsten Erkenntnis ist offenbar typisch national; es ist deutsch, den Radikalismus ins Geistige zu verweisen und dem Leben gegenüber praktisch-ethisch, anti-radikal sich zu verhalten. Dies ist der eigentlich *politische* Gedanke und Instinkt des unpolitischen Volkes. Von dieser Denkweise und geistigen Struktur, diesem *zugleich ironischen und kategorischen* Begriff der Politik habe auch ich, ohne im mindesten ›Philosoph‹ zu sein, irgendwie irgend etwas abbekommen; zum mindesten *weiß* ich eben genug davon, um ein Recht zu haben, andeutungs- und ahnungsweise davon zu reden. Was aber macht der Dreyfusard daraus? Er versteht die Sache so, ich »bildete mir ein, Erkenntnisse zu haben, und jenseits dieser Erkenntnisse dürfte ich den Anwalt von Lüge und Gewalt machen«. Das ist entweder nicht intelligent oder es ist nicht nobel. Auf jeden Fall ist es nur ein harmloses Beispiel...

Was gibt es noch? Leidenschaftlichste Dinge! Kaum sind nur ein paar Worte gefallen, so erscheint schon das schmucke Sätzchen: »Sache derer, *die früh vertrocknen sollen*, ist es, schon zu Anfang ihrer zwanzig Jahre bewußt und weltgerecht hinzutreten.« – Ich gestehe, für einen Dichter der Menschenliebe und gelernten Philanthropen ist das alles, was man erwarten kann. *Radikale* Polemik darf man das nennen. Es ist ja ein kleiner Guß Schwefelsäure, en passant dem Nächsten ins Angesicht. Wirklich, schon zu Anfang meiner zwanzig Jahre »trat ich hin«, – nicht sehr bewußt, aber ziemlich weltgerecht, wie es schien. Nicht selbstgerecht, aber weltgerecht, – so früh.

Wie kam das? – Es gibt, meint Goethe, für jeden Menschen die Stunde, da er »vertrieben wird aus dem Paradiese der warmen Gefühle, um ein Mann zu sein und im Werke ein neues geistiges Paradies zu finden«. Das ist wahr. Die Stunde aber, von der Goethe spricht, kommt früher für den einen und für den anderen später. Ich erinnere mich, daß ich während der Arbeit an *Buddenbrooks* plante, dem Werk als Motto die Verse Platens voranzuführen:

So ward ich ruhiger und kalt zuletzt,
Und gerne möcht' ich jetzt
Die Welt, wie außer ihr, von ferne schau'n:
Erlitten hat das bange Herz
Begier und Furcht und Grau'n,
Erlitten hat es seinen Teil von Schmerz,
Und in das Leben setzt es kein Vertrau'n;
Ihm werde die gewaltige Natur
Zum Mittel nur,
Aus eigner Kraft sich eine Welt zu bau'n.

Ich weiß nicht zu sagen, warum ich den Wahlspruch zuletzt unterdrückte. Mit inniger Genauigkeit drückt er den Zustand, das Schicksal früher Weltgerechtigkeit, *Werkgerechtigkeit* aus, die mit ›Reife‹ wenig und mit minderwertiger Lebensgewandtheit überhaupt nichts zu schaffen hat. Ich nenne sie ein Schicksal, eine Gestaltungsform menschlichen Lebens, und nehme damit einige Sympathie für sie in Anspruch, gleichviel ob man sie nun als einen Glücksfall oder als ein Verhängnis betrachte. Ist sie mit Notwendigkeit ein Verhängnis und zahlt es sich teuer, schon früh zur Männlichkeit des Werkes angehalten, früh, schon als Jüngling, durch ein Werk der Welt gerecht geworden zu sein – in kleinen und mittleren Fällen wenigstens: da ja ganz große Fälle, der Fall Goethe's etwa und seines sensationellen Jugendromans, das Gegenteil zu beweisen scheinen? Ist frühes Verdorren der Sold, die Buße, die unweigerlich für eine so strenge Schicksalsgunst zu zahlen ist? – Nun, es gibt Formen künstlerischen Verdorrens, die ihre begeisterten Liebhaber finden und von diesen als das gerade Gegenteil des Verdorrens empfunden werden: die Form der politischen Tugend zum Beispiel, in der das Verdorren Zola's sich abspielte. Nicht diese ist es, so viel ist sicher, die das Schicksal mir zugewiesen hat. Wäre sie es, – vielleicht, sogar wahrscheinlich, daß ich Sympathie fände, dort, wo ich jetzt bösen Hohn ernte. Was ist verdorren? Der Tod ist dem Leben eingeboren, Leben selbst ist Sterben und dennoch Wachstum zugleich. Im künstlerischen Leben zumal sind Wachstum und Verdorren untrennbar verschlungen, und spätere Werke mögen gegen die ersten, frischen neben Merkmalen des Dorrens bedeutende Vorzüge an Geist und Kunst besitzen. Das Leben eines Künstlers, wie sein Werk, ist eine Einheit von vornherein, und wenig verschlägt zuletzt die Art seines Ablaufs. Die Lust, mit der ich gewisser Dinge gedenke, die ich noch bilden möchte, bietet mir Gewähr, daß ich auch außer mir, auch in der Menschenwelt Lust damit wecken werde. [...]

Gleichviel. Der politische Säurespritzer war gezielt und traf. Blind, mit zerätzter und dick verbundener Miene ist man des Weiteren gewärtig. Und das Weitere, Eigentliche findet sich, – es bricht in dem Augenblick herein, da der Philanthrop auf den »Rückfall in untermenschliche Zustände« zu reden kommt, »der dem Lande« (dem Frankreich vom Jahre 1900) »heute bereitet wird«, auf die Wortführer und Anwälte, die dieser Rückfall finde, – und nun prasselt und prügelt es ohne Hemmung auf den rhetorischen Plural hernieder. Diese Wortführer und Anwälte – sie mögen sich später verantworten, wenn sie können –, »das Eine steht fest von vornherein: *sie haben es leichter.* Ihre Gesinnung verlangt nicht, daß sie Verbannung und Schweigen« (Verbannung? *Schweigen?*) »daß sie Verbannung und Schweigen ertragen. Im Gegenteil *ziehen sie Nutzen daraus*, daß wir andern schweigen und verbannt sind; man hört nur sie, es ist ihr günstigster Augenblick. Nicht mehr als menschlich, *wenn sie ihn wahrnähmen und ihren vorgeblichen Patriotismus noch lauter beteuerten, als sie es vielleicht tun würden, wenn nicht wir andern damit in Vergessenheit zu bringen wären. Man müßte sie sich ansehen*, ob es nicht auch sonst schon die waren, die das *Profitieren* verstanden. *Waren sie etwa Kämpfer?* Oder lag es vielleicht in ihrer Art, was die Macht – die Macht der Menschen und der Dinge – herbeiführte, zum Besten zu wenden, und auch zu ihrem eigenen Besten? Wie, wenn man ihnen sagte, daß sie das Ungeheure, das jetzt Wirklichkeit ist« (die Verurteilung Dreyfus'), »daß sie das Äußerste von Lüge und Schändlichkeit« (es ist von der Verurteilung des jüdischen Hauptmanns die Rede) »*eigenhändig mit herbeigeführt haben*, – da sie sich ja immer in feiner Weise zweifelnd verhielten gegen so grobe Begriffe wie Wahrheit und Gerechtigkeit«... »Im äußersten Fall, nein, dies glauben wir nicht, daß sie im äußersten Fall *Verräter werden* könnten am Geist, am Menschen. Jetzt sind sie es. Lieber als umzukehren und, es zurückbannend, hinzutreten vor ihr Volk, *laufen sie mit seinen abscheulichsten Verführern neben ihm her und machen ihm Mut zu dem Unrecht, zu dem es verführt wird*. Sie, die geistigen Mitläufer, sind schuldiger, als selbst die Machthaber« (des Dreyfusprozesses), »die fälschen und das Recht brechen. Für die Machthaber bleibt das Unrecht, das sie tun, ein Unrecht; sie wenden nichts ein als ihr Interesse, das sie für das des Landes setzen. Ihr falschen Geistigen dreht Unrecht in Recht um, und gar in Sendung, wenn es durch eben das Volk geschieht, dessen Gewissen ihr sein solltet«... »Der ganze nationalistische Katechismus, angefüllt mir Irrsinn und Verbrechen, – und der ihn predigt, *ist euer Ehrgeiz, dürftiger noch, eure Eitelkeit...*

Durch Streberei Nationaldichter werden für ein halbes Menschenalter, wenn der Atem so lange aushält; unbedingt aber mitrennen, immer anfeuernd, vor Hochgefühl von Sinnen, verantwortungslos für die heranwachsende Katastrophe, und übrigens *unwissend über sie, wie der Letzte!*«... »Jetzt macht es nichts aus, daß man in eleganter Herrichtung gegen die Wahrheit und gegen die Gerechtigkeit steht; man steht gegen sie und gehört zu den Gemeinen, Vergänglichen. Man hat gewählt zwischen dem Augenblick und der Geschichte, und hat eingestanden, daß man mit allen Gaben *doch nur ein unterhaltsamer Schmarotzer war.*«

Es war kein heiteres Geschäft, das abzuschreiben; doch nun bin ich froh, daß es dasteht: nicht nur in jener Europäer-Zeitschrift, sondern auch hier in diesem Buch. Denn es gehört hinein in dieses Buch, das ein Dokument sein und als solches zurückbleiben möchte, wenn die Wasser sich verliefen. Es gehört in dieses Buch, welches von der Überzeugung erfüllt ist, daß der gegenwärtige Krieg nicht nur um Macht und Geschäft, sondern namentlich auch um Gedanken geführt wird, und das schon auf einer ersten Seite zu bemerken gab, wie Deutschland das Land sei, wo die geistigen Gegensätze Europas fast ohne gemeinsame nationale Färbung, ohne nationale Synthese widereinander stehen, – in dessen Seele der Kampf zwischen den Gegensätzen Europas ausgetragen werden muß... Was! europäische Kriege würden nicht mehr auf Deutschlands Boden ausgefochten? Und ob sie es werden! Europäische Kriege, sofern sie nur auch im Geistigen geführt werden, und das müssen sie immer, werden zugleich auch deutsche *Bruderkriege* sein, das bleibt das Schicksal dieses europäischen Herzvolks, und das ist, bei aller Wucht seines Leibes, seine innere, sittliche, seine politische Schwäche, – es wird vielleicht sein Verhängnis sein. Deutschland hat keine eherne Stirn wie England, es hat nicht Frankreichs einheitlich sentimentalen Schwung. Deutschland ist keine Nation...

[...]

Damit ist alles gesagt. Denn was sollte ich im einzelnen zurückgeben auf die Haß- und Verdächtigungsarie, aus der ich ein paar besonders brillante Passagen hier wiedergab? Was etwa erwidern auf die Beschuldigung der patriotischen Streberei? Ich kenne an mir die Neigung zur Selbstmißhandlung, eine vielleicht unmännliche Bereitschaft, gehässige und offenbar boshafte Stilisierungen meines Wesens mir zu eigen zu machen und Ja dazu zu sagen. Den Vorwurf der Streberei betrachte ich nur mit Kopfschütteln; ich weiß nichts damit anzufangen. Klugheit im Verhalten zur Welt und ihren Mächten war nie meine Sache; dazu war ich zu sehr allein, zu sehr ›Dichter‹; und noch dies Buch bezeugt, wie mir scheint, daß Politik auch in diesem Sinn meinem Wesen fremd ist. Wo ich ihrer ansichtig werde in künstlerischer Sphäre, beobachte ich sie ohne Entrüstung, aber mit lächelndem Erstaunen. Ich sehe einen Meister dem »Jungen Geschlechte« öffentlich schöntun, obgleich er es privatim verachtet; und das ist klug. Ich höre einen anderen oder auch denselben Meister »den letzten Reporter« für seinen Bruder im Geiste erklären, gesetzt nur, daß sein Blatt demokratischen Grundsätzen huldigt; und das ist wiederum klug, denn so wird man zum Abgott und Schoßkind der großen, der linksliberalen Presse. Ich sehe einen dritten oder auch nochmals denselben Meister sich um die Gunst der Masse bewerben, indem er sich ihr als Sänger der Demokratie empfiehlt. Ich sehe ihn also seine Dichtung innerpolitisch aktuell machen, Liebe unterderhand mit Massenvertrieb verwechseln, Tugend und Nutzen vereinigen. Ist es Streberei, dies alles? Möglicherweise. Mich mutet es fremd an, – humoristisch, aber fremd. – Und *patriotische* Streberei? Es gibt, versteht sich, auch das. In allen

Ländern ist es möglich, mit Patriotismus Geschäfte zu machen. Wie aber für *mich* die Dinge standen und lagen, so weiß ich wohl, wie, im Gegenteil, meine Haltung und Redeweise hätte ausfallen müssen, wenn Klugheit sie mir diktiert hätte. Ich hätte müssen aus meinem Herzen eine Mördergrube machen, meinem kämpfenden Volk den pazifistisch-humanitären Knüttel zwischen die Beine werfen, den Krieg recht häufig für ein deutsches Verbrechen am Geiste erklären, – und ich hätte freilich sowenig wie für den Friedrich-Essay einen Orden bekommen, aber meine Ehre, meine Literatenehre nämlich, wäre gerettet gewesen. Ich war's nicht imstande. Und daß ich's nicht war, trägt mir die Bezichtigung ein, mein Ehrgeiz, ach nein, meine Eitelkeit hätte den »nationalistischen Katechismus« gepredigt.

Der nationalistische Katechismus möge, womit immer, angefüllt sein: ich bin, glaube ich, deutsch eben darin, daß ich mich von jeher sehr wenig fest in ihm fühlte, und der Krieg hat daran nicht viel geändert. Es ist wahr, die Erhebung von 1914 riß auch mich zu dem Glauben und zu dem Bekenntnis des Glaubens hin, daß das Volk, dem anzugehören ich die eigentümliche Ehre habe, große Herrschaftsrechte, gültigen Anspruch auf die Teilhaberschaft an der Verwaltung der Erde, kurz, auf politische Macht besitze und die Anerkennung dieser natürlichen Rechte erkämpfen dürfe, ja müsse. Heute habe ich zum mindesten Stunden, wo dieser Glaube schwankt und beinahe am Boden liegt; [...]

Ich komme dabei auf die jüngste Apotheosierung Emile Zola's zurück, des französischen Romancier-Aktivisten, dessen Aktivität freilich gerade gegen jene Bewegung gerichtet war, die in Frankreich den Namen des Aktivismus eigentlich für sich in Anspruch nahm und, trotz aller radikalen Republik, nach Zola's Tode höchst lebendig blieb:

gegen den politischen Aktivismus der ›Action française‹ und der Patriotenliga. Seine Aktivität war individualistische Gerechtigkeitsempörung gegen ein *politisches Lebenspathos*, das sich bereit erklärte, einen wahrscheinlich ›Unschuldigen‹ dem Staatsinteresse, – die ›Wahrheit‹ dem ›Leben‹ zu opfern. Das *war politisierter und also korrumpierter Nietzsche.* Nie hat in Deutschland eine Seele daran gedacht, das Nietzsche'sche Lebenspathos zu politisieren. Das wäre ganz undeutsch gewesen. Es zu tun, war den Romanen vorbehalten – wie es sich gehörte. Was sich in Deutschland ›Aktivismus‹ nennt, ist pazifistisch, humanitär und antinational, kurz: radikale Aufklärung; aber der romanische Aktivismus ist nationalistisch und kriegerisch, ist radikale Reaktion. Der deutsche ›Aktivist‹ hat von Nietzsche schreiben gelernt, und das mag ein Mißbrauch sein, denn Nietzsche war kein Aufklärer. Aber der romanische hat von ihm *politisieren* gelernt, und das ist ein viel schlimmerer Mißbrauch. Die Politisierung Nietzsche's, das ist die Verhunzung Nietzsche's, nichts anderes, und wenn irgend etwas Geistiges den Krieg aktiv herbeigeführt hat, so war es dies: die Unfähigkeit der Romanen, Philosophie und Politik auseinanderzuhalten.

Freilich ist es eben diese Unfähigkeit, die der Zivilisationsliterat den Westvölkern zur höchsten Ehre anrechnet, sie eben ist es, zu der er auch sein Volk erziehen möchte und möglicherweise wirklich zu erziehen im Begriffe ist. Was man Aktivismus, Voluntarismus, Neues Pathos nennt, ist nichts anderes als das Nicht-Trennen von Philosophie und Politik: hier sieht der Zivilisationsliterat die Tugend, die, wenn sie herrschend gewesen wäre, den Krieg verhindert hätte, während der gegenteilige Instinkt, die Trennung des Metaphysischen vom Sozialen, nach seiner Meinung das Laster selbst ist, welches den Krieg nicht verhindert und das heißt: herbeigeführt habe. Aber so einfach sind die Dinge nicht, wie sie dem scheinen, dem es ums Anklagen, um Beschuldigen zu tun ist. Der falsche Nietzscheanismus Frankreichs lehrt, daß die Politisierung der Philosophie ebensowohl radikale Reaktion wie radikale Aufklärung, ebensowohl *Krieg* wie Pazifismus bedeuten kann; und ohne Anklage, ohne Beschuldigung stelle ich fest, daß der deutsche ›Aktivismus‹, obgleich seine politische Lehrmeinung pazifistisch ist, mit der europäischen Gesamt-Aktion und -Katastrophe, in der wir stehen, viel mehr zu tun hat, sie seelisch, der Geste nach, weit eher vorbereitet und angekündigt hat, als irgendwelcher ›bürgerliche‹ Quietismus und ›Zweifel‹, irgendwelche apolitische, auf Erkenntnis und Form eingestellte Artistik.

[...]

Unterdessen liegt es ja auf der Hand, daß, was sich in Deutschland ›Aktivismus‹ nennt, nichts ist als die Übertragung eines bestimmten Kunstgeschmacks und -temperaments ins Politische. Eine Kunstschule (›Expressionismus‹) von heftig aktivistischen Bedürfnissen, der Ruhe, der Betrachtung, dem epischen Behagen, der Sachlichkeit und Heiterkeit verächtlich abgeneigt, ganz auf das Rapide, Vehement-Bewegte, Graß-Ausdrucksvolle gestellt, – verlangt eines Tages, daß »der Geistige handle«. Das könnte gut werden. Was mich betrifft, so denke ich mit Interesse und Dankbarkeit an wertvolle, im Goethe'schen Sinn ›bedeutende‹ Eindrücke der knallenden Wut, Grausamkeit, Wildbuntheit, Härte, Unheiterkeit, Unerbittlichkeit, Bösartigkeit, *Inhumanität*, mit der gewisse neueste Geschichten erzählt sind, und ich sage mir: Ob die politische Lehrmeinung dieser Herren Kollegen nun pazifistisch ist oder nicht, tut wenig zur Sache, – hier ist der Krieg! Sie sangen ihn in jeder Zeile, bevor er da war, und nie gab es ein besseres Beispiel dafür, wie wenig das Meinen das Sein verkündigt. Und entspricht meiner klaren Einsicht nicht ihr eigenes Bekenntnis, ihr eigener

Stolz? Ein Expressionistenführer, von der malerischen freilich, nicht der literarischen Fakultät, rief August 1914 aus: »Das ist unsere Stunde!«

Der Philanthrop freilich meint es anders. *Mein* günstigster Augenblick, meint er, sei das Heute, der günstigste von meinesgleichen; denn während er zur »Verbannung« und zum »Schweigen« verurteilt sei, höre man nur uns, nur mich, und wir zögen, ich zöge Nutzen aus der Gunst der Stunde, indem ich durch überlautes Beteuern meines Patriotismus irgendwelche »Andere« in Vergessenheit zu bringen suchte, die auch ihrerseits nur ein rhetorischer Plural sind. *»Man müßte sie sich ansehen«*, sagt er – die Unterstreichung ist von mir, ich lege Wert auf diese Wendung, es *zischt* so bemerkenswert daraus hervor – »man müßte sie sich ansehen, ob es nicht auch sonst schon die waren, die das Profitieren verstanden.« Was das bedeuten soll, bedeuten kann, weiß niemand. Es ist die Verdächtigung an sich und im allgemeinen, die zischende Verdächtigung ohne Inhalt und Gegenstand, verzerrten Angesichts leise hervorgestoßen. Klar ist, daß nach der Meinung des Philanthropen meine »Gesinnung« mir das Leben überaus leicht macht, – leicht habe ich es, seiner Erkenntinis nach, und leicht habe ich es immer gehabt, – mit Sing und Sang die Welt entlang, wie es in der Oper heißt, so ging's, so lebte ich alle Tage. Ist Haß ein stärkeres Erkenntnismittel als Liebe? Nein, doch wohl nicht. Zum mindesten nicht skrupelloser Rhetorenhaß. Ich will nicht von der Vergangenheit reden, nicht von der trällernden Leichtigkeit meines Seins und Wesens in ihr. »Ich stehe zwischen zwei Welten«, äußerte Tonio Kröger, »bin in keiner daheim und habe es infolgedessen ein wenig schwer.« Er bemerkte auch, einige gingen mit Notwendigkeit in die Irre, weil es einen richtigen Weg für sie überhaupt nicht gäbe. Genug. – Ich will nur für den Augenblick fragen, ob nicht schmissiger Fortschrittsoptimismus und rhetorische Philanthropie es sein mögen, die eine vergleichsweise ›leichte‹ Lebensform ergeben. Ich begnüge mich, festzustellen, daß er, der mir Leichtlebigkeit zum Vorwurf macht, mit den Ereignissen dergestalt fertig wurde, daß er zunächst der deutschen Welt einige Pariser Kammer-Tiraden über den Säbel und die Gerechtigkeit ins Gesicht schleuderte und dann den Typus des humanitären Geschäftsmannes für das Wunschbild des Europäers erklärte, – worauf er stolz, heiter, moralisch geborgen und umknattert vom Beifall einer politisierenden Jugend sich der bestandfrohen Dichtkunst wieder zuwenden konnte. Und ich? Ich für mein leichtes Teil? Ich bin irgendwie gehalten, dies Buch zu schreiben... Mit anderen Worten: ich laufe verantwortungslos und vor Hochgefühl von Sinnen neben den Verführern des Volkes her, »unwissend übrigens über die Katastrophe, wie der Letzte«.

[...]

Was ist denn dieses lange Selbstgespräch und Schreibwerk anderes als ein Rückblick auf das, was ich war, was ich eine Weile mit Recht und Ehren war, und was ich, ohne mich *alt* zu fühlen, offenbar nicht länger werde sein können? Nein, unwissend wie der Letzte über die Bedeutung der Stunde bin ich wohl kaum, da ich ja sogar weiß, daß alt und für immer von gestern sein wird, wem es nicht gelingt, mit der neuen Zeit zu einem leidlichen Frieden zu kommen.

Was mich angeht, so muß ich begreifen, daß ich wohl aufnehmen, lernen, Verständigung suchen, mich korrigieren – mein Wesen und meine Erziehung aber nicht ändern, meine Wurzeln nicht ausreißen und anderswo einsenken kann. Diese Zeitwende wäre »meine Stunde«? Sie ist es nur insofern, als ihr Donner unverhältnismäßig-überwältigend die Wende meines persönlichen Lebens betont, – das *Ende* meiner »Stunde« bezeichnet sie, wenn mich nicht alles täuscht, und nicht ihren Anfang. Mein günstigster Augenblick! Tor, siehst du denn nicht, daß es dein günstigster Augenblick ist, der deine vielmehr?! Die Politisierung, Demokratisierung Deutschlands, die das Werk dieses von ihr humanitär verneinten Krieges ist, schafft sie nicht die Atmosphäre, in der dein Werk und Wille, deine politische Moralität und politische ›Menschlichkeit‹ endlich ruhmreich gedeihen können? Blüht denn dein Werk nicht auf? Sammeln sich nicht die Deinen und verkündigen deinen Namen, der ihnen ein Symbol der neuen Wahrheit und Ehre ist? Liegt die Kritik nicht auf ihrem Angesicht vor dem, was noch nicht da war und was du vorstellst: der artistischen Demokratie? Was zu sein ich, der ich mit deutscher Kultur, deutschem Kunstbürgertum inniger immerhin als du zusammenhänge, mir nie einreden wollte: ein deutscher Dichter, – versichern die Deinen dir nicht so eifrig, du seist es, daß es »nicht mehr als menschlich« wäre, wenn du es glaubtest? Nun kommt der turbulente Erfolg, der modern-betriebhafte, beinahe im Stil und Geschmack deiner zolaesken Träume; es kommen die Megaphon-Reklame, die gelbbroschierte Massenverbreitung, die Theaterfeste – in einem politisch-demokratischen Sinn und Geiste das alles, der meiner »Stunde« ganz fremd war... Wohl dir! Wohl mir! Je mehr dir von allem Ersehnten die Fülle wird, desto eher darf ich hoffen, daß auch mir Gerechtigkeit widerfährt; denn jede »Stunde« vergeht, und ich glaube nicht, daß reine Werturteile aus ihrer verschiedenen Lagerung im Leben des Einzelnen abzuleiten sind. Unterdessen aber:

Well, if I don't succeed, I *have* succeeded,
And that's enough; succeeded in my youth,
The only time when much success is needed:

Whate'er it was, 't was mine; I've paid, in truth,
Of late, the penalty of such success,
But have not learned to wish it any less.

Es sind Jahre her, mehr Jahre, als der Krieg dauert, daß ich mir die Don-Juan-Verse im Buch mit dem Bleistift anmerkte. So früh wußte ich Bescheid... und zwar ohne Jammer. Ich bin fähig, mein Leben und Schicksal mit Ruhe, ja mit Heiterkeit anzusehen, mit einer Unabhängigkeit, für die ›amor fati‹ ein zu pathetisches, moralisches Wort ist. Verbitterung ist meine letzte Gefahr. I *have* succeeded, and that's enough... Auch kommt Liebe, selbst Liebe der Jugend immer noch zu mir, und sie möge glauben, daß sie zu keinem Undankbaren kommt. Wenn ich aber nun zurücktrete; wenn ich das Lied vom ›Geiste‹, das ich früh, versuchsweise und ironisch gedämpft, vor mich hinsummte, in politisch organisiertem Chorus nicht mitsingen mag und kann; wenn ich, dessen ethische Symbolik augenblicklich zu einer gewissen nationalen Aktualität gelangt ist, bald sehr allein stehen werde, ohne Anhang und ›Anschluß‹, ein Unorganisierter, Außenseiter und ›Taugenichts‹: nun, so ist mir, als könnte mit solcher untugendsamen Einsamkeit und Vergessenheit ein ganz neues Behagen verbunden sein, eine neue Freiheit, Unverantwortlichkeit und Boheme, etwas wie ein neuer Galgenhumor und Übermut, ein Zustand, ganz ähnlich jenem dunklen, freien, frühen, wo der Name noch nicht der Welt zur Beute geworden, und wo man, überzeugt, ein unmöglicher Bursche zu sein, seine besten Sachen machte. Wer sagt dir, daß es nicht eben dies ist, was ich will und suche? Daß ich nicht vielleicht die Rolle des unmöglichen Burschen für künstlerischer und anständiger halte als die eines Vorsängers der Geistestugend? Ich greife vor, ich will der Tugend ein besonderes Kapitel weihen... Aber ist ein Augenblick, der so wenig der meine ist, so sichtbarlich dir und deinem glänzenden Aufstieg gehört, – ist, frage ich, dies der richtige Augenblick, mir ins Gesicht zu schlagen, wie du es da tust? Verlohnte es, fünfzehn Jahre in edler Neidlosigkeit an dich zu halten, um ausgerechnet in dem Augenblick, wo alles sich wendet, dich so hemmungslos gehenzulassen? Sollte es nicht ein Mißbrauch deiner Ehrenstunde sein, mir vor versammelter Jugend ins Gesicht zu sagen, ich sei mein Leben lang nichts als ein unterhaltsamer Schmarotzer gewesen?

Ein Schmarotzer. Denn: »Waren sie etwa Kämpfer?« O nein, nie war ich ein Kämpfer, nie etwas Ähnliches! Ich stand nicht da, eine Hand auf dem Herzen, die andere in der Luft, und rezitierte den Contrat social. Ich sang nicht, daß man irgendwelche ›Herren‹ an die Laterne hängen müsse, und plädierte nicht auf Abschaffung der großen Männer, weil sie das Niveau drücken. Ich behauptete nicht, daß die Republik das Ideal der Wahrheit sei, verhöhnte auch nicht die auf ewig mit Leid beladene Menschheit, indem ich tremolierend versicherte, ihr Weg führte »zu etwas sehr Schönem, durchaus Heiterem«, nannte ferner nicht jeden einen Idioten oder Schurken, der das nicht glauben konnte, und schrie nicht: »Man achte auf mich, der liebt!« Ich erinnere mich, ich nahm Abstand von all dem. Und folglich war ich kein Kämpfer. Folglich war ich ein Schmarotzer. – Ich will besonnen sein. Ich will nicht liederlichen Redner-Leichtsinn, schnöde, empörende Kränkung nennen, was die Maße *meines* Falles wohl nur als kleine Ungerechtigkeit zu bezeichnen erlauben. Ein Großer ging, die Hände auf dem Rücken, in seinem Zimmerchen umher und sprach zu dem lauschenden Famulus, während vielleicht immerhin seine Stimme bebte: »Ich weiß recht gut, daß, so sauer ich es mir auch mein lebelang habe werden lassen, all mein Wirken in den Augen gewisser Leute für nichts geachtet wird, eben weil ich verschmäht habe, mich in politische Parteiungen zu mengen. Um diesen Leuten recht zu sein, hätte ich müssen Mitglied eines Jakobiner-Klubs werden.« Darf ich mich dieser Worte *erinnern*, mich ihrer nur erinnern und nichts weiter, in dem Augenblick, wo man mir sagt, ich hätte ein Schmarotzerleben geführt? ...Der Begriff des *Helfens* war mir lieb und teuer, seit ich hatte verstehen dürfen, daß er Raum habe in meinem Leben. Ich hatte das nicht geglaubt, ich gestehe, daß ich von diesem sozialen Begriff nicht ausgegangen war. Nein, ich hatte mir nicht träumen lassen, daß ich anderen zu helfen vermöchte, da meine eigene Fragwürdigkeit mir so schwer zu schaffen machte. Heute weiß ich es hundertfach, daß ich, indem »ich's mir sauer werden ließ«, anderen *leben geholfen* habe. Menschen leben helfen... Das ist freilich etwas anderes, als sie mit Schmiß und Tremolo in den einzig europäischen, einzig menschenwürdigen Zustand politischer Revolte zu versetzen, aber daß es etwas Schlechteres, weniger Sittliches, auch nur Unsozialeres sei, ist nicht ausgemacht. Meine Art zu reden, das Leben reden zu lassen war eher herb, als süß, wenn auch freilich Humor und Musik mir Korrelate des Pessimismus bedeuteten. Ein großer bürgerlicher Künstler, Adalbert Stifter, sagte in einem Brief: »Meine Bücher sind nicht Dichtungen allein, sondern als sittliche Offenbarungen, als mit strengem Ernste bewahrte menschliche Würde haben sie einen Wert, der länger bleiben wird als der poetische.« Ich habe ein Recht, ihm das nachzusprechen, und Tausende, denen ich ›leben half‹, *sehen* es, dieses Recht. Die Generation, die um die Jahrhundertwende über den Erfolg oder Nicht-Erfolg eines Schriftstellers entschied, hieß mich willkommen, nun, sie hieß auch andere, oftmals Schlechtere willkommen, über den Wert meiner Wirkung war damit nicht viel gesagt, es konnte sein, daß sie auf einschmeichelnden Eigenschaften, auf Annehmlichkeiten des Tonfalls beruhte. Aber damals, als ich zu schreiben begann, lagen Menschen in den Wiegen, die heut so viel Jahre zählen wie der Verfallsroman, die Bürger-Dichter-Novelle. Sie wuchsen auf, gleichzeitig mit diesen Gebilden wuchsen sie ins Leben, ins schwere Leben hinein, und sie ließen mich wissen, daß sie ihnen helfen, zu leben. Sie lehrten mich glauben, daß kein ephemerer Gefälligkeitszauber, daß *Menschenwert* wirke aus dem, was ich geben konnte. Angreifende, immer nur selbstgerecht angreifende politische Schmähsucht aber tritt auf und erklärt, statt ein »Kämpfer« zu sein, hätte ich schmarotzend, was die Macht herbeiführte, zum Besten gewandt.

»Den Namen seiner Tat?« Was der Philanthrop, der Zivilisationsliterat, Neu-Pathetiker und Politikus sich da geleistet hat, was er in seiner großen sittlichen Geborgenheit sich glaubte leisten zu dürfen, ist leichtfertigste, gewissenloseste, menschlich unverantwortlichste Verleumdung. Er behaupte immerhin die moralische Überlegenheit dieser Art von ›Innerer Politik‹ über den nach außen gerichteten Zorn patriotischer Heißsporne: schwereren Schiffbruch hat keines Mitlebenden Vernunft, Gerechtigkeit, Menschlichkeit gelitten im Sturme der Zeit, als die seine. –

In: Thomas Mann: *Betrachtungen eines Unpolitischen.* Nachwort von Hanno Helbling. Frankfurt am Main: S. Fischer 1983 (= Thomas Mann: *Gesammelte Werke in Einzelbänden.* Frankfurter Ausgabe. Hg. von Peter de Mendelssohn), S. 55 bis 59, 63f., 151–153, 157f., 160–162, 187–194, 203–205, 210–212, 212–214, 217–221.

Belege für die direkte Auseinandersetzung Thomas Manns mit dem Bruder sind auch noch im vorletzten Kapitel »Ästhetizistische Politik« zu finden, die hier nicht im einzelnen abgedruckt werden können. Wichtig dabei ist, daß Thomas Mann nicht allein nur auf den *Zola*-Essay zurückgreift, sondern insgesamt die frühe Essayistik Heinrich Manns mit Zitaten und in Anspielungen einbezieht. Direkte Entgegnungen auf einzelne Sätze des Bruders finden sich ebenfalls in Thomas Manns Notizbuch (Nr. 10), wie Hans Wysling im einzelnen nachgewiesen hat [vgl. *TM/HM*, S. IL–LI]. Auch in den großen Dialogen von Thomas Manns Roman *Der Zauberberg* (1924), an dem er seit September 1913 schrieb, sind oft Sätze oder Wendungen aus Heinrich Manns Essays – wörtlich oder paraphrasiert – den dort agierenden Antagonisten in den Mund gelegt. In der gekürzten Ausgabe der *Betrachtungen* von 1922 hat Thomas Mann – ähnlich wie der Bruder bei dem Neudruck des *Zola*-Essays (1931) – einige Passagen der heftigsten persönlichen Polemik gegenüber dem Bruder gestrichen.

Thomas Mann: *Weltfrieden?* (1917): 11

Weltfriede... Wir Menschen sollten uns nicht allzu viel Moral einbilden. Wenn wir zum Weltfrieden, zu einem Weltfrieden gelangen – auf dem Wege der Moral werden wir nicht zu ihm gelangt sein. Scheidemann sagte neulich, die Demokratie werde auf Grund der allgemeinen Erschöpfung reißende Fortschritte machen. Das ist nicht sehr ehrenvoll für die Demokratie – und für die Menschheit auch nicht. Denn die Moral aus Erschöpfung ist keine so recht moralische Moral.

Außerdem aber – ich weiß genau, was sich gehört, aber außerdem könnte bezweifelt werden, daß die Begriffsverbindung ›demokratischer Weltfriede‹ eine besonders unlösbare Verbindung sei. Daß Volksherrschaft Herrschaft der Vernunft oder gar des Geistes, daß sie sicheren Frieden bedeute, ist nicht erhärtet – so weit ich sehe, nicht. Die Völker wollen den Frieden, und zwar unbedingt, wenn der Krieg sehr lange gedauert hat und sehr schwer war. Bevor dies der Fall, steht es um ihre Tugend so-so. Die Rousseau-Lehre vom ›guten Volk‹, der revolutionäre Optimismus überhaupt, das heißt: der Glaube an die Politik, an den Ameisenbau, den Sozialismus und die république démocratique, sociale et universelle – ich weiß genau, was sich heute gehört, aber meiner Natur und Erziehung nach kann ich dieser Lehre nicht anhängen und diesen Glauben nicht teilen. Russischer und deutscher Geist, Dostojewski und Schiller stimmen darin überein, daß die Frage des Menschen überhaupt nicht politisch, sondern nur seelisch-moralisch zu lösen ist: durch Religion, durch die christliche Selbstvervollkommnung *des einzelnen* – so will es der eine; durch die Kunst, durch ›ästhetische Erziehung‹ und Befreiung *des einzelnen* – so will es der andere. In Richard Dehmels neuem merkwürdigen, dreistrophigen Drama sagt jemand, der sich auf Gewissensangelegenheiten versteht: »Selbst das größte Gefühl wird klein, wenn es sich aufputzt mit großen Begriffen; ein bißchen Güte von Mensch zu Mensch ist besser als alle Liebe zur Menschheit.« So ist es, glaube das nur! Die rhetorisch-politische Menschheitsliebe ist eine recht periphere Art der Liebe und pflegt am schmelzendsten verlautbart zu werden, wo es im Zentrum hapert. Werde besser du selbst, weniger hart, weniger rechthaberisch-dünkelhaft, weniger angreiferisch-selbstgerecht, bevor du den Philanthropen spielst... Es mag einer großen Sukzeß haben, der sehr schön zu sagen versteht: »Ich liebe Gott!« Wenn er aber unterdessen »seinen Bruder hasset«, dann ist, nach dem Johannes-Evangelium, seine Gottesliebe nichts als schöne Literatur und ein Opferrauch, welcher nicht steigt.

Weltfriede... Keinen Tag, auch in tiefster nationaler Erbitterung nicht, bin ich des Gedankens unfähig gewesen, daß der Haß und die Feindschaft unter den Völkern Europas zuletzt eine Täuschung, ein Irrtum ist – daß die einander zerfleischenden Parteien im Grunde gar keine Parteien sind, sondern gemeinsam, nach Gottes Willen, in brüderlicher Qual an der Erneuerung der Welt und der Seele arbeiten. Ja, es ist erlaubt, von einem begütigten und versöhnten Europa zu träumen – wenn Güte und höhere Eintracht auch nur der Erschöpfung werden zu danken sein und jener Sensitivität und Verfeinerung, die durch großes Leiden erzeugt wird. Denn die Verfeinerung durch

Leiden ist höher und menschlicher, als die durch Glück und Wohlleben; ich glaube daran, und auch an jenes zukünftige Europa glaube ich in guten Stunden, welches, einer religiösen Menschlichkeit und duldsamen Geistigkeit zugetan, seines heutigen verbissenen Weltanschauungszankes sich nur mit Scham und Spott wird erinnern können. Undoktrinär, unrechthaberisch und ohne Glauben an Worte und Antithesen, frei, heiter und sanft möge es sein, dieses Europa, und für ›Aristokratie‹ oder ›Demokratie‹ nur noch ein Achselzucken haben. Es war ein dramatisches Tagesprodukt, über das Goethe bemerkte, die Idee des Ganzen drehe sich nur um Aristokratie und Demokratie, und dieses habe kein allgemein menschliches Interesse... So sprach ein antipolitischer Künstler; und wird es nicht antipolitisch und künstlerisch sein, das nachkriegerische Europa? Wird es nicht, denen zum Trotz, die nach Alleinherrschaft der Politik, nach ›politischer Atmosphäre‹ schreien, Menschlichkeit und Bildung zu Leitsternen nehmen?

Einem Aristokratismus freilich möge es huldigen: seinem eigenen. Es möge *auf sich halten* lernen in Dingen der Kultur und des Geschmacks, wie es das vordem nicht verstand, möge dem geilen Ästhetizismus und Exotismus, dem selbstverräterischen Hang für Barbarei entsagen, dem es zügellos frönte, Verrücktheiten in seiner Kleidermode, närrische Infantilismen in seiner Kunst verpönen und gegen Anthropophagenplastik und südamerikanische Hafenkneipentänze eine Gebärde vornehmer Ablehnung sich zu eigen machen. Dergleichen tut nicht gut. Solange Europa auf diese Weise zum Unfug neigt, so lange wird es immer auch wieder in Krieg fallen können, das ist sicher. Wird es nicht vorderhand übrigens *arm* sein, unser Europa, werden die Entbehrungen, die es sich bereitete, es nicht gelehrt haben, das Simple und Natürliche köstlich zu finden und eine Mahlzeit aus Eiern, Schinken und

Milch dankbarer zu genießen als irgendwelche Vomitoriumsvöllerei von ehedem? Ja, denken wir uns von Widerwillen erfüllt gegen seine negerhafte Genußsucht und zivilisierte Knallprotzerei von früher, denken wir es uns einfach und anmutig von Sitten und einer Kunst hingegeben, die reiner Ausdruck seines Zustandes wäre: zart, schmucklos, gütig, geistig, von höchster humaner Noblesse, formvoll, maßvoll und kraftvoll durch Intensität ihrer Menschlichkeit...

Ich fürchte, der ›europäische Intellektuelle‹ wird mir das Recht bestreiten auf solche Träume. Es ist wahr, ich fand mich nationaler, als ich gewußt hatte, daß ich sei; aber ein Nationalist, ein ›Heimatskünstler‹ war ich ja niemals. Ich fand es unmöglich, mich den Krieg ›nichts angehen‹ zu lassen, – etwa, weil Krieg nichts mit Kultur zu tun habe, was eine sehr gewagte Behauptung ist. Erschüttert, aufgewühlt, gellend herausgefordert, warf ich mich in den Tumult und verteidigte disputierend das Meine. Aber wohler, Gott weiß es, wird mir sein, wenn meine Seele wieder, von Politik gereinigt, Leben und Menschlichkeit wird anschauen dürfen, besser als jetzt wird mein Wesen sich bewähren können, wenn die Völker hinter gefriedeten Grenzen in Würden und Ehren beieinander wohnen und ihre feinsten Güter tauschen: der schöne Engländer, der polierte Franzose, der menschliche Russe und der wissende Deutsche.

In: ›Berliner Tageblatt‹. Jg. 46, Nr. 659 vom 27. Dezember 1917, Morgen-Ausgabe, 2. Beiblatt.

Dieser Artikel entstand auf eine Umfrage des ›Berliner Tageblattes‹ über »Das künftige Europa. Möglichkeiten eines Weltfriedens«, auf die Heinrich Mann mit seinem Beitrag *Leben, nicht Zerstörung* (›Berliner Tageblatt‹. Jg. 46, Nr. 657 vom 25. Dezember 1917, Morgen-Ausgabe, 2. Beiblatt) geantwortet hatte.

Heinrich Mann an Thomas Mann, 12
30. Dezember 1917:

Versuch einer Versöhnung

Lieber Tommy,
Dein Artikel im B[erliner] T[ageblatt] wurde in meiner Gegenwart verlesen. Ich weiss nicht, ob es den andern Hörern auffiel, mir selbst schien es, als sei er in einzelnen Abschnitten an mich gerichtet, fast wie ein Brief. Daher glaube ich Dir antworten zu müssen, wenn auch ohne den Umweg über die Presse und nur zu dem einen Zweck, um Dir zu sagen, wie unberechtigt der Vorwurf des Bruderhasses ist. – In meinen öffentlichen Kundgebungen kommt kein »Ich« vor, u. daher auch kein Bruder. Sie sind in das Weite gerichtet, sehen ab – wenigstens will ich es so – von mir, meinem Bürgerlichen, meinem Vortheil oder Nachtheil u. gelten allein einer Idee. Liebe zur Menschheit (politisch gesprochen: europäische Demokratie) ist allerdings die Liebe einer Idee; wer aber sein Herz so sehr in die Weite hat erheben können, wird es des öftern auch im Engen erwiesen haben. »Güte von Mensch zu Mensch« verlangt das Stück, für das ich dem Verfasser Dehmel sogleich nach dem Anhören der Generalprobe meine wärmste Sympathie dargeboten habe. Ich weiss, dass ich im Lauf des Lebens von dieser Güte einiges gewonnen [?] habe, und kenne Fälle, in denen ich sie öfter gewährte als empfing. Dein ganzes Werk ist von mir begleitet worden mit dem besten Willen, es zu verstehen u. mitzufühlen. Die Gegnerschaft Deines Geistes kannte ich von jeher, u. wenn Deine extreme Stellungnahme im Krieg Dich selbst verwundert hat, für mich war sie vorauszusehen. Dieses Wissen hat mich nicht gehindert, Dein Werk oftmals zu lieben, noch öfter in es einzudringen, wiederholt es öffentlich zu rühmen oder zu vertheidigen, u. Dich, wenn

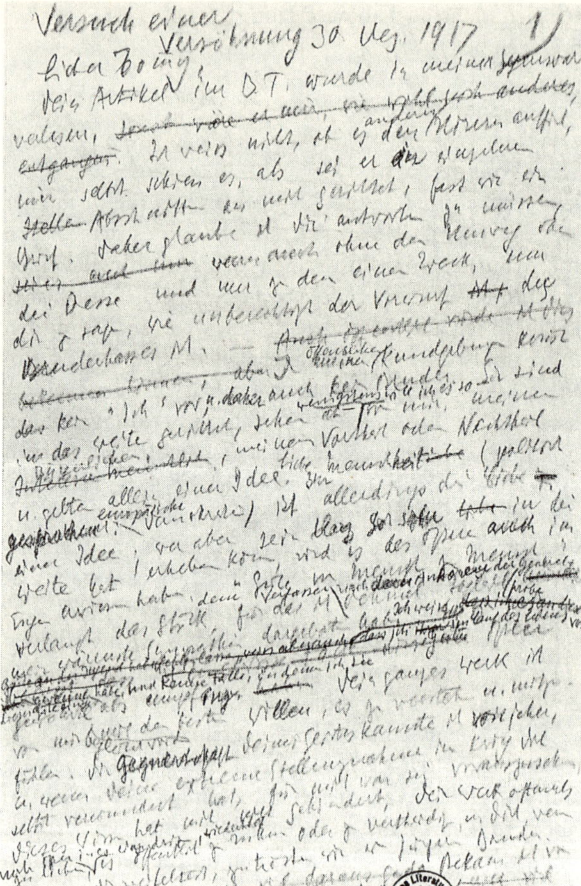
Versuch einer Versöhnung 30. Dez. 1917 1)

Heinrich Mann an Thomas Mann vom
30. Dezember 1917
– »Versuch einer Versöhnung« – Entwurf
[vgl. Materialien, Nr. 12]

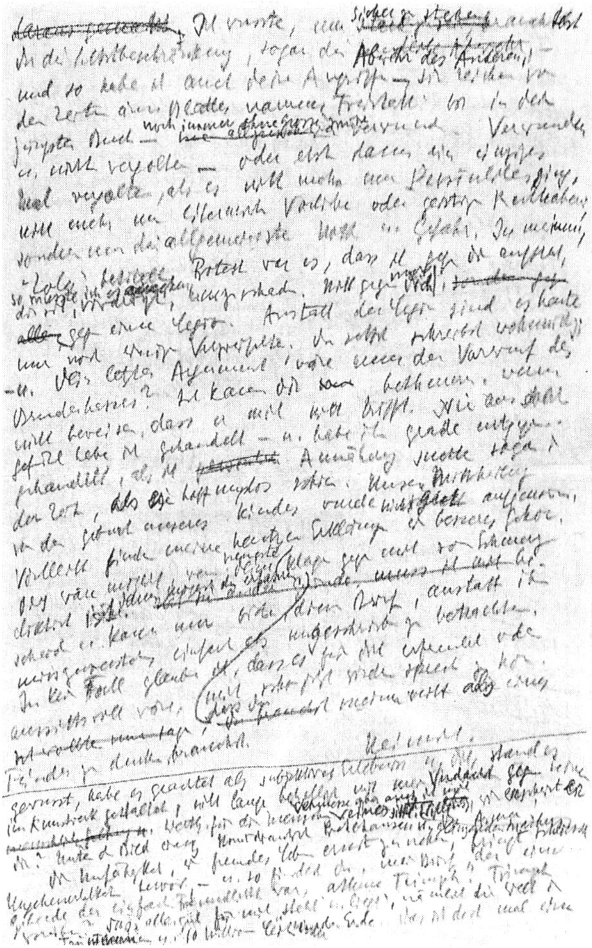

Du an Dir zweifeltest, zu trösten wie einen jüngeren Bruder. Bekam ich von dem allen fast nichts zurück, ich habe es mich nicht verdriessen lassen. Ich wusste, um sicher zu stehen, brauchtest Du die Selbstbeschränkung, sogar die Abwehr des Anderen, – und so habe ich auch Deine Angriffe – sie reichen von den Zeiten eines Blattes namens ›Freistatt‹ bis in Dein jüngstes Buch – noch immer ohne grosse Mühe verwunden. Verwunden u. nicht vergolten – oder erst dann ein einziges Mal vergolten, als es nicht mehr um Persönliches ging, nicht mehr um literarische Vorliebe oder geistige Rechthaberei, sondern um die allgemeinste Noth u. Gefahr. In meinem, »Zola« betitelten Protest war es, dass ich gegen die auftrat, die sich, so musste ich es ansehen, vordrängten, um zu schaden. Nicht gegen Dich nur, gegen eine Legion. Anstatt der Legion sind es heute nur noch einige Verzweifelte; Du selbst schreibst wehmüthig; – u. Dein letztes Argument wäre nur der Vorwurf des Bruderhasses? Ich kann Dir betheuern, wenn nicht beweisen, dass er mich nicht trifft. Nie aus solchem Gefühl habe ich gehandelt – u. habe ihm grade entgegengehandelt, als ich Annäherung suchte sogar in der Zeit, als es hoffnungslos schien. Unsere Mittheilung von der Geburt unseres Kindes wurde nicht gut aufgenommen. Vielleicht finden meine heutigen Erklärungen ein besseres Gehör. Das wäre möglich, wenn Deine neueste Klage gegen mich von Schmerz diktirt ist. Dann mögest Du erfahren, dass Du meiner nicht als eines Feindes zu denken brauchst.

Heinrich.

Original (handschriftlicher Entwurf): Deutsches Literaturarchiv / Schiller-Nationalmuseum, Marbach am Neckar (A: Heinrich Mann; 68.78). – Druck: *TM/HM*, S. 134–136.

»Dein Artikel« siehe Materialien, Nr. 11. – Das Zitat »Güte von Mensch zu Mensch« stammt aus Richard Dehmels *Die Menschenfreunde* (Berlin 1917); dort hat sich Thomas Mann in seiner Ausgabe den Satz auf S. 77 unterstrichen: »Selbst das größte Gefühl wird klein, wenn es sich aufputzt mit großen

Begriffen; ein bißchen Güte von Mensch zu Mensch ist besser als alle Liebe zur Menschheit.« Vgl. auch Thomas Manns Brief vom 3. Januar 1918 [= Materialien, Nr. 13]. – Mit »eines Blattes namens ›Freistaat‹« ist eine Rezension von Thomas Mann gemeint, in der er gegen Heinrich Manns *Göttinnen* polemisiert hatte [vgl. dazu Heinrich Mann: *Die Göttinnen* (Fischer Taschenbuch, Nr. 5925/5926/5927 – Materialien, Nr. 26 und 27)]; in seinem Brief vom 5. Dezember 1903 (*TM/HM*, S. 32) hatte Thomas Mann die gleichen Vorwürfe mit den gleichen Ausdrücken, die in der Rezension auf die *Göttinnen* gemünzt waren, auch gegenüber Heinrich Manns Roman *Die Jagd nach Liebe* erhoben [vgl. Heinrich Mann: *Die Jagd nach Liebe* (Fischer Taschenbuch, Nr. 5923 – Materialien, Nr. 4–8)]. – Mit »Dein jüngstes Buch« sind sicherlich die *Betrachtungen eines Unpolitischen* gemeint, aus denen zu diesem Zeitpunkt Vorabdrucke folgender Abschnitte bereits erschienen waren: »Der Taugenichts«. In: ›Die Neue Rundschau‹. Berlin, Jg. 27, Heft 11, November 1916, S. 1478–1490; »Kunst und Politik«. In: ›Münchner Neueste Nachrichten‹. Jg. 70, Nr. 84 vom 16. Februar 1917; »Einkehr«. In: ›Die Neue Rundschau‹. Berlin. Jg. 28, Heft 3, März 1917, S. 341–354; »Palestrina«. In: ›Die Neue Rundschau‹. Berlin. Jg. 28, Heft 10, Oktober 1917, S. 1388–1402. – »Geburt unseres Kindes«: Am 10. September 1916 war Heinrich und Mimi Manns Tochter, Carla Maria Henriette Leonie, geboren worden. – Mit »Deine neueste Klage« ist sicherlich Thomas Manns Artikel *Weltfrieden?* gemeint [siehe Materialien, Nr. 11]. – Der letzte Satz dieses Briefentwurfes lautet ursprünglich: »Hat sie andere Gründe, muß ich mich bescheiden und kann nur bitten, diesen Brief, statt ihn mißzuverstehen, einfach als ungeschrieben zu betrachten. In meinem Fall glaube ich, daß es für Dich erfreulich oder aussichtsvoll wäre, mich schon jetzt wieder sprechen zu hören. Ich wollte nur sagen, Du brauchst meiner nicht als eines Feindes zu denken.«

13 Thomas Mann an Heinrich Mann,
München, 3. Januar 1918:

Lieber Heinrich:
Dein Brief trifft mich in einem Augenblick, wo es mir physisch unmöglich ist, ihn im eigentlichen Sinn zu beantworten. Ich muß eine vierzehntägige Reise antreten, die ich verwünsche und deren Charakter meiner Stimmung wenig angemessen ist, die ich aber nun einmal auf mich genommen habe. Ich frage mich aber auch, ob es einen Sinn hätte, die Gedankenqual zweier Jahre noch einmal in einen Brief zu pressen, der notwendig viel länger ausfallen müßte, als der Deine. Ich glaube Dir aufs Wort, daß Du keinen Haß gegen mich empfindest. Nach dem erlösenden Ausbruch des *Zola*-Aufsatzes und wie sonst Alles für Dich steht und liegt, zur Zeit, hast Du gar keinen Grund dazu. Das Wort vom Bruderhaß war auch mehr ein Symbol für allgemeinere Diskrepanzen in der Psychologie des Rousseauiten.

Hattest Du es schwer mit mir, so hatte ich es natürlich noch viel schwerer mit Dir, das lag in der Natur der Dinge; und auch ich habe redlich das Meine gethan. Wenigstens zwei Deiner Bücher preise ich bis zum heutigen Tage gegen jedermann als Meisterwerke. Wie oft Du, mit dem »Recht der Leidenschaft«, erbarmungslos meine einfachsten und stärksten Empfindungen mißhandelt hattest, bevor ich mit einem Satz dagegen reagierte, vergißest Du oder verschweigst Du. Natürlich war dieser Satz so wenig *ganz* persönlich gezielt, wie irgend einer von Dir. Das brüderliche Welterlebnis färbt Alles persönlich. Aber Dinge, wie Du sie in Deinem Zola-Essay Deinen Nerven gestattet und den meinen zugemutet hast, – nein, dergleichen habe ich mir niemals gestattet und nie einer Seele zugemutet. Daß Du nach den wahrhaft französischen Bösartigkeiten, Verleumdungen, Ehrabschneidereien dieses glanzvollen Machwerks, dessen zweiter Satz bereits ein unmenschlicher Exzeß war, glaubtest, »Annäherung suchen« zu können, obgleich es »hoffnungslos schien«, beweist die ganze Leichtlebigkeit Eines, der »sein Herz ins Weite erhob«. Übrigens hat damals meine Frau der Deinen zart, menschlich, ausführlich geschrieben und bekam Frechheiten zur Antwort.

Daß mein Verhalten im Kriege »extrem« gewesen sei, ist eine Unwahrheit. Das Deine war es und zwar bis zur vollständigen Abscheulichkeit. Ich habe aber nicht zwei Jahre lang gelitten und gerungen, meine liebsten Pläne vernachlässigt, mich zum künstlerischen Verstummen verurteilt, mich erforscht, mich verglichen und behauptet, um auf einen Brief hin, der – begreiflicher Weise – Triumph atmet, mich nach letzten Argumenten suchend an der Spitze »einiger Verzweifelter« sieht und schließlich findet, ich brauchte Deiner nicht als eines Feindes zu gedenken, – um Dir auf diesen in keiner Zeile von etwas anderem als sittlicher Geborgenheit und Selbstgerechtigkeit diktierten Brief hin schluchzend an die Brust zu sinken. Was hinter mir liegt, war eine Galeeren-Arbeit; immerhin danke ich ihr das Bewußtsein, daß ich Deiner zelotischen Suade heute weniger hülflos gegenüber stünde, als zu der Zeit, da Du mich bis aufs Blut damit peinigen konntest.

Mögest Du und mögen die Deinen mich einen Schmarotzer nennen. Die Wahrheit, *meine* Wahrheit ist, daß ich keiner bin. Ein großer bürgerlicher Künstler, Adalbert Stifter, sagte in einem Brief: »Meine Bücher sind nicht Dichtungen allein, sondern als sittliche Offenbarungen, als mit strengem Ernste bewahrte menschliche Würde haben sie einen Wert, der länger bleiben wird, als der poetische.« Ich habe ein Recht, ihm das nachzusprechen, und Tausende, denen ich leben half – auch ohne, eine Hand auf dem Herzen und die andere in der Luft, den contrat social zu rezitieren – *sehen* es, dieses Recht.

Du nicht. Du kannst das Recht und das Ethos meines Lebens nicht sehen, denn Du bist mein Bruder. Warum brauchte niemand, weder Hauptmann, noch Dehmel, der sogar die deutschen Pferde besang, noch der präventivkriegerische Harden (dem Du jetzt Huldigungsvisiten machst) die Invektiven des Zola-Artikels auf sich zu beziehen? Warum war er in seiner ganzen reißenden Polemik auf mich eingestellt? Das brüderliche Welterlebnis zwang Dich dazu. Demselben Dehmel, der mir für meinen ersten Kriegsartikel in der Neuen Rundschau aus dem Schützengraben Dank und Glückwunsch sandte, kannst Du als Generalproben-Intimer wärmste Sympathie darbieten, und er kann sie annehmen; denn ihr seid zwar sehr verschiedene Geister, aber ihr seid nicht brüderliche Geister, und darum könnt ihr beide leben. – Laß die Tragödie unserer Brüderlichkeit sich vollenden.

Schmerz? Es geht. Man wird hart und stumpf. Seit Carla sich tötete und Du fürs Leben mit Lula brachst, ist Trennung für alle Zeitlichkeit ja nichts Neues mehr in unserer Gemeinschaft. Ich habe dies Leben nicht gemacht. Ich verabscheue es. Man muß zu Ende leben so gut es geht.

Lebe wohl. T.

In: *TM/HM*, S. 136–138.

»Mich verglichen« dürfte eine Anspielung Thomas Manns auf das zweite Motto der *Betrachtungen eines Unpolitischen* sein: »Vergleiche dich! Erkenne, was du bist! (Goethe, *Tasso*)«, während mit »Galeeren-Arbeit« das erste Motto der *Betrachtungen* aufgenommen ist: »Que diable allait-il faire dans cette galère? (Molière, *Les Fourberies de Scapin*)«. – Zu dem Ausdruck »Schmarotzer« vgl. S. 298–300 und Materialien, Nr. 10, S. 296. – Zu dem Stifter-Zitat vgl. Materialien, Nr. 10, S. 299. – Mit »meinem ersten Kriegsartikel« sind Thomas Manns *Gedanken im Kriege* gemeint, die im November 1914 in der Zeitschrift ›Die Neue Rundschau‹ (Jg. 25, Heft 11) erschienen waren. – Die Schwester Carla hatte sich am 30. Juli 1910 in der Wohnung der Mutter in Polling das Leben genommen. Mit der Schwester Lula (Julia Löhr-Mann) hatte sich Heinrich Mann überworfen, da besonders Lula seine damalige Verlobte Ines Schmied nicht akzeptierte; die Zwistigkeiten mit den Löhrs hatten schon mit dem Erscheinen *Der Jagd nach Liebe* begonnen, in der sie einige ihrer Bekannten karikiert fanden.

Heinrich Mann an Thomas Mann, 14
Handschriftliche Notizen und Entwurf einer Antwort,
München, 5. Januar 1918:

Psych. d. Rousseauiten.
»Meisterwerke«
»Empfindungen misshandelt«
Brüderl. Welterlebniss.
Glanzvolles Machwerk. Gleichfalls.
Ethos – 10 Mill. Leichen,
Hand, Herz, Luft
Dein Brief mehr Pathos als Ethos
Bösart. Verleumdungen Ehrabschneidereien
Der 2. Satz
leichtlebiger Zelot
Zart, menschlich – Frechheiten
Extrem – abscheuliches Verhalten
Gelitten u. gerungen, sich erforscht, verglichen, *behauptet*,
(Wozu die Umstände?)
Sittliche Geborgenheit u Selbstgerechtigkeit *triumph atmen*
Trauriges Geschick, 2 Jahre an den Folgen eines Meinungsaustausches zu laboriren.
Schmarotzer?
Tausende, denen ich leben half. Eitle u. feige
Jünglinge

Nicht abgeschickt

Lieber Tommy,
vor solcher Verbitterung müsste ich verstummen und die »Trennung für alle Zeitlichkeit« so hinnehmen wie sie geboten wird. Aber ich will nichts versäumen. Ich will Dir nach Kräften helfen, die Dinge später, wenn alles vorbei ist, gerechter zu sehen. Auf einen Brief, der nicht Zartsinn oder ähnliches, sondern allein Überhebung verrieth, musste ich meiner Frau die entsprechende Antwort diktiren. Aber ich trenne mich niemals vorsätzlich u. für immer. Ich lasse es darauf ankommen, ob auch der andere Theil einst das Seine thut, dass man sich wiederfindet. So ist die Art meiner zelotischen Leichtlebigkeit.

Nicht Auseinandersetzungen wollte ich, nicht einmal auf 4 Briefseiten, – u. mit tiefem Bedauern erfahre ich, dass eine einzige, von mir gehörte Meinungsäusserung Dich genöthigt hat, 2 Jahre lang Deine Antwort auszuarbeiten. Ich denke Dein Buch, sollte nicht die Rücksicht auf meinen Ruf mich anders bestimmen, ungelesen zu lassen – nicht aus Missachtung, sondern weil ich eine polemische Verbindung mit Dir weniger wünsche als die andere, natürliche. Du hast, nach allem was ich sehe, Deine Bedeutung in meinem Leben unterschätzt, was das natürliche Gefühl betrifft, und überschätzt hinsichtlich der geistigen Beeinflussung. Die letztere, negativ von Gestalt, ist einseitig von Dir erlitten worden, Du musst diese Wahrheit schon hinnehmen, es ist keine blosse Schmähung, wie alle die mehr pathetischen als ethischen Wendungen Deines Briefes. Was mich betrifft, ich empfinde mich als durchaus selbständige Erscheinung, u. mein Welterlebnis ist kein brüderliches, sondern eben das meine. Du störst mich nicht. Beispielsweise wäre ich, schriebest Du über französische Thaten u. Eigenschaften einmal etwas anderes als Ungereimtheiten, aufrichtig erfreut. Du aber – wenn es mir einfiele, mich zum alten Preussen zu bekennen, weisst Du, was Du thätest? Die Notizen zu Deinem *Friedrich* würfest Du ins Feuer.

»In inimicos« sagtest Du, 22jährig am Klavier sitzend in via Argentina trenta quattro, nach rückwärts gewandt gegen mich. So ist es geblieben für Dich; aber Du bist noch jung, ich darf Dir noch abrathen, bevor es zu spät wird, denn es war nicht gut so für Dich, u. wird immer weniger gut. Bezieh nicht länger mein Leben u. Handeln auf Dich, es gilt nicht Dir, u. wäre ohne Dich wörtlich dasselbe. Der 2te Satz des *Zola* hat nichts mit Dir zu thun, u. die wenigen Seiten weiterhin, die auch Dich angehen, ständen so oder ähnlich noch da, wenn es nur die Anderen gäbe. Von diesen anderen haben manche seither sich eines Besseren besonnen, u. ich bin wieder ihr Freund. Ich trenne mich niemals vorsätzlich u. für immer.

Selbstgerechtigkeit? O nein – sondern weit eher das Gemeinschaftsgefühl mit denen, die auch, gleich mir, es wissen, wie viel wir alle, die Kunst und Geistesart unserer Generation, es verschuldet haben, dass die Katastrophe kommen konnte. Selbstprüfung, Kampf erleben noch einige neben Dir, wenn schon bescheidener; aber dann auch Reue u. neue Thatkraft: nicht nur eine »Behauptung«, die so grosse Umstände nicht verlohnt, nicht nur das »Leiden« um seiner selbst willen, diese wüthende Leidenschaft für das eigene Ich. Dieser Leidenschaft verdankst Du einige enge, aber geschlossene Hervorbringungen. Du verdankst ihr zudem die völlige Respektlosigkeit vor allem Dir nicht Angemessenen, eine »Verachtung«, die locker sitzt wie bei keinem, kurz, die Unfähigkeit, den wirklichen Ernst eines fremden Lebens je zu erfassen. Um dich her sind belanglose Statisten, die »Volk« vorstellen, wie in Deinem Hohenlied von der *K[öni]gl[ichen] Hoheit*. Statisten hätten Schicksal, gar Ethos? – Dein eigenes Ethos, wer sagt Dir, dass ich es verkannt hätte? Ich habe immer um es gewusst, habe es geachtet als subjektives Er-

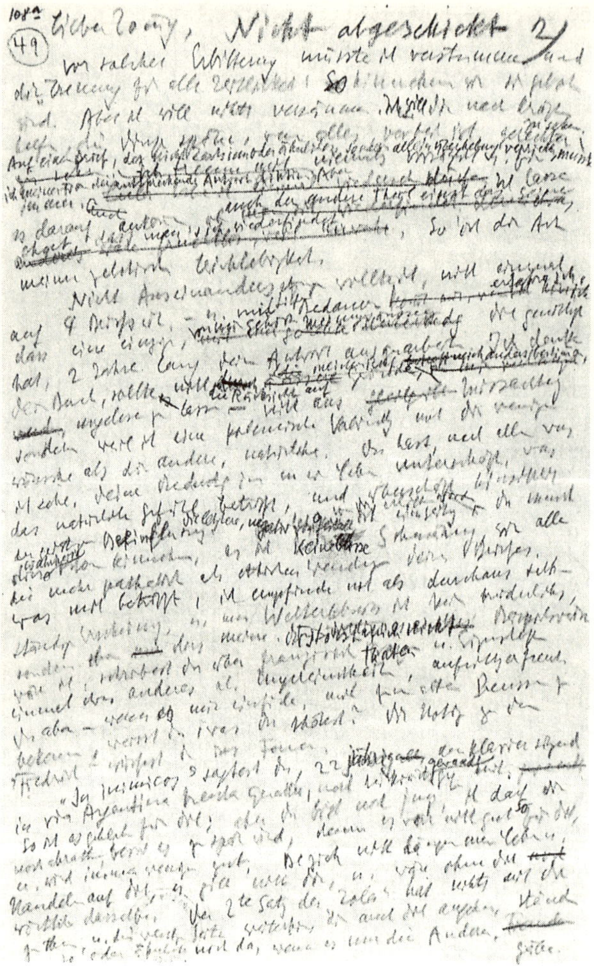

Heinrich Mann an Thomas Mann vom 5. Januar 1918
Notizen und Entwurf einer Antwort,
1. und 2. Seite
[vgl. Materialien, Nr. 14]

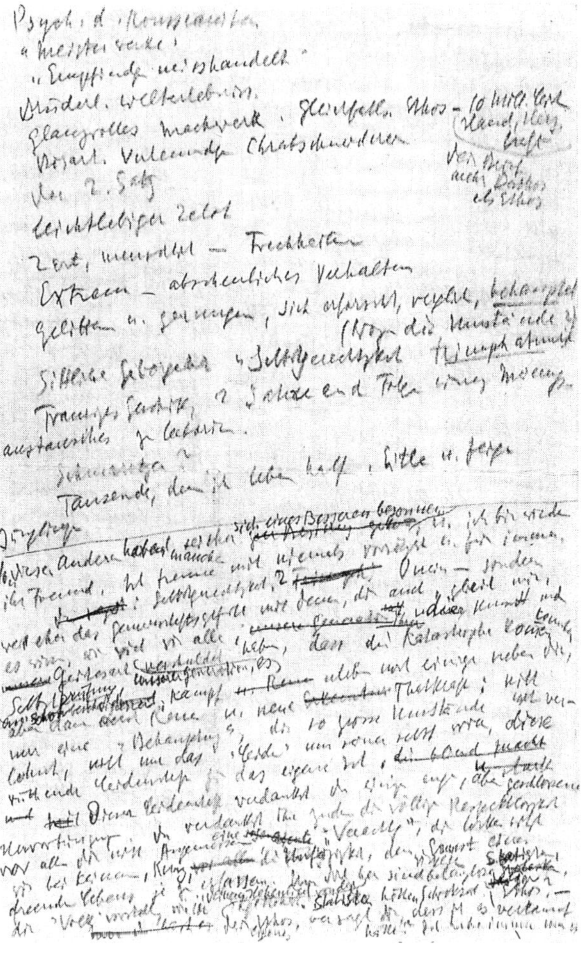
„Meisterwerke"
„Empfindungen mißhandelt"
glanzvolles Machwerk. [illegible]
leichtlebiger Zelot
Extreme — abscheuliches Verhalten
gelitten u. gerungen, sich aufgerafft, [illegible] behauptet
Selbstgerechtigkeit [illegible]
Tausende, denen ich leben half. [illegible]

lebniss u. Dich, stand es im Kunstwerk gestaltet, nicht lange behelligt mit meinem Verdacht gegen seinen Werth für die Menschen. Vermesse aber auch ich mich eines sittl. Willens, wie erscheint er Dir? Unter dem Bild eines komödiantischen Prahlhansen u. glänzenden Machers. Du Armer!

Die Unfähigkeit, ein fremdes Leben ernst zu nehmen, bringt schliesslich Ungeheuerlichkeiten hervor, – u. so findest Du, mein Brief, der eine Geberde der einfachen Freundlichkeit war, athme Triumph! Triumph worüber? Dass alles gut für mich »steht u. liegt«, nämlich die Welt in Trümmern u. 10 Millionen Leichen unter der Erde. Das ist doch mal eine Rechtfertigung! Das verspricht doch Genugthuungen dem Ideologen! Aber ich bin nicht der Mann, Elend u. Tod der Völker auf die Liebhabereien meines Geistes zuzuschneiden, ich nicht. Ich glaube nicht, dass der Sieg irgend einer Sache noch der Rede werth ist, wo wir Menschen untergehen. Alles, was nach dem Letzten, Furchtbarsten, das noch bevorsteht, an besserer Menschlichkeit kann errungen werden, wird bitter u. traurig schmecken. Ich weiss nicht, ob irgend Jemand seinem Mitmenschen »leben helfen« kann; nur möge unsere Literatur ihm dann nie zum Sterben verhelfen!

Jetzt sterben sie weiter; – Du aber, der den Krieg gebilligt hat, ihn noch immer billigt und meine Haltung – ich liess ein Stück aufführen, das kein ohnmächtiger Reim auf die schlechte Gegenwart ward, und schenkte, als Erster von Allen, den Gequälten das Vertrauen in eine bessere Zukunft – Du aber, der dafür meine Haltung der vollständigen Abscheulichkeit zeiht, wirst, will Gott es, noch einmal 40 Jahre Zeit haben, Dich zu prüfen, wenn nicht zu »behaupten«. Die Stunde kommt, ich will es hoffen, in der Du Menschen erblickst, nicht Schatten, u. dann auch mich. H.

In: *TM/HM*, S. 139–142.

Mit »via Argentina trenta quattro« ist die Wohnung in der Via Torre Argentina 34 gemeint, in der beide Brüder während ihres Rom-Aufenthaltes 1897/98 gewohnt hatten. – Mit »ich liess ein Stück aufführen« ist Heinrich Manns *Madame Legros* gemeint, das im Februar 1917 gleichzeitig in den Münchner Kammerspielen und im Stadttheater Lübeck aufgeführt wurde.

Julia Mann an Heinrich Mann, München, 7. Januar 1918: 15

Lieber Heinrich!
Das hat mir eine traurige Enttäuschung bereitet! Dein Brief war mein letzter Hoffnungsanker.

Lasse nun auch bitte Mimi mich nicht mehr nach dem Befinden der Geschwister fragen, was gewöhnlich den Anlaß zu Erörterungen gab.

Nun glaube ich auch nicht mehr, daß *mein* Tod Euch alle wieder vereinigen wird, da es Carla's Tod nicht einmal vermochte; nun mußt Du, sowie ich, uns mit dem Gedanken abfinden, daß das, was nun noch von Deiner Seite geschah, das Letzte, deutlich *Gutes* wollende, war*. [* Aber es war *gut* daß Du es tatest!] Nun bitte ich Dich recht herzlich, alles, *auch in Schriften*, ruhen zu lassen, u. nicht *die Spur* einer Kritik den Augen Unberufener, die nur Sensation aus dem Zwist zweier großer Brüder machen, auszusetzen. Mit *Dir* sprach ich nun *zuletzt* über diese für mich so traurige Sache, mit T. *nicht* mehr, so lieb ich ihn habe. Ich hätte *doch* erwartet, daß er auf gegenseitige Verzeihung hin, Versöhnung willkommen heißen werde.** [** Ich hörte vor längerer Zeit, u. las ja auch selber einmal so etwas, was mich anstieß, daß Du Dich öffentlich sehr unangenehm über T. äußertest, – es geschah gar wohl in der ersten Aufregung nach einem Auftritt; – aber es scheint daß T. *dies* nicht überwinden kann, u. es nicht für möglich hält, wieder dau-

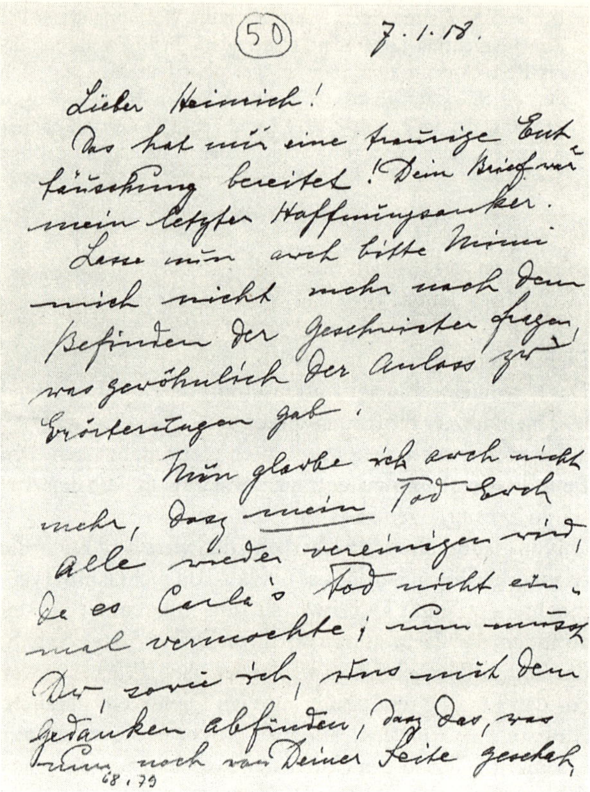
(50) 7. 1. 18.

Lieber Heinrich!
Das hat mir eine traurige Enttäuschung bereitet! Dein Brief war mein letzter Hoffnungsanker.
Lasse nun auch bitte Mimi mich nicht mehr nach dem Befinden der Geschwister fragen, was gewöhnlich der Anlass zu Erörterungen gab.
Nun glaube ich auch nicht mehr, daß mein Tod Euch Alle wieder vereinigen wird, da es Carla's Tod nicht einmal vermochte; nun muß Du, sowie ich, uns mit dem Gedanken abfinden, daß das, was nun noch von Deiner Seite geschah,

68, 79

Julia Mann an Heinrich Mann vom 7. Januar 1918,
1. Seite
[vgl. Materialien, Nr. 15]

ernd brüderlich neben- oder miteinander zu leben, obgleich *ich* es für möglich hielt, daß man beiderseits gemachte Fehler gutmachen könnte, wenn man wollte.

Ob die Gewürze aus Lübeck schon eintrafen? Ist kein ganzer Zimt mitgekommen, so kann ich damit aushelfen.]

Also, lieber guter Heinrich, ich bleibe Dir, was ich war, u. nie aufgehört habe zu sein u. hoffe, Dich bald wiederzusehen.

Mit herzlichen Grüßen! Deine Mama

Original: Deutsches Literaturarchiv / Schiller-Nationalmuseum, Marbach am Neckar (A: Heinrich Mann; 68.79).

Thomas Mann: 16
Tagebuch vom 1. Dezember 1918 [Auszug]:

In den ›Nachrichten‹ Heinrichs mutig im »Rat« gehaltene Ansprache. Frankreich und Wilson! Verherrlichung der Republikanertugend. »Das Kaiserreich«. »Wir Söhne der Niederlage«. »Die Republik«. »Die Gerechtigkeit«. Wann wird er es satt bekommen?

In: Thomas Mann: *Tagebücher 1918–1921*. Hg. von Peter de Mendelssohn. Frankfurt am Main: S. Fischer 1979, S. 99.
[Im folgenden zit.: *TM-Tagebücher 1918–1921*]
Zu Thomas Manns Sicht seines Bruders in den Tagebüchern dieser Zeit vgl. Peter-Paul Schneider: *»Es waren schwere Tage, die hinter uns liegen ...« – Zu Heinrich Manns politischer Rolle von November 1918–Mai 1919 im Tagebuch Thomas Manns.* In: ›Arbeitskreis Heinrich Mann. Mitteilungsblatt‹. Sonderheft: Siegfried Sudhof zu gedenken. Hg. von Peter-Paul Schneider. Lübeck 1981, S. 265–288.

17 Thomas Mann:
Tagebuch-Eintragung vom 4. Dezember 1918 [Auszug]:

Man sprach schließlich von Heinrichs »Rats«-Rede, seiner entsetzlichen und empörenden Zusammenhanglosigkeit mit aller deutschen Bildung. Klopstocks »Seid nicht allzu gerecht« sei sittlich der Anfang vom Ende gewesen. Es ist unleidlich. Die alberne Verhimmelung des Dreyfus-Skandals. Die stupide Gleichstellung des deutschen »Kaiserreichs« mit dem Cäsarismus des franz. empire. Frech, dumm, spielerisch und unleidlich. Aber das wird als »Symbol« und »führende Persönlichkeit« ausgerufen.

In: *TM-Tagebücher 1918–1921*, S. 101 f.
Mit der »›Rats‹-Rede« ist jeweils *Sinn und Idee der Revolution* gemeint.

18 Thomas Mann:
Tagebuch-Eintragung vom 8. Januar 1919 [Auszug]:

H.[einrich] erklärte vor dem Kriege tragisch, er habe »jetzt keinen Einfluß«. Hat er jetzt welchen? Daß es aber weitergehen wird, wie es gehen wird, das ist Deutschlands Schuld, das sich niederschreien ließ und nicht aufrecht blieb, zermürbt von dem »Einfluß«, den Geister wie H.[einrich] thatsächlich hatten.

In: *TM-Tagebücher 1918–1921*, S. 130.

19 Thomas Mann:
Tagebuch-Eintragung vom 20. Januar 1919 [Auszug]:

Prinz von Homburg und *Jungfrau von Orleans* werden verboten. Aber H.[einrich] erklärt, Geist und Kunst gingen nun endlich mit dem Staate Hand in Hand. Es bleibt kein anderes Wort mehr als: Dummkopf.

In: *TM-Tagebücher 1918–1921*, S. 137.

Thomas Mann: 20
Tagebuch-Eintragung vom 17. März 1919 [Auszug]:

Gestern war Eisner-Gedächtnisfeier [!] im Odeon, wobei H.[einrich] gesprochen. Eisner sei der erste geistige Mensch an der Spitze eines deutschen Staates gewesen, er habe in 100 Tagen mehr schöpferische Gedanken gehabt, als die anderen in 50 Jahren, er sei gefallen als Märtyrer der Wahrheit. Übelkeit. Die Hauptsache erfuhr ich erst von Bertram: E.[isner] habe den Ehrennamen eines Civilisationsliteraten verdient. *Nicht* übel...

In: *TM-Tagebücher 1918–1921*, S. 173.
Kurt Eisner, der im November 1918 die Bayerische Republik in München ausgerufen hatte, war am 21. Februar 1919, kurz vor seinem Rücktritt als bayerischer Ministerpräsident, von Graf Arco-Valley auf offener Straße in München erschossen worden. Heinrich Mann sollte bereits auf der Beerdigung Eisners sprechen, was aus Zeitmangel im Ablauf der Beerdigung aber unterblieben war. Am 16. März hielt er dann die Gedenkrede *Kurt Eisner* im Münchener ›Odeon‹.

Thomas Mann: 21
Tagebuch-Eintragung vom 22. März 1919 [Auszug]:

Hörte, daß eine Zeitung auf Heinrichs Pointe vom Civilisationsliteraten besonders aufmerksam gemacht habe.

In: *TM-Tagebücher 1918–1921*, S. 176.

Thomas Mann an Karl Strecker, 22
München, 18. April 1919 [Auszug]:

Sie werten ab zwischen meinem Bruder und mir, stellen den Einen über den Anderen. Das ist Ihr gutes Recht, das Recht des Kritikers. Aber der Wunsch und die Meinung des Buches ist dies nicht, und der Gegensatz selbst scheint mir zu wichtig und symbolisch, als daß mir die Stellung der Wert- und Rangfrage eigentlich willkommen sein könnte. Ich glaube, ehrlich gesprochen, nicht an meinen überlegenen Rang und Wert, ich glaube nur an Unterschiede des Temperaments, des Gemüts, der Moralität, des Welterlebnisses, die zu einer im Goethe'schen Sinne »bedeutenden« Feindschaft und repräsentativen Gegensätzlichkeit geführt haben – auf der Grundlage sehr stark empfundener Brüderlichkeit. Bei mir überwiegt das nordisch-protestantische Element, bei meinem Bruder das romanisch-katholische. Bei mir ist also mehr Gewissen, bei ihm mehr aktivistischer Wille. Ich bin ethischer Individualist, er Sozialist – und wie sich der Gegensatz weiter umschreiben und benennen ließe, der sich im Geistigen, Künstlerischen, Politischen, kurz in jeder Beziehung offenbart. Die Wert- und Rangfrage kann nur ganz subjektiv nach persönlicher Verwandtschaft und Sympathie beantwortet werden, ja am Ende suche ich noch gut weg zu kommen, wenn ich sie für objektiv unentscheidbar erkläre.

In: *TM-Briefe I*, S. 160.
Thomas Mann bedankt sich mit diesem Brief für eine Rezension der *Betrachtungen eines Unpolitischen* durch Karl Strekker in den ›Velhagen & Klasings Monatsheften‹ (Jg. 33, Heft 8, April 1919, S. 214–216).

23 Heinrich Mann an Maximilian Harden,
München, 14. August 1919 [Auszug]:

Verehrter, lieber Herr Harden,
darf ich Ihnen einen Abschnitt aus einem größeren Essai für die ›Zukunft‹ anbieten? Der Essai ist eine Darstellung des Weges, den wir und das Reich bis hierher gegangen

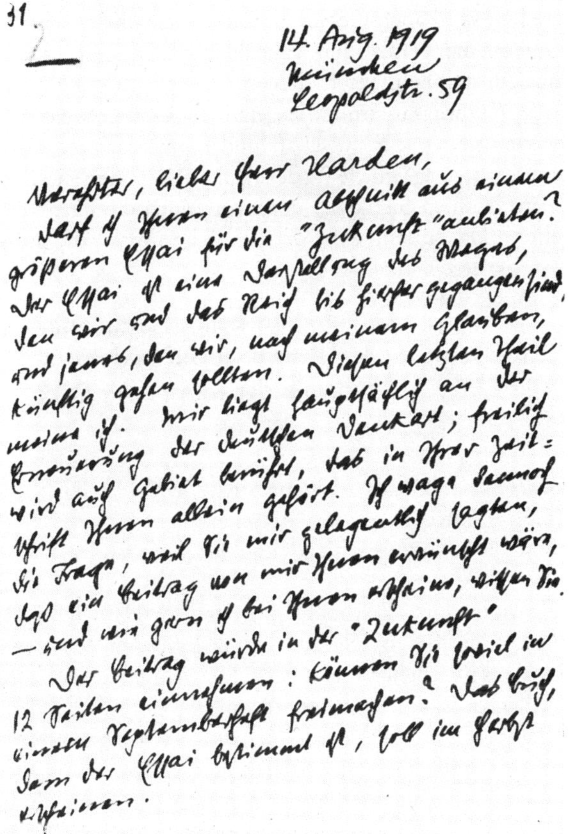
31 2

14. Aug. 1919
München
Leopoldstr. 59

Verehrter, lieber Herr Harden,
darf ich Ihnen einen Abschnitt aus einem größeren Essai für die "Zukunft" anbieten? Der Essai ist eine Darstellung des Weges, den wir und das Reich bis hierher gegangen sind, und jenes, den wir, nach meinem Glauben, künftig gehen sollten. Diesen letzten Theil meine ich. Mir liegt hauptsächlich an der Erneuerung der deutschen Denkart; freilich wird auf Gebiet berührt, das in Ihrer Zeitschrift Ihnen allein gehört. Ich wage dennoch die Frage, weil Sie mir gelegentlich sagten, daß ein Beitrag von mir Ihnen erwünscht wäre, — und wie gern ich bei Ihnen erscheine, wissen Sie.

Der Beitrag würde in der „Zukunft" 12 Seiten einnehmen: können Sie soviel in einem Septemberheft freimachen? Das Buch, dem der Essai bestimmt ist, soll im Herbst erscheinen.

Heinrich Mann an Maximilian Harden
vom 14. August 1919
[vgl. Materialien, Nr. 23]

sind, und jenes, den wir, nach meinem Glauben, künftig gehen sollten. Diesen letzten Theil meine ich. Mir liegt hauptsächlich an der Erneuerung der deutschen Denkart; freilich wird auch Gebiet berührt, das in Ihrer Zeitschrift Ihnen allein gehört. Ich wage dennoch die Frage, weil Sie mir gelegentlich sagten, daß ein Beitrag von mir Ihnen erwünscht wäre, – und wie gern ich bei Ihnen erscheine, wissen Sie.

Der Beitrag würde in der ›Zukunft‹ 12 Seiten einnehmen: können Sie soviel in einem Septemberheft freimachen? Das Buch, dem der Essai bestimmt ist, soll im Herbst erscheinen.

Original: HMA SB 110/13. – Druck: *Dok.*, S. 191 f.
Der von Heinrich Mann vorgeschlagene Vorabdruck eines Abschnittes aus dem Essay *Kaiserreich und Republik* kam nicht zustande.

24 *Macht und Mensch*. München: Kurt Wolff Verlag (Copyright 1919),
Text des Schutzumschlages und des Streifbandes:

Ein politisches Zeitbuch gibt uns hier Heinrich Mann. Aber nicht das Buch eines Umlerners oder Verstockten. Leidenschaftlicher Geist der Erneuerung, ein aufrechter Wille zur Erkenntnis und Tat spricht aus seinen Worten. Vielleicht noch nie so wie hier ist die vergangene Kaiserzeit bis in die Tiefe durchschaut und verworfen worden – außer vom Schicksal selbst. Noch nirgends aber auch ist so warm und hoffnungsvoll geworben worden für die Republik, die, mit allen ihren vorläufigen Unzulänglichkeiten, nun doch zum Inhalt die ganze innere und äußere Zukunft der Deutschen und viel Verantwortung auch für die Menschheit hat.

[Text des Streifbandes:] *Heinrich Mann für die deutsche*

Republik! Die politische Ergänzung zum Roman *Der Untertan*

In: *Dok.*, S. 190.

Thomas Mann: 25
Tagebuch-Eintragung vom 12. Januar 1920 [Auszug]:

In den [Münchner] Neuesten [Nachrichten] ein Feuilleton des untergeordneten Martens über H.[einrich]s Essay-Band, worin H.[einrich] als »allerdings mehr strenger als liebevoller Patriot« gefeiert wird, ohne daß der Artikel über die glatte Tugendhaftigtkeit der H.[einrich]schen Philosophie täuschen könnte. Feindlich berührt.

In: *TM-Tagebücher 1918–1921*, S. 365.
Zu der Rezension von Kurt Martens zu *Macht und Mensch* vgl. Zeitgenössische Rezensionen, S. 335.

Thomas Mann: 26
Tagebuch-Eintragung vom 3. April 1920 [Auszug]:

Brief über die *Betrachtungen* mit Mitteilung einer abfälligen Kritik von H.[einrich]s *Macht und Mensch*. Citate daraus: entsetzlich, niederschlagend und Haß erregend!

In: *TM-Tagebücher 1918–1921*, S. 412 f.

Thomas Mann: 27
Tagebuch-Eintragung vom 8. August 1920 [Auszug]:

In der Rundschau Panegyrikus Döblins auf H.[einrich]s *Macht und Mensch*, der mich vorübergehend enervierte.

In: *TM-Tagebücher 1918–1921*, S. 458.
Zu der Rezension von Alfred Döblin zu *Macht und Mensch* vgl. Zeitgenössische Rezensionen, S. 335.

28 Thomas Mann an Ludwig Ewers, München, 6. April 1921:

Lieber Ludwig Ewers:
Dein schöner Artikel zu Heinrichs 50. Geburtstag hat mich sehr gerührt und gefreut, und gewiß ist bei dem Gefeierten das Gleiche der Fall gewesen. Heinrich wird jetzt durch ungemessene Ehrungen für alles entschädigt, was er in jungen Jahren bitterer, als ich mir früher träumen ließ, entbehrt hat. Der innere Entstehungsherd des Giftes, das sein Dichtertum zu zersetzen drohte, war sicher hier. War er durch Vernachlässigung so bestimmbar, so wird er es durch die Huldigungen von heute nicht weniger sein. Ich halte ihn für einen gesättigten, mit der Welt und sogar mit dem Vaterlande versöhnten Menschen, der Deine Freundschaft heute im Grunde seiner Seele derjenigen seiner jüdisch-radikalen Galoppins und Verkünder vielleicht wieder vorzieht. Wie es zwischen uns Brüdern steht, wirst Du wissen. Der Krieg mußte die Gegensätze zwischen uns akut machen. Was mich betrifft, so kennst Du meine Natur gut genug, um zu glauben, daß ich das Verhältnis um Lebens und Sterbens willen gern gefristet hätte. Aber Heinrich hat sich damals, auf hochliterarische Weise, in seinem *Zola*-Essay, dessen Lektüre mich für Wochen krank machte, feierlich und ausdrucksvoll von mir getrennt und hätte mich kaum sehr achten können, wenn ich auf einen überlegenen Wiederannäherungsversuch, den er vor einiger Zeit, als eben mit Deutschland seine kühnsten Wünsche sich erfüllten, unternahm, gutmütig-leichtsinnig eingegangen wäre. Zuletzt, man soll einen Zwist wie den unseren in Ehren halten, ihm den toternsten Akzent nicht nehmen wollen. Vielleicht sind wir, getrennt, *mehr* einer des anderen Bruder, als wir es an gemeinsamer Festtafel wären.

Dein Thomas Mann

Zit. nach: *TM/HM*, S. 394f.

Thomas Mann an Heinrich Mann, 29
München, 31. Januar 1922:

Lieber Heinrich,
nimm mit diesen Blumen meine herzlichen Grüße und Wünsche, – ich durfte sie Dir nicht früher senden.

Es waren schwere Tage, die hinter uns liegen, aber nun sind wir über den Berg und werden besser gehen, – zusammen, wenn Dir's ums Herz ist, wie mir. T.

In: *TM/HM*, S. 142

Thomas Mann an Ernst Bertram, 30
München, 2. Februar 1922 [Auszug]:

Mein Bruder (ich habe im höheren Sinne ja nur einen; der andere ist ein guter Bursch, mit dem keine Feindschaft möglich wäre) erkrankte vor einigen Tagen schwer: Grippe, Blinddarm- und Bauchfellentzündung, Operation bei Bronchial-Katarrh, der Lungen-Komplikation befürchten ließ. Auch vom Herzen her drohten Gefahren, und drei, vier Tage lang war die Lage sehr ernst. Sie können sich denken, was da alles aufgeregt wurde. Meine Frau besuchte die seine. Man meldete ihm meine Teilnahme, meine täglichen Erkundigungen und berichtete mir von der Freude, die er darüber gezeigt habe. Diese Freude soll auf ihren Gipfel gekommen sein, als ich ihm, sobald dergleichen nicht mehr schaden konnte, einen Blumengruß und einige Zeilen sandte: Es seien schwere Tage gewesen, aber nun seien wir über den Berg und würden besser gehen, – zusammen, wenn es ihm ums Herz sei, wie mir. Er ließ mir Dank sagen und wir wollten uns nun – Meinungen hin und her – »nie wieder verlieren«.

Freudig bewegt, ja abenteuerlich erschüttert, wie ich bin, mache ich mir doch keine Illusionen über die Zartheit und Schwierigkeit des neu belebten Verhältnisses. Ein modus vivendi menschlich-anständiger Art wird alles sein, worauf es hinauslaufen kann. Eigentliche Freundschaft ist kaum denkbar. Die Denkmale unseres Zwistes bestehen fort, – übrigens versichert man mir, daß er die »Betrachtungen« niemals gelesen hat. Das ist gut – und auch wieder nicht; denn von dem, was ich durchgemacht, weiß er also nichts. Das Herz will sich mir umkehren, wenn ich höre, daß er nach dem Lesen einiger Sätze im »Berl[iner] Tageblatt«, in denen ich von Solchen sprach, die Gottesliebe verkünden und ihren Bruder hassen, sich hingesetzt und geweint habe. Aber mir ließ der Jahre lange Kampf um *Gut und Blut*, den ich bei physischer Unterernährung zu führen hatte, zu Thränen keine Zeit. Davon, und wie die Zeit mich zum Manne schmiedete, wie ich dabei wuchs und auch anderen zum Helfer und Führer wurde, – von alldem weiß er nichts. Vielleicht wird ers irgendwie fühlen, wenn wir wieder zusammen kommen. Noch darf er niemanden sehen.

Er soll weicher, gütiger geworden sein in diesen Jahren. Unmöglich, daß seine Anschauungen nicht irgendwelche Korrektur erlitten haben. Vielleicht kann von einer gewissen Entwicklung zu einander hin doch die Rede sein: Mir ist so zu Mute, wenn ich mich erinnere, daß der mich zur Zeit eigentlich beherrschende Gedanke der einer neuen, persönlichen Erfüllung des Humanitätsgedankens ist, – im Gegensatz allerdings zur humanitären Welt Rousseau's.

In: *TM-Briefe I*, S. 197f.
Mit den »Sätze[n] im ›Berl[iner] Tageblatt‹« ist Thomas Manns Artikel *Weltfrieden?* gemeint, der Heinrich zu seinem »Versuch einer Versöhnung« veranlaßt hatte [siehe Materialien, Nr. 9 und 10].

Heinrich Mann an Félix Bertaux, 31
München, 10. Oktober 1922:

Sehr geehrter Herr,
um sogleich Ihre Fragen zu beantworten: der *Untertan* hat 100000 Auflage, wovon ca 80000 verkauft sind, der größte Theil in den ersten Wochen nach Erscheinen, Dezember 1918.
Macht und Mensch hat 10000 Auflage, verkauft waren 5000 in Luxusausgabe schon bei Erscheinen, Dezember 1919; von den 5000 der gewöhnlichen Ausgabe liegen wohl noch 2000 da und gehen nur langsam weg. Ich habe nicht den Eindruck, daß man diese beiden Kritiken der Zeit immer ganz freiwillig und aus innerem Bedürfnis gelesen hat. Man las sie vielfach nur, weil die gegebenen Thatsachen sie aufdrängten. Es war eine Forderung der Stunde, sie zu lesen; Aber man war froh, als die Stunde vorbei war, und kehrte gern zu Büchern anderer Richtungen zurück.

Dies heißt nicht, daß ich meine Zeitkritik für unwirksam halte. Auch der Widerspruch, den sie erregt hat, wirkt fort; und wenn ich der nationalistischen Jugend verhaßt bin, zieht die republikanische Jugend mich gern zu ihren Kundgebungen heran. Die republikanische Jugend fängt erst jetzt an, geschlossen hervorzutreten und sich für oder gegen einen Schriftsteller zu erklären. Ich habe Grund zu hoffen, daß grade die unter meinen Büchern, die in diesen letzten Jahren der Gegenrevolution die unbeliebtesten waren und mir geschadet haben, allmählich den tieferen Einfluß erlangen werden, den sie zur Zeit ihres ersten Erfolges noch nicht haben konnten. Damals war es ein Erfolg durch Überraschung, er traf rathlose und des Urtheils unfähige Leser. Das fernere Erleben des Landes wird hoffentlich ein Geschlecht heranbilden, das hinter den Ideen von *Macht und Mensch* nicht mehr wesentlich zurückbleibt.

Vorläufig kann man den Leuten nicht mit einer verwirklichten – auch wirthschaftlich verwirklichten – Demokratie kommen. Man reicht grade an sie heran, wenn man sie für eine nur politische, wenn auch hoch-kapitalistische Republik zu gewinnen versucht. Dies überlasse ich Anderen, sehe aber ein, daß es nothwendig ist. Schon 1919, als die radikalen Sozialisten voll überschwänglicher Hoffnungen waren, hielt ich ihnen entgegen, daß die Geschichte keine Sprünge macht. Wir müssen, so gut wie Andere es müssen, die Epoche der rein kapitalistischen Demokratie überstehen. Hoffentlich dauert sie bei uns weniger lange; die Maßlosigkeit des heutigen Kapitalismus scheint dies zu versprechen. Aber vorläufig schläft die Sozialisirung der Bergwerke in den Sätzen der Weimarer Verfassung, und Herr Stinnes schließt Staatsverträge. Mit diesen Thatsachen haben wir uns abzufinden, und auch meine gegenwärtige Stellung wird durch sie bestimmt.

Was den *Untertan* betrifft, sprechen Sie selbst meinen besten Trost aus. Es ist nie verloren, wenn man des états d'esprit analysirt hat, die un fait historique sind. Auch le Rouge et le Noir war bei seinem Zeitalter nicht beliebt, aber es hat das wahre Bild jenes Zeitalters, oder doch sein glaubwürdigstes Bild, nun schon 100 Jahre lang aufbewahrt. Bis jetzt werden die meisten Leser des *Untertan* wohl einfach gesagt haben: dies alles beweist nichts, denn damals ging es uns gut, und jetzt geht es uns schlecht. – Gegen die Logik des Bedürfnisses ist nichts auszurichten.

Seien Sie vielmals und herzlich bedankt für Alles, was sie thun werden, damit Ihre Leser und Landsleute mich kennen lernen. Es ehrt mich überaus, wenn Sie glauben, daß dadurch auch mein Land von einer günstigen Seite bekannt wird. Ich würde mit Freuden nicht nur die von mir handelnden, sondern auch Ihre anderen Aufsätze über

Deutschland lesen. Wollen Sie mir die Grande Revue schicken? Ich gebe sie Ihnen zurück, sobald Sie es wünschen. Wir sehen hier nur noch selten eine Ihrer Zeitschriften.

Lassen Sie sich, bitte, vom Rhein-Verlag (Editions du Rhin, Bâle – Paris) *Sujet!* geben, das Buch ist jetzt erschienen oder wenigstens fertig hergestellt. Derselbe Verlag denkt daran, auch meinen Aufsatz über Zola zu bringen, aber nicht den ganzen Band. Wenn ein Pariser Verlag das ganze *Macht u. Mensch* bringen wollte, wäre es mir lieber. – Ich arbeite an dem Roman, der auf den *Untertan* und *Die Armen* folgt und die Politik und die Geistesart der wilhelminischen Ära in ihren höchsten Vertretern, vom Anfang bis ans Ende – behandelt. Ich hoffe, daß mein Gesichts- und Gedankenkreis sich darin erweitert zeigen wird; aber es wäre kühn von mir, es zu behaupten.

In der Hoffnung, bald wieder von Ihnen zu hören, begrüße ich Sie in aufrichtiger Hochachtung.

Heinrich Mann

Original: Privatbesitz; Fotokopie: HMA SB 24/2. – Druck: *Dok.*, S. 192–194.
Heinrich Mann stand seit 1922 mit dem französischen Germanisten Félix Bertaux in brieflichem Kontakt, der sich unter anderem auch als Kritiker bemühte, das Werk Heinrich Manns in Frankreich bekannt zu machen. Heinrich Mann arbeitete zu dieser Zeit am Abschluß der Kaiserreich-Trilogie, dem Roman *Der Kopf*.

Heinrich Mann: *Ein Zeitalter wird besichtigt* (1944) 32
[Auszüge]:

Meine Artikel, jeder ein Ausbruch des gequälten Gewissens, sind zahlreich. Sie begannen schon 1910, als das Kaiserreich in voller Macht und Blüte stand.

[...]

Für meinen besonderen Teil erinnere ich mich erstens, wie schwer mir einige, im Grunde bescheidene Essays wurden, und dann, wie unbescheiden sie wirkten. Nie vorher hatte ich so langsam geschrieben, unter beständigem Kampf um das Wort. Wer immer gestaltet und nie im eigenen Namen redet, hätte bei jedem ersten Versuch gestockt, gleichviel welcher Gegenstand. Dieser war der verantwortungsvollste. Es ging um Leben und Tod. Wenn sonst nichts, verriet mir der Widerstand der Sprache, daß ich mich an einem Schicksal maß, und natürlich vergebens.

In: Heinrich Mann: *Ein Zeitalter wird besichtigt.* Erinnerungen. Frankfurt am Main: Fischer Taschenbuch Verlag 1988 (= Fischer Taschenbuch Nr. 5929), S. 207 und 259.

Zeitgenössische Rezensionen
(Auswahlbibliographie)

Martens, Kurt: Heinrich Mann als Essayist.
In: ›Münchner Neueste Nachrichten‹. Jg. 73, Nr. 13 vom 12. Januar 1920, ›Literarische Rundschau‹.

Elster, Hanns Martin: Heinrich Manns politisches Bekenntnis.
In: ›Das Neue Buch. Eine Zeitschrift für Bücherfreunde‹. Berlin. Jg. 2, Heft 2, Februar 1920, S. 1 f.

Hatvani, Paul [d. i. Hirsch, Paul]: Macht und Mensch.
In: ›Die Freie Zeitung. Unabhängiges Organ für Demokratische Politik‹. Bern. Jg. 4., Nr. 23 vom 20. März 1920, S. 89 f.

Knupfer, Eugen: Mann, Heinrich, Macht und Mensch.
In: ›Literarischer Handweiser‹. Freiburg i. Br. Jg. 56, Nr. 3, März 1920, Sp. 118 f.

Richter, Werner: Der politische Dichter. (Zu Heinrich Manns *Macht und Mensch*.)
In: ›Berliner Börsen Courier‹. Jg. 52, Nr. 189 vom 23. April 1920, Morgen-Ausgabe, 1. Beilage [= S. 5].
dass. [Auszug] in: ›Das literarische Echo. Halbmonatsschrift für Literaturfreunde‹. Berlin. Jg. 22, Heft 17 vom 1. Juni 1920, ›Zum Schaffen der Lebenden‹, Sp. 1057 f.

Friedenthal, Joachim: Heinrich Mann: Macht und Mensch.
In: ›Vorwärts. Berliner Volksblatt. Zentralorgan der sozialdemokratischen Partei Deutschlands‹. Berlin. Jg. 37, Nr. 270 vom 28. Mai 1920, Abend-Ausgabe, S. 2.

dass. [gekürzt] in: ›Prager Tageblatt‹. Jg. 45, Nr. 180 vom 1. August 1920, Unterhaltungs-Beilage, S. 2.
Schulz, Franz: Gustav Noske–Heinrich Mann.
In: ›Das Forum‹. Potsdam–Berlin. Jg. 4, 2. Bd., Heft 8, Mai 1920, S. 621–623. [Zu *Macht und Mensch*.]
Wrobel, Ignaz [d. i. Tucholsky, Kurt]: Macht und Mensch.
In: ›Die Weltbühne‹. Berlin. Jg. 16, Nr. 25 vom 17. Juni 1920, S. 721–724.
Linke Poot [d. i. Döblin, Alfred]: Zwischen Helm und Zylinder.
In: ›Die Neue Rundschau‹. Berlin. Jg. 31 (der ›Freien Bühne‹), Bd. 2, Heft 8, August 1920, S. 985–993; zu *Macht und Mensch*, S. 991–993.
Kolb, Annette: Tagore und Mann.
In: ›Das Tagebuch‹. Berlin. Jg. 1, Heft 46 vom 27. November 1920, S. 1495 f.
Boek, Friedrich: Heinrich Manns politisches Glaubensbekenntnis.
In: ›Preußische Jahrbücher‹. Berlin. Bd. 182, Heft 2, November 1920, S. 251–256.
Lindemann, Paul Ernst: Heinrich Mann, Macht und Mensch.
In: ›Das neue Deutschland‹. Stuttgart – Gotha. Jg. 10, Heft 19/20, Juli 1922, S. 304 f.

Weiterführende Literatur
(Auswahlbibliographie)

Anz, Thomas und Michael Stark (Hg.): Expressionismus. Manifeste und Dokumente zur deutschen Literatur 1910–1920, Stuttgart 1982.

Bering, Dietz: Die Intellektuellen. Geschichte eines Schimpfwortes, Stuttgart 1978.

Berle, Waltraud: Heinrich Mann und die Weimarer Republik. Zur Entwicklung eines politischen Schriftstellers in Deutschland, Bonn 1983.

Eisner, Kurt: Die halbe Macht den Räten. Ausgewählte Aufsätze und Reden, eingel. und hg. von Renate und Gerhard Schmolze, Köln 1979.

Emrich, Elke: Macht und Geist im Werk Heinrich Manns. Eine Überwindung Nietzsches aus dem Geist Voltaires, Berlin und New York 1981.

Haupt, Jürgen: Zur Wirkungsgeschichte des Zivilisationsliteraten. Heinrich Mann und der Expressionismus, in: Neue Deutsche Literatur 1977, H. 4, S. 675–697.

–: Heinrich Mann, Stuttgart 1980.

Kaes, Anton (Hg.): Weimarer Republik. Manifeste und Dokumente zur deutschen Literatur 1918–1933, Stuttgart 1983.

Müller, Harro: Heinrich Manns Konzeption des Art Social, in: Vermittler. Deutsch-französisches Jahrbuch 1, hg. von J. Sieß, Frankfurt a. M. 1981, S. 21–39.

Rohner, Ludwig: Der deutsche Essay. Materialien zur Geschichte und Ästhetik einer literarischen Gattung, Neuwied und Berlin 1966.

Stark, Michael: Für und wider den Expressionismus. Die Entstehung der Intellektuellendebatte in der deutschen Literaturgeschichte, Stuttgart 1982.

–: »... es spricht sich herum; und man war nicht unnütz«. Öffentlichkeitsanspruch und Wirkungsskepsis bei Heinrich Mann, in: Heinrich Mann. Sein Werk in der Weimarer Republik. Zweites Internationales Symposion Lübeck 1981, hg. H. Koopmann und P.-P. Schneider, Frankfurt a. M. 1983, S. 129–154.

Thalheimer, Siegfried (Hg.): Die Affaire Dreyfus, München 1963.

Werner, Renate: Skeptizismus, Ästhetizismus, Aktivismus. Der frühe Heinrich Mann, Düsseldorf 1972.

– (Hg.): Heinrich Mann: »Eine Freundschaft. Gustave Flaubert und George Sand«. Text, Materialien, Kommentar, München und Wien 1976.

– (Hg.): Heinrich Mann. Texte zu seiner Wirkungsgeschichte in Deutschland, Tübingen 1977.

Zeittafel

1870/1871	Deutsch-Französischer Krieg. Gründung des Deutschen Reiches unter preußischer Vorherrschaft (18.1.1871). Bismarck Reichskanzler
1871	Luiz Heinrich Mann am 27. März als erster Sohn des Senators Thomas Johann Heinrich Mann und seiner Ehefrau Julia, geb. da Silva-Bruhns, in Lübeck geboren
1875	Geburt des Bruders Thomas
1877	Wahl des Vaters zum Senator von Lübeck
1878–1890	Sozialistengesetz
1884	Reise nach St. Petersburg
Seit 1885	Erste erzählerische, seit 1887 erste poetische Versuche
1889	Abgang vom Gymnasium aus Unterprima. Buchhandlungslehrling in Dresden
1890	Entlassung Bismarcks. Heinrich Manns erste Veröffentlichung einer Erzählung in der ›Lübecker Zeitung‹
1891–1892	Volontär im S. Fischer Verlag, Berlin. Studien an der Friedrich-Wilhelms-Universität
1891	Tod des Vaters (geb. 1840). Liquidierung der Firma Johann Siegmund Mann. Erste Rezensionen in ›Die Gesellschaft‹
1892	Sanatoriumsaufenthalt nach Lungenblutung in Berlin; danach Kuraufenthalte in Wiesbaden, im Schwarzwald und in Lausanne. Rezensionen in ›Die Gegenwart‹

1893	Übersiedlung der Familie nach München Reisen nach Paris, Italien
1894	*In einer Familie*, Roman
1895–1896	Herausgeber der Monatsschrift ›Das Zwanzigste Jahrhundert. Blätter für deutsche Art und Wohlfahrt‹
1895–1898	Aufenthalt in Rom und Palestrina, teilweise zusammen mit dem Bruder Thomas *Im Schlaraffenland* begonnen Erste Notizen zu den *Göttinnen*
1897	*Das Wunderbare und andere Novellen*
1898	*Ein Verbrechen und andere Geschichten*
1899–1914	Ohne festen Wohnsitz. Aufenthalte in München, Berlin, meistens in Italien, oft in Riva am Gardasee im Sanatorium von Dr. von Hartungen
1900	*Im Schlaraffenland. Ein Roman unter feinen Leuten*
1903	*Die Göttinnen oder Die drei Romane der Herzogin von Assy* *Die Jagd nach Liebe*, Roman
1905	*Flöten und Dolche*, Novellen *Professor Unrat oder Das Ende eines Tyrannen*, Roman *Eine Freundschaft: Gustave Flaubert und George Sand*, Essay Übersetzung von Choderlos de Laclos' *Gefährliche Freundschaften* Bekanntschaft mit Inés (Nena) Schmied
1906	Erste Notizen zum *Untertan* Drei Novellenbände: *Schauspielerin, Stürmische Morgen, Mnais und Ginevra*
1907	*Zwischen den Rassen*, Roman
1908	*Gretchen*, Novelle aus dem Stoffkreis des *Untertans*. *Die Bösen*, Novellen

1909 *Die kleine Stadt*, Roman

1910–1913 Jährliche Uraufführungen der Schauspiele Heinrich Manns in Berlin

1910 *Französischer Geist* (später *Voltaire – Goethe*); *Geist und Tat*, kulturpolitische Essays
Das Herz, Novellen
Freitod der Schwester Carla (geb. 1881)
Variété, Einakter

1911 *Die Rückkehr vom Hades*, Novellen
Schauspielerin, Drama

1912 Bekanntschaft mit der Prager Schauspielerin Maria (Mimi) Kanová während der Proben zu *Die große Liebe* im Deutschen Theater, Berlin
Beginn der Niederschrift von *Der Untertan*

1913 *Madame Legros*, Drama

1914 *Der Untertan* als Fortsetzungsroman in ›Zeit im Bild‹
13. August: Abbruch des Vorabdrucks nach Beginn des Ersten Weltkrieges. Weiterer Abdruck der russischen Übersetzung bis Oktober in Petersburg (›Sowremennij Mir‹)
12. August: Heirat mit Maria (Mimi) Kanová. Wohnsitz in München

1915 Russische Buchausgabe des *Untertan*
Konflikt mit dem Bruder. Abbruch der Beziehungen nach dem Erscheinen von Thomas Manns *Gedanken im Kriege*
Zola, Essay; in ›Die Weißen Blätter‹, hg. von René Schickele

1916 *Der Untertan*, Privatdruck in etwas mehr als 10 Exemplaren
Geburt der Tochter Henriette Maria Leonie

1917 *Die Armen*, Roman
Brabach, Drama
Madame Legros an den Münchener Kammerspielen und am Lessing-Theater in Berlin uraufgeführt
Grabrede auf Frank Wedekind
Versuch einer Versöhnung mit Thomas Mann

1918 Ende des Ersten Weltkrieges. Abdankung Wilhelm II. Novemberrevolution in Deutschland
Mitarbeit Heinrich Manns im ›Politischen Rat geistiger Arbeiter‹ in München
Der Untertan, Roman
Beginn der Arbeit am Roman *Der Kopf*

1919 Ermordung Karl Liebknechts und Rosa Luxemburgs. Friedrich Ebert Reichspräsident. Beginn der Weimarer Republik (Weimarer Reichsverfassung)
Macht und Mensch, Essays (Gewidmet *Der deutschen Republik*)
Gedenkrede für Kurt Eisner, den ermordeten Ministerpräsidenten der bayerischen Räterepublik

1920 *Der Weg zur Macht* im Residenz-Theater München uraufgeführt. In den folgenden Jahren wachsende publizistische Tätigkeit
Die Ehrgeizige, Novelle

1921 *Die Tote und andere Novellen*

1922 Aussöhnung mit Thomas Mann
Bekanntschaft mit dem französischen Germanisten Félix Bertaux
Rapallo-Vertrag zwischen Deutschland und der UdSSR

1923 Ruhrbesetzung, Generalstreik. Putschver-

1923 such der Nationalsozialisten in München. Hitler in Festungshaft. Inflation und erster Nachkriegsbesuch Heinrich Manns in Frankreich (Teilnahme an den Entretiens de Pontigny)

Rede bei der Verfassungsfeier in der Staatsoper Dresden

11. März: Tod der Mutter Julia (geb. 1851). *Diktatur der Vernunft*, Reden und Aufsätze

1924 Reise in die Tschechoslowakei, Begegnung mit Thomas G. Masaryk auf Schloß Lana bei Prag

Abrechnungen, Novellen

Der Jüngling, Novellen

Das gastliche Haus, Komödie

1925–1932 *Gesammelte Werke in 13 Bänden* im Paul Zsolnay Verlag, Wien

1925 Zweite Frankreichreise nach dem Krieg, erste Impulse für den *Henri Quatre* in den Pyrenäen und in Pau

Der Kopf, Roman

Kobes, Novelle

Tod Friedrich Eberts. Hindenburg zum Reichspräsidenten gewählt.

Zusammenfassung der Romane *Der Untertan, Die Armen, Der Kopf* zur *Kaiserreich-Trilogie*, der *Romane der deutschen Gesellschaft im Zeitalter Wilhelms II.*

1926 Wahl zum Mitglied der Preußischen Akademie der Künste zu Berlin, Sektion Dichtkunst am 27. Oktober

Liliane und Paul, Novelle

1927 Verstärktes Wirken für eine Verständigung zwischen Deutschland und Frankreich.

1927 Rede im Trocadéro, Paris, zum 125. Geburtstag von Victor Hugo

Begegnungen Gustav Stresemanns mit Aristide Briand

Freitod der Schwester Julia (geb. 1877)

Mutter Marie, Roman

1928 Trennung von Maria Mann, Übersiedlung nach Berlin

Vorsitzender des Volksverbandes für Filmkunst

Eugénie oder Die Bürgerzeit, Roman

1929 Bekanntschaft mit Nelly Kröger, seiner späteren zweiten Frau

Sie sind jung, Novellen

Sieben Jahre. Chronik der Gedanken und Vorgänge (1921–1928), Essays

Weltwirtschaftskrise

1930 Scheidung von Maria Mann

›Der blaue Engel‹, Verfilmung des Romans *Professor Unrat*

Die große Sache, Roman

1931 Wahl zum Präsidenten der Sektion Dichtkunst bei der Preußischen Akademie der Künste. Feier in Berlin zu Heinrich Manns 60. Geburtstag mit Reden von Gottfried Benn, Lion Feuchtwanger, Adolf Grimme, Max Liebermann und Thomas Mann. Teilnahme an einem internationalen Schriftstellerkongreß in Paris. Gespräch mit Aristide Briand. Rede im Admiralspalast zur deutsch-französischen Verständigung

Geist und Tat. Franzosen 1780–1930, Essays

1932 Wiederwahl Hindenburgs zum Reichspräsidenten

1932	*Ein ernstes Leben*, Roman
	Das öffentliche Leben, Essays
	Das Bekenntnis zum Übernationalen, Essay
	Beginn der Arbeit am *Henri Quatre*
1932/1933	Unterzeichnung von Aufrufen zur Aktionseinheit von KPD und SPD gegen die Nationalsozialisten, gemeinsam mit Käthe Kollwitz und Albert Einstein
1933	30. Januar: Hitler Reichskanzler
	15. Februar: Ausschluß mit Käthe Kollwitz aus der Akademie der Künste
	21. Februar: Flucht nach Frankreich über Frankfurt am Main, Kehl am Rhein und Straßburg
	25. August: Aberkennung der deutschen Staatsbürgerschaft
	Der Haß. Deutsche Zeitgeschichte, Essays
1933–1940	Wohnsitz in Sanary-sur-Mer, dann in Nizza. Reisen nach Prag, Genf und Zürich. Politische Artikel in der ›Dépêche de Toulouse‹
	Vorsitzender des Vorbereitenden Ausschusses der deutschen Volksfront, Ehrenpräsident des SDS. Antifaschistische Flug- und Tarnschriften
1934	10. Mai: Heinrich Mann Präsident der Deutschen Freiheitsbibliothek
	Der Sinn dieser Emigration, Essays
1935	Juni: Rede auf dem Internationalen Schriftstellerkongreß zur Verteidigung der Kultur in Paris
	Die Jugend des Königs Henri Quatre, Roman
1936	Heinrich Mann wird tschechoslowakischer Staatsbürger

1936	Beginn des spanischen Bürgerkriegs *Es kommt der Tag. Deutsches Lesebuch*, Essays
1937	10./11. April: Volksfrontkonferenz in Paris, Eröffnungsansprache Heinrich Manns
1938	Münchner Abkommen *Die Vollendung des Königs Henri Quatre*, Roman
1939	*Mut*, Essays; *Nietzsche* (Kommentar zu einer Auswahl) 9. September: Heirat mit Nelly (Emmy) Kröger in Nizza Hitler-Stalin-Pakt. Ausbruch des Zweiten Weltkriegs Verschleppung Maria Manns ins KZ Theresienstadt
1940	Kapitulation Frankreichs vor den Hitlertruppen Flucht über Spanien und Portugal in die USA. Aufenthalte in New York, Princeton, Hollywood, Wohnsitz in Los Angeles und Santa Monica bis zum Tod
1941	Beginn der Arbeit am Roman *Empfang bei der Welt*
1943	Ehrenpräsident des Lateinamerikanischen Komitees der Freien Deutschen *Lidice*, Roman
1944	17. Dezember: Freitod Nelly Manns (geb. 1898)
1945	Bedingungslose Kapitulation Deutschlands *Ein Zeitalter wird besichtigt*, Autobiographie Klaus Mann bringt die gesundheitlich schwergeschädigte Maria Mann aus dem KZ Theresienstadt nach Prag zurück

1947	Ehrendoktor der Humboldt-Universität Berlin Tod Maria Manns in Prag (geb. 1886)
1949	Nationalpreis I. Klasse für Kunst und Literatur der DDR Tod des Bruders Viktor (geb. 1890) *Der Atem*, Roman
1950	Berufung Heinrich Manns zum ersten Präsidenten der neugegründeten Akademie der Künste zu Berlin / DDR. Vorbereitung zur Rückkehr mit dem polnischen Dampfer ›Batory‹. 12. März: Tod Heinrich Manns in Santa Monica bei Los Angeles
1951	DEFA-Verfilmung von *Der Untertan*
1955	Thomas Mann stirbt am 12. August
1956	*Empfang bei der Welt*, Roman
1958 / 1960	*Die traurige Geschichte von Friedrich dem Großen*, szenisches Romanfragment
1961	Überführung der Urne Heinrich Manns von Kalifornien nach Prag. 25. März: Überführung der Urne nach Berlin und Beisetzung auf dem Dorotheenstädtischen Friedhof in Anwesenheit von Leonie Mann

Herausgeber und Verlag danken dem Heinrich-Mann-Archiv der Akademie der Künste der DDR, Berlin, und dem Deutschen Literaturarchiv, Marbach am Neckar, für vielfältig gewährte Unterstützung durch Auskünfte und Bereitstellung von Abbildungsvorlagen; dem Aufbau-Verlag, Berlin und Weimar, und dem Claassen Verlag, Düsseldorf, für die gegebenen Abdruckgenehmigungen.

Heinrich Mann

Das Kind

Geschichten aus der Familie

Band 13641

»Das Kind – Geschichten aus der Familie« sammelt literarische und briefliche Zeugnisse, in denen Heinrich Manns Sicht auf die Familie deutlich wird. Wie sah er das Verhältnis zu seiner Mutter Julia, wie die Beziehung zu den Geschwistern Thomas, Julia, Carla und Viktor Mann? Wie dachte er über die Familie seines Bruders? Welche Äußerungen gibt es zu Maria Mann, der Tochter Leonie und seiner zweiten Frau Nelly Kröger?

Fischer Taschenbuch Verlag

fi 13641 / 1

Katia Mann

Meine ungeschriebenen Memoiren

Herausgegeben von
Elisabeth Plessen und Michael Mann

Band 14673

Diese Frau hat ohne Zweifel mehr erlebt als die meisten ihrer Zeitgenossen. 1973 feierte sie ihren 90. Geburtstag, keineswegs verstrickt in Erinnerungen, sondern präsent, dem Tag zugewandt. Fast jedes Mitglied der Familie Mann hat geschrieben oder schreibt. Sie weigert sich, es zu tun. Deshalb hat sie ihre Memoiren, die hier vorgelegt werden, nicht selbst geschrieben; sie hat sie erzählt, den Fragen Elisabeth Plessens und ihres Sohnes Michael antwortend; erzählt freilich in einem Ton, der unverkennbar und unverwechselbar ist.

»... das schönste, spontanste, unwiderstehlichste
und fesselndste Mann-Buch.«
Joachim Kaiser, Süddeutsche Zeitung

Fischer Taschenbuch Verlag

fi 14673 / 1

Thomas Mann
Ausgaben mit historischen Umschlägen und Illustrationen

Buddenbrooks
Verfall einer Familie
Roman
759 Seiten. Gebunden
Einband mit dem geprägten
Motiv der ersten einbändigen
Ausgabe von 1903
Einbandentwurf von
Wilhelm Schulz

Der Zauberberg
Roman
1008 Seiten. Gebunden
Mit historischem
Umschlagmotiv

Bekenntnisse des Hochstaplers Felix Krull
Der Memoiren erster Teil
Roman
442 Seiten. Gebunden
Reprint der Erstausgabe
von 1954
Umschlaggestaltung
von Martin Kausche

Der kleine Herr Friedemann
78 Seiten. Gebunden
Umschlaggestaltung nach
der Illustration von
Wilhelm Schulz für die
Novellensammlung
»Der kleine Herr Friedemann«,
Berlin, S. Fischer Verlag 1898

Tonio Kröger
112 Seiten. Gebunden
Mit dem Umschlagentwurf
und den Illustrationen
von Erich M. Simon aus
»Tonio Kröger«,
Berlin, S. Fischer Verlag 1913

Herr und Hund
Ein Idyll
144 Seiten. Gebunden
Mit dem Umschlagentwurf
und den Illustrationen von
Georg W. Rössner aus der
Buchausgabe von 1925

S. Fischer

fi 666 028 / 1